D1832747

दिल्ली मेरा परदेस

दिल्ली की डायरी

दिल्ली मेरा परदेस

दिल्ली की डायरी

राजधानी में नेहरू के अन्तिम वर्षों में मनुष्य की परिस्थिति का हवाल; 'धर्मयुग', 1960-63

रघुवीर सहाय

राजकमल प्रकाशन

पहली बार 1976 में *मैकमिलन* से प्रकाशित

ISBN : 978-81-939692-6-7

मूल्य : ₹395

© विमलेश्वरी सहाय

पहला राजकमल संस्करण : 2019

प्रकाशक : राजकमल प्रकाशन प्रा. लि.
1-बी, नेताजी सुभाष मार्ग, दरियागंज
नई दिल्ली-110 002

शाखाएँ : अशोक राजपथ, साइंस कॉलेज के सामने, पटना-800 006
पहली मंज़िल, दरबारी बिल्डिंग, महात्मा गांधी मार्ग, इलाहाबाद-211 001
36 ए, शेक्सपियर सरणी, कोलकाता-700 017

वेबसाइट : www.rajkamalprakashan.com
ई-मेल : info@rajkamalprakashan.com

मुद्रक : बी.के. ऑफसेट
नवीन शाहदरा, दिल्ली-110 032

DILLI MERA PARDES
Dairy by Raghuvir Sahay

इस पुस्तक के सर्वाधिकार सुरक्षित हैं। प्रकाशक की लिखित अनुमति के बिना इसके किसी भी अंश की फोटोकापी एवं रिकॉर्डिंग सहित इलेक्ट्रॉनिक अथवा मशीनी, किसी भी माध्यम से अथवा ज्ञान के संग्रहण एवं पुन:प्रयोग की प्रणाली द्वारा, किसी भी रूप में, पुनरुत्पादित अथवा संचारित-प्रसारित नहीं किया जा सकता।

दो-चार शब्द

आज से पन्द्रह वर्ष पहले जब मेरे मित्र और प्रिय कवि धर्मवीर भारती ने *धर्मयुग* के सम्पादन का भार सँभाला तो उनके सौजन्य से मुझे *धर्मयुग* के लिए एक पाक्षिक स्तम्भ लिखने का अवसर मिला जिसमें दिल्ली के जीवन पर टिप्पणियाँ हों और ऐसी हों कि उनका दिल्ली के बाहर भी कोई अर्थ हो सके। हिन्दी पत्रकारिता में स्तम्भ लिखना कोई नई चीज नहीं है किन्तु जहाँ तक मुझे याद है इस किस्म का स्तम्भ उन दिनों किसी पत्रिका में नहीं था जैसा कि मैं लिखना चाहता था। जो थे वे या तो शुद्ध राजनीतिक थे या शुद्ध साहित्यिक थे और इन दोनों विषयों में जहाँ मेल दीखता भी था वहाँ या तो पार्टीगत पक्षधरता प्रधान थी या हिन्दी प्रेम की अतिशय विगलित प्रगल्भता (प्रिय पाठक, प्रस्तुत अनुप्रास अनायास ही है) तो यह स्तम्भ 'दिल्ली की डायरी' के शीर्षक से मई 1960 में प्रकाशित होना आरम्भ हुआ। लेखक का नाम स्थिर हुआ 'सुन्दरलाल' और वह इसे जुलाई, 1963 तक बराबर लिखते रहे और छुटपुट नागों के बावजूद इतना नियमित रहे जितना रघुवीर सहाय के लिए कभी सम्भव न था।

ये तीन वर्ष बहुत महत्त्वपूर्ण थे, उतने ही नहीं जितने कि कोई भी तीन वर्ष हो सकते हैं। नेहरू के राजनीतिक जीवन के वे अन्तिम वर्ष थे। 1964 में उनके देहान्त के पहले राष्ट्रीय जीवन का चरित्र एक संकट से गुजर रहा था। जिन मान्यताओं के लिए नेहरू कहते और करते थे वे उनके बाद भी बची रहेंगी या नहीं यह प्रश्न एक सांस्कृतिक प्रश्न बन गया था। राजनीति में इसी प्रश्न का रूप था 'नेहरू के बाद कौन?' वास्तव में प्रश्न था नेहरू के बाद कैसे? पर सत्ता की राजनीति में नहीं, केवल विचारों के संसार में पूछा और शान्त किया जा सकता था।

मेरे जैसे कई लेखकों के लिए, जो आजादी के वर्ष 1947 में लिखना शुरू कर चुके थे, उसके बाद के करीब दस वर्ष एक तरह के उत्साह के वर्ष थे। उत्साह सबमें था पर हम कुछ अलग ही थे। हम लोग राष्ट्र के नाम पर स्थापित किए जानेवाले हर किस्म के दकियानूसीपन की आलोचना बिना किसी भय के कर सकते थे। हमें अस्पष्ट सही, विश्वास था कि राष्ट्रों को हम ही बना रहे हैं। हमसे पिछली पीढ़ी के लोग तो केवल कालक्रम के संयोग से अधिकारी स्थानों पर हैं—उनकी सृजन शक्ति क्षय हो रही है और वे एक नए राष्ट्र की रचना का संकल्प सिर्फ दोहरा रहे हैं। हम इसके विपरीत प्रयोग कर रहे हैं, दुनिया को और अपने देश को समझ रहे हैं और कुछ नई प्रतीतियाँ और संवेदनाएँ विकसित कर रहे हैं जो आगे रचनात्मक शक्तियों के काम आएँगी।

1957 से लेकर 67 तक का दशक वह था जिसमें यह विश्वास बार-बार झकझोरा गया। पर यह टूटा नहीं। टूटना तो दूर समाजवादी विचारों के अनुसार समाज में मानव सम्बन्धों को समझने की इच्छा और शक्ति इसी दशक में सबसे अधिक विकसित हुई। पंचवर्षीय योजनाओं में होनेवाले व्यय और एकदम नीचे के स्तर पर पहुँचनेवाले उसके लाभ में कितना विषम अनुपात है यह जाना गया, राष्ट्रभाषा के नाम पर कितनी संकीर्ण बुद्धि और यथास्थितिवादिता पनप रही है, यह रहस्य खुला और उपदेशों से भाषा कितनी अर्थहीन हो चली है यह अनुभूति पहली बार हुई।

जिन्होंने 1947 में बनी-बनाई प्रसिद्धि पाई थी उन्हें भाषा की कोई चिन्ता न थी। मगर भाषा में अर्थ है, समाज की सही समझ द्वारा खोजकर पाया जा सकता है, न रह गया हो तो कर्म के द्वारा दिया जा सकता है—उसकी जगह पत्थर से काम लेना अपनी पराजय स्वीकार करना है, यह भाव हमारी पीढ़ी में बना रहा। इसमें और उस भाव में जो इस दशक में लिखना आरम्भ करनेवाले लेखकों के मन में भाषा के प्रति बहुत बड़ा अन्तर था। उनकी नीयत पर अविश्वास न करते हुए भी कहना होगा कि वे एक अर्थच्युत भाषा को सिर्फ कठोर शब्दों के इस्तेमाल से जिलाना चाह रहे थे। जिन्होंने इसके पिछले दशक में लिखना शुरू किया था उनके लिए स्वभावतया यह सम्भव नहीं था। स्नेह से तन्मय होकर भाषा को अपने नए जीवन के साथ जोड़ सकने का आनन्द वे एक बार पा चुके थे; उसकी स्मृति मोहभंग होने न देती थी।

1960 और 63 के बीच आमतौर से भारत-चीन संघर्ष ही एक ऐसी घटना है जो इतिहासकारों को याद आती है, पर वह भारतीय समाज में जो कुछ हो रहा था उसका सीधा परिणाम नहीं थी। ज्यादा सही यह कहना होगा कि उसका असर समाज पर जब पड़ा तो बहुत कुछ ऐसा दीखने लगा जो अभी तक छिपा हुआ था। यह घटना सिर्फ चौंकानेवाली नहीं, अनेक प्रकार से हमारे समाज को नई चेतना देने में समर्थ थी; किन्तु 'राजनीतिक राष्ट्रीय एकता' के अतिरिक्त उसका और कोई प्रत्यक्ष उपयोग शायद नहीं हो सका। वक्त ही ऐसा था; नेहरू जो अभी तक हर नए काम के प्रेरक माने जाते थे, अब अपने जीवन के अन्तिम दौर में थे। उनका राजनीतिक वर्चस्व अखंड था परन्तु उनके इर्द-गिर्द सत्ता के दायरे बनानेवालों ने मान लिया था कि इस राष्ट्र में राष्ट्रनिर्माण अपने आप करते रहने की—और हर संकट झेल लेने की ताकत है ही—हमें अपना निजी भविष्य ही अभीष्ट होना चाहिए।

नेहरू अन्तिम समय तक उन बड़े प्रश्नों से जूझते रहे जो राष्ट्रीय जीवन के सबसे महत्त्वपूर्ण प्रश्न थे और जिनमें से कुछ उन्हीं के पैदा किए हुए थे। अपने निधन से तीन दिन पहले अपने मासिक संवाददाता सम्मेलन में उन्होंने एक कागज पर उस दिन के जो महत्त्वपूर्ण विषय पेंसिल से टाँके थे उनमें से कुछ थे—चीन से बातचीत, शेख अब्दुल्ला का पाकिस्तान जाना और चौथी योजना। सम्मेलन खत्म होने पर वह कागज नेहरूजी ऐसे ही छोड़ गए थे। उसे कौतूहलवश मैंने उठाकर उनकी काँपती लिखावट का दुर्लभ नमूना मानकर अपने पास रख लिया था।

'दिल्ली की डायरी' में नेहरू के जीवन के अन्तिम चार वर्षों में से तीन की झलक मिलती है। यह स्तम्भ जिन्दगी के बहुत से पहलुओं को अपने में समेटता है। बहुत-सी चीजें जो बनती-दीखती हैं इसके लेखक को आनन्द देती हैं। बहुत-सी जो टूटती दीखती हैं वे लेखक से कोशिश करवाती हैं कि वह उन्हें जोड़े। गद्य में यह सब करना मेरे लिए एक रचनात्मक अनुभव था हालाँकि मैं न कहानी लिख रहा था न गद्यकाव्य। कोई डेढ़ सौ किस्तों में से चुनकर मैंने यहाँ वे ही अंश रखे हैं जो अपने वक्त का हाल देते हों तो अच्छा, और न देते हों तो अच्छा, मगर इसलिए पढ़ने लायक हों कि उनमें एक सामाजिक चेतना है, सिर्फ शैली की सुन्दरता नहीं।

इस संग्रह का नाम 'दिल्ली मेरा परदेस' क्यों है, यह भी थोड़े में कह देना उचित होगा। दिल्ली मेरा देस नहीं है और दिल्ली किसी का देस नहीं हो सकती। उसकी अपनी संस्कृति नहीं है। यहाँ के निवासियों के सामाजिक आचरण को कभी इतना स्थिर होने का अवसर मिल भी नहीं सकता कि वह एक संस्कृति का रूप ग्रहण करे। अधिक से अधिक वह सभ्यता का, बल्कि उसके अनुकरणों का एक केन्द्र हो सकती है। सो वह है। और अपनी तमाम स्मृतियों के साथ है। मैं 1951 की गरमियों में *प्रतीक* का सहायक सम्पादक होकर दिल्ली आया था। तब से इस शहर के कुछ हिस्से मेरी निगाह में उतने ही खूबसूरत हैं, यहाँ मौसम का आना-जाना उतना ही प्रकट है और धूप और पेड़ और सूखे पत्ते उतने ही पवित्र हैं। तमाम इलाकों को जहाँ आज बड़ी-बड़ी सड़कें या इमारतें हैं, मैंने नंगा देखा है और इसकी याद की भी एक गुदगुदी है। जिन्दगी में जो दो काम किए हैं—अखबारनवीसी और कविता—उन दोनों की सबसे अच्छी स्मृतियाँ भी यहीं की हैं। और मुफलिसी की मस्तियाँ और पस्तियाँ भी। परन्तु ये दिल्ली की सबसे बड़ी देन नहीं है। सबसे बड़ी देन तो एक परदेसीपन है : एक अजब तरह का स्निग्ध एकान्त जिसमें जब चाहो तब भीतर चले जाओ, चाहे कितनी ही भीड़ में क्यों न हो, और जिसमें से जब चाहो जरा देर के लिए बाहर आ जाओ, कोई देखेगा नहीं।

—रघुवीर सहाय

गणराज्य दिवस, 1976
नई दिल्ली

अनुक्रम

दिल्ली मेरा परदेस

राजरथ के तले

पिछले महीने भूडोल ने आकर दिल्लीवालों को जगा दिया। यह नहीं कि वे सबके सब सो रहे थे, लेकिन यह जरूर है कि ऐसी घटनाएँ उनके ऊपर कम ही घटती हैं जो उन्हें झकझोरकर खुद कुछ करने पर मजबूर कर दें। यों तो थोड़ी बहुत छेड़छाड़ जमाना उनके साथ करता ही रहता है—लेकिन सरकारी पानी में क्लोरीन ज्यादा है, कभी बिजली 15-15 मिनट के लिए चली जाती है—लेकिन सरकारी या अर्द्धसरकारी छेड़छाड़ के वे अभ्यस्त हो चुके हैं। यह हालाडोला, ईश्वर का पैदा किया हुआ था और इससे आतंकित होना बहुत सही था।

जब उस दिन रात को (शायद 27 अगस्त की) पहली बार झटका लगा तो अधिकांश लोग खा-पीकर सोने की तैयारी कर रहे थे—कुछ खाने पर बैठे ही थे—कुछ सो भी गए होंगे। एकाएक गड़गड़ाहट हुई और रोशनियाँ बुझ गईं और मकान एक बार आगे-पीछे को हुआ। 'पाँव तले की जमीन खिसक जाना' क्यों कहा जाता है, समझ में आ गया।

सरकारी बस्तियों के दरबानुमा मकानों में एक आदमी अँधेरे में दरवाजा न पाकर छज्जे पर से फाट पड़ा। लेकिन करीब-करीब सभी आदमी बाहर निकल आए। निस्सन्देह अपवाद रहे होंगे पर कम से कम एक बस्ती में यह देखा गया कि मर्द सबसे पहले आए, ('मर्द हो तो मैदान में आओ' नहीं सुना?) औरतें बच्चों को टाँगे हुए पीछे-पीछे आईं। एक गर्भवती जीने पर पाँव ऊँचा-नीचा पड़ जाने से लुढ़ककर घायल हो गई। एक वृद्धा छटपटाकर बेहोश हो गई। जिस उमर में बच्चे बहुत सवाल पूछने लगते हैं, उस उम्र की एक लड़की पूछने लगी, 'हम लोग बत्ती बुझाकर बाहर क्यों आए हैं।'

थोड़ी ही देर बाद आसपास के टोलों से उत्सुक पुरुष यह पूछते हुए निकलने लगे कि आपकी छत में कितनी बड़ी दरार पड़ी और चौखट पर से कितना पलस्तर उखड़ा। हर कोई अपने डर और अपनी घबराहट को दूसरे की हालत से तौलकर सन्तोष कर रहा था। जरा ही देर में बूँदाबाँदी शुरू हो गई और पहली मंजिल-वालों ने घर के सामनेवाले बरामदों में डेरा डाला, दूसरी मंजिलवाले भटकते रहे।

हर मौके पर लोगों ने भूकम्प में डर को बातों में टालने की कोशिश की लेकिन बातों का सिलसिला कुछ ऐसा चला कि अगले 6-7 दिनों तक सिर्फ भूकम्प ही शीर्षक बना रहा। बाज-बाज लोग तो इतनी बेसिर-पैर की बातें करते थे कि जी में आता था भूडोल—सचमुच का भूडोल—एक बार आ ही जाए। तब जरा इनको मालूम हो कि मुसीबत के वक्त अक्ल का इस्तेमाल कैसे करना चाहिए और संगठित समाज में व्यक्ति का व्यवहार विपत्ति के समय क्या होना चाहिए। हमारे देश में विश्वव्यापी युद्ध का असर दामों के बढ़ने और कुछ नौदौलतिये पैदा हो जाने तक ही सीमित रहा—औद्योगिक जीवन में पत्थर-कंकरीट और लोहे से जकड़े हुए संगठित निवासों के छिन्न-भिन्न हो जाने से क्या होता है—यह हमको जानने का अवसर नहीं मिला। गाँव में बाढ़ें आती रहती हैं—लेकिन शहर की जिन्दगी में जो कड़ापन, लचीलेपन का अभाव होता है उसमें जगह-जगह छिद्र कर जानेवाली कोई दैवी विपत्ति भी हमने नहीं देखी। अपने यहाँ के अर्द्धविकसित औद्योगिक समाज में कुर्सी-मेज पर बैठकर काम करनेवालों का वर्ग किसी भारी उथल-पुथल में क्या करेगा, देखना रोचक होगा। कुछ लोग इसे निमर्मता भी कह सकते हैं, पर यह भी तो सोचिए कि उतनी बड़ी उथल-पुथल होने से क्या कोई देखनेवाला बच रहेगा?

[11.9.62]

❒

जिस समय लोकसभा ने संविधान में 14वाँ संशोधन करके केन्द्रशासित प्रदेशों को निर्वाचित विधानसभाओं का अधिकार प्रदान किया उस समय दिल्ली के नेताओं को जो दुख हुआ वह समझा जा सकता है—बहुत दिनों से, खासकर पिछले आम चुनावों में नगर निगम में कांग्रेस की भारी विजय के बाद से यह आवाज उठ रही थी कि दिल्ली में पहले की तरह मुख्यमंत्री और विधानसभा होनी चाहिए—वह इच्छा इस संशोधन के स्वीकार होने के साथ-साथ शायद हमेशा के लिए अधूरी रह गई। गोवा और पांडिचेरी को विधानसभाएँ मिलेंगी, दिल्ली को नहीं मिलेगी। संसद के बाहर भी दिल्ली के कांग्रेस सदस्यों ने काफी जोर लगाया था। लोकसभा में श्री ब्रह्मप्रकाश (जो एक समय दिल्ली के मुख्यमंत्री रह चुके हैं), श्री नवल प्रभाकर और श्री शिवचरण गुप्त ने नगर निगम के नाकामयाब रहने की दलील दी और दिल्ली विकास परिषद्, दिल्ली प्रशासन और केन्द्र सरकार में अच्छा समन्वय न रहने की शिकायत की। पर नेहरू और लालबहादुर शास्त्री अडिग थे, उन्होंने यही कहा कि दिल्ली की समस्याएँ और ही हैं और हद से हद यही हो सकता है कि वर्तमान नगर निगम आदि में कुछ सुधार कर दिया जाए।

फिलहाल यह माँग छोड़ी नहीं गई है हालाँकि दिल्ली प्रदेश कांग्रेस में प्रधानमंत्री के इस आश्वासन का स्वागत किया गया है। जानकार लोगों को ऐसा विश्वास है कि विधानसभा न सही, सारी दिल्ली के लिए किसी प्रकार की एक सत्ता स्थापित कर दी जाए तो भी सन्तोष कर लिया जाएगा, पर यह सत्ता नगर निगम से कुछ ज्यादा अधिकार सम्पन्न होनी चाहिए।

संविधान में जिस संशोधन का जिक्र ऊपर किया गया है उसके लिए सरकार द्वारा प्रस्तुत विधेयक में दिल्ली का उल्लेख था ही नहीं। मजे की बात यह है कि दिल्ली को भी इसमें शामिल करने का प्रस्ताव एक संशोधन के रूप में कम्युनिस्ट पार्टी की ओर से आया। कम्युनिस्ट राजनीति पद्धति में संसदीय लोकतांत्रिक व्यवस्था का कोई स्थान नहीं होता, पर संसद में इधर यह अक्सर देखने में आया है कि कम्युनिस्ट सदस्य संसदीय मर्यादाओं की रक्षा के लिए बहुत उत्सुक रहते हैं। संसदीय अधिकारों के पूर्ण उपभोग का आग्रह करने का कोई भी मौका वह हाथ से जाने नहीं देते। इसका क्या कारण है, इस पर अनेक मत हैं, पर उनमें सही जो हो इतना निर्विवाद है कि उनकी इस वकालत ने संसद के बाहर काफी ध्यान आकृष्ट किया है।

खैर, दिल्ली के प्रशासन की समस्याएँ वाकई बहुत तरह की और बहुत उलझी हुई हैं और केन्द्र सरकार का बहुत-सा समय उनको देखने-समझने में लगता है इसमें कोई शक नहीं। पिछले अधिवेशन को ही लीजिए तो संसद सदस्यों ने दिल्ली से सम्बद्ध जितने प्रश्न पूछे उतने शायद पहले कभी नहीं पूछे थे। इन प्रश्नों में दिल्ली के चिड़ियाघर में जानवरों को राशन पूरा मिलता है या नहीं—यहाँ से लेकर वृहत्तर दिल्ली की नवीनतम योजनाएँ क्या हैं—यहाँ तक के सवाल थे। एक सदस्य ने अपने प्रश्न के सिलसिले में यह जानना चाहा था कि क्या बिना शराब के चिड़ियाघर के शेर काम नहीं चला सकते? पर अध्यक्ष महोदय ने यह सवाल पूछने नहीं दिया। उन्होंने कहा, जानवरों की ओर से मंत्री महोदय कोई आश्वासन कैसे दे सकते हैं।

[11.9.62]

❑

राजधानी में संसद भवन के सामनेवाले चौराहे पर गोल चक्कर के अन्दर खाइयाँ खोदी जा चुकी हैं—जिस वक्त तक यह अंक आपके सामने पहुँचेगा, कई जगह और भी खाइयाँ खुद चुकी होंगी।

पिछले दिनों गृहमंत्री श्री लालबहादुर शास्त्री जी ने सैनिक और असैनिक अधिकारियों को बुलाकर इन खाइयों तथा हवाई हमले से बचाव के सम्बन्ध में और

उपायों पर बात की थी। साधारण जनता को इस तरह के उपायों का कोई अनुभव नहीं है—जो कुछ है वह पिछले महायुद्ध के समय धुँधली स्मृति-सा ही है। लगभग डेढ़ महीना हुआ, नागरिक सुरक्षा के प्रधानाधिकारी ने एक परचा अखबारों में छपवाया था जिसमें हवाई हमले से बचाव के मोटे-मोटे उपाय लिखे हुए थे। ये उपाय फिर कहीं छपे हुए या इश्तिहारों की शक्ल में नगर की प्रमुख जगहों पर टँगे हुए नहीं दिखाई दिए। शायद यह खयाल रहा हो कि लोगों में घबराहट न फैल जाए। पर यह खयाल रहा हो तो शायद यह बहुत ठीक नहीं है। यह जानकर कि अपने को बचाने के लिए क्या करना चाहिए किसे घबराहट होगी ? हाँ, अगर साथ-साथ यह भी फिक्र रहे कि जो कुछ किया जा रहा है वह यथेष्ट नहीं है तो जरूर घबराहट हो सकती है पर वह दूसरे किस्म की है—आतंक से उत्पन्न न होकर वह देशभक्ति से ही उत्पन्न है। कहना न होगा कि उस घबराहट के लिए जनता को दोषी नहीं ठहराया जा सकता।

संसद के सामनेवाले चौराहे पर खुदी हुई खाइयों को बराबर साफ और उपयोगी दशा में रखा जा सकना शायद ज्यादा आसान है पर दूरदराज बस्तियों में उनका रख-रखाव जरूर बहुत मुश्किल होगा। मोहल्ले के लोग चौकन्ने रहें और उन्हें सार्वजनिक शौचालय के रूप में प्रयुक्त न होने दें—इसकी बहुत जरूरत है। और नहीं तो उनमें थूकें मत। टूटी बोतलें भी उनमें न फेंकी जाएँ और बच्चों को भी खेलते-खेलते उनमें न गिरने दिया जाए। इस समय राष्ट्रीय एकता की भावना अवश्य बड़ी प्रबल है पर सामाजिक उत्तरदायित्व की भावना तो सीखने से ही आती है, संकट से नहीं और आज वह जो है वह पिछले वर्षों की सीखी हुई चीज है। अन्य शहरों से ज्यादा स्पष्ट रूप से आज दिल्ली में सामने आ रही है। जिस वक्त यहाँ लोगों को मालूम हुआ कि चाँदनी चौक में कुछ दुकानों के सामने ईंट की जो दीवारें खड़ी की गईं उनमें सीमेंट से ज्यादा बालू की जुड़ाई की गई है, यह फिक्र हुई और बिलकुल ठीक हुई कि कहीं बिना बम गिरे ही यह दीवार हमारे ऊपर न गिर पड़े। यों, फर्ज कीजिए उनके नीचे दबकर कोई बकरी मर जाए तो भी यह डर नहीं है कि अन्त में राजा साहब को स्वर्ग जाना पड़ेगा। दूसरी चिन्ता जो बहुतों को बहुत हुई होगी वह यह है कि आखिर वे लोग हैं कौन जो आज भी बालू की दीवार खड़ी करना चाहते हैं ? हमारे समाज में उनका क्या स्थान है और अब से क्या रहना चाहिए।

इस तरह की जिज्ञासाओं से यहाँ वातावरण कटु नहीं हो गया है, यह एक बड़ी बात है और अच्छी बात है। इनका श्रेय बहुत कुछ भारतीय व्यापार उद्योग संस्थाओं के संघ को है जिसने करीब 500 व्यापारियों की एक बैठक दिल्ली में बुलाकर स्पष्ट कह दिया था कि (अध्यक्ष श्रीयुत श्रेयांस प्रसाद जैन के शब्दों में) आज व्यापारी वर्ग की परीक्षा का समय है और जनता उसे सिर्फ इसी आधार पर जाँचेगी कि वह

जनता के साथ कैसा व्यवहार करता है। फिर एक के बाद एक तमाम व्यापार प्रतिनिधियों ने यह घोषणा दोहराई कि वे किसी तरह के लालच में पड़कर जरूरत से ज्यादा मुनाफा लेने की कोई कोशिश न करेंगे।

[16.12.62]

❐

दिल्ली में रामलीला मैदान बहुत बड़ी सार्वजनिक सभाओं के लिए चुना जाता है, नेहरू जी वहीं बोलते हैं, और छोटी सभाएँ गांधी मैदान में, जो चाँदनी चौक के पास है, ज्यादातर हुआ करती हैं। लेकिन पिछले तीन महीनों में एक नई बात देखने में आई है कि कनॉट प्लेस में भी जोरदार सार्वजनिक सभाएँ होने लगी हैं। यों कहा जा सकता है कि जनमत का वह अंश जो अंग्रेजी पढ़े-लिखे साधन-सम्पन्न लोगों की देन है, अब पहले से ज्यादा महत्त्वपूर्ण हो गया है और उस पर असर डालना सब पार्टियों के लिए जरूरी हो चला है। कनॉट प्लेस में एक काफी बड़ा मैदान है जहाँ पहले एक बैरकनुमा इमारत थी और अब जीवन बीमा निगम के भवन के लिए उसे खाली छोड़ रखा गया है। इस मैदान में जो सभाएँ होती हैं और शाम को कनॉट प्लेस में मटरगश्ती करनेवाले समाज का एक अच्छा-खासा अंश भाषण सुनने के लिए वहाँ आसानी से जमा हो जाता है। पिछले महीने यहाँ एक महत्त्वपूर्ण सभा हुई थी जिसमें इन्दिरा गांधी ने कहा था कि प्रत्येक व्यक्ति को आज अपनी जगह मजबूती से, विवेक से, और जिम्मेदारी से काम करना है। इस भाषण का गहरा असर हुआ था। पर जब सभा विसर्जित हो गई तो एक दृश्य ऐसा देखा जिसे आपको बताना जरूरी है।

लोग जाने लगे। शान्ति थी, कोई धक्कमधुक्का न था, पर पुलिस के एक डिप्टी सुपरिंटेंडेंट महोदय एक जगह खड़े खाहमखाह अपनी छड़ी हिला-हिलाकर मानो जनता को उस तरफ आने से रोक रहे थे। शायद सोच रहे हों कि मेरे हाँकने से ही ये लोग सही रास्ते पर जा रहे हैं—मैं इस उपहासास्पद दृश्य को कुछ और निकट से जाकर देखने लगा।

वह समझे कि मुझे उनसे कुछ कहना है। पर जब मैं कुछ न बोला तो उन्होंने सोचा शायद मैं मौन रहकर कोई विरोध प्रकट कर रहा हूँ। कुछ आगे बढ़कर बोले : 'मैं आपसे तो कुछ नहीं कह रहा हूँ।' उनका मतलब था—आप क्यों मुझे घूर रहे हैं, मैं आपको तो नहीं हाँक रहा हूँ।

मैंने कहा : 'आप मुझे सफेदपोश समझकर बख्शे दे रहे हैं, धन्यवाद, पर क्या बाकी लोगों को आप अपराधी, गुंडा, गैरजिम्मेदार समझकर छड़ी दिखा रहे हैं?

पहले तो आप सब लोगों का अपमान करें फिर, सबमें कुछ को छाँटकर अलग कर लें और उनसे कहें कि आप तो शरीफ आदमी हैं यह कुछ समझ में नहीं आया।'

[30.12.62]

❐

साधारण आदमी के चरित्र पर अविश्वास की यह प्रवृत्ति कई जगह पाई जाती है। जिस सभा का यह जिक्र है उसी में नेताओं के भाषण समाप्त होने के बाद, संयोजकों ने ऐलान किया, 'अब राष्ट्रगान होगा, खड़े हो जाइए।' क्या राष्ट्रगान के 15 वर्ष के प्रचलन के बाद भी आपको इतना विश्वास नहीं कि सब लोग खड़े होकर ही राष्ट्रगान गाएँगे? क्या आप सिर्फ इसलिए सारी जनता को बेवकूफ समझते हैं कि आपको हर बात में हुक्म बजाने की आदत है? लोग तो खड़े होते ही, और हुए। मैंने सुना पीछे खड़े सिक्योरिटी विभाग के एक अधिकारी गा रहे हैं 'गावें सब जय गाथा' पर उतने बड़े मजमे में उनका अज्ञान तालाब में मछली की तरह छिप गया था। शायद उन्होंने सोचा हो 'तब जय गाथा' से अच्छा है कि सब जय गाथा गावें।

राष्ट्रगीत साथ मिलकर गाना है एक उम्दा अनुभव। और शुरू में जो झिझकते हैं वे भी आगे-पीछे, समुदाय में कहीं से आवाज आती सुनकर सुर मिला देते हैं। मुझे याद है, हिन्दी साहित्य सम्मेलन का एक आयोजन कुछ महीने पहले राष्ट्रपति भवन में हुआ था। समारोह के बाद किसी कन्या विद्यालय की छात्राएँ राष्ट्रगीत गा रही थीं, पर सामने की पंक्ति में खड़े साहित्यसेवी सब चुप थे। एकाएक देखा सब चुप नहीं हैं; बच्चनजी गा रहे हैं। उस चिर-परिचित संगीतमय कंठ का अनुसरण करके दाएँ-बाएँ से और भी लोग गा उठे और अशोक कक्ष गूँज उठा जैसे कि राष्ट्रगान से गूँजना चाहिए।

[16.12.62]

❐

प्रधानमंत्री के प्रतिरक्षा कोष में रुपए और सोने की जो अजस्र गंगा-यमुना उतरती चली आ रही है उसमें एक छोटी-सी सरस्वती विदेशी मुद्रा की भी है। पश्चिमी जर्मनी में भारतीय विद्यार्थियों और जर्मन व्यापारियों ने करीब 56 हजार मार्क जमा किए, रूस में भारतीयों ने कोई 17 सौ रूबल दिए, कीनिया के भारतीयों ने जन्मदिन की भेंट कहकर नेहरू जी को साढ़े छत्तीस सौ पौंड भेजे। प्रधानमंत्री के

कार्यालय में दिन-प्रतिदिन पर्वताकार होते हुए उन पत्रों के अम्बार में, जो भेंट देनेवाले लिखते हैं, किसी सामान्य नागरिक का एक यह भी पत्र है : 'बहुत दिनों से विदेश-यात्रा की यादगार की तरह ये कुछ डॉलर के नोट अपने पास रखे हुए था। आज की स्थिति में उस तुच्छ यादगार का क्या महत्त्व है, यह समझकर इसे आपके पास भेज रहा हूँ, जहाँ शायद इसका कुछ महत्त्व हो।' (यह कहने की आवश्यकता नहीं कि भारत को तात्कालिक आवश्यकता के लिए विदेशी मुद्रा की बहुत जरूरत है।)

विद्यार्थियों के जिस जुलूस ने कुछ दिन हुए दिल्ली में दो-एक दुकानों के साइनबोर्ड उतार फेंक थे और बाद में कनॉट प्लेस में एक जोरदार विरोध सभा की थी, कहा जाता है कि उनके नेता जुलूस में नहीं थे, पर सभा में थे। सभा में केवल भाषण करना ही होता है। जुलूस में अपने अनुयायियों को सँभालना होता है। दोनों में से अधिक दुष्कर काम कौन है, नहीं कहा जा सकता, लेकिन इतना तय है कि भाषण देना हर एक के बस का रोग नहीं है। इस विरोध सभा में नेताओं ने जो भाषण दिए उनमें एक स्वर यह भी था कि : 'हम तो तिब्बत में बढ़े चलेंगे।' दूसरे ही दिन पीकिंग रेडियो ने यह वाक्य उद्धृत करके एशिया-अफ्रीका के नवोदित राष्ट्रों के सामने भारत की एक मनगढ़ंत तसवीर पेश कर दी। क्या इस तसवीर के रँगने में उन नेता महोदय ने पीकिंग का हाथ नहीं बँटाया था जिन्होंने इतनी बेतुकी बात कह डाली, सिर्फ इसलिए कि उनका जोश उनमें समा नहीं रहा था।

थोड़ी देर पहले लड़कों ने एक दुकान का साइनबोर्ड उतारकर पैरों तले इसलिए रौंद डाला था कि उनका जोश उनमें नहीं समा रहा था। यह हरकत और भी घटिया थी क्योंकि साइनबोर्ड पर 'ड्रैगन' शब्द जरूर लिखा था लेकिन दुकान का मालिक किसी तरह से भी चीनी न था, वह ठेठ भारतीय था।

[27.11.62]

❐

पिछले दिनों उस 'एकता' के भीतर झाँकने को मिला जो चीन के जोरदार आक्रमण के बाद हमारे नेताओं के शब्दों में 'हमें वरदान स्वरूप मिली थी।' आपको याद होगा, तब यहाँ तक कहा गया था कि चीन ने आक्रमण करके हमारा इतना हित अवश्य किया है हमें एक कर दिया है।

राजधानी में जब कृष्णा गोदावरी विवाद पर गुलाटी आयोग का प्रतिवेदन प्रकाशित हुआ तो मालूम हुआ कि मैसूर और महाराष्ट्र के प्रतिनिधि काफी असन्तुष्ट हैं कि आन्ध्र को अधिक लाभ मिल गया और यह असन्तोष इतना अधिक है कि

पार्टी के अनुशासन से दमित नहीं हो सकता। राजनीतिक संगठन से ज्यादा महत्त्व ये प्रतिनिधि अपने क्षेत्र के हित-अहित को देते हैं और यह भी जानते हैं कि यदि दिल्ली में उन्होंने अपने मतदाताओं की पैरवी न की तो अपने चुनाव क्षेत्र में सक्रिय दूसरी पार्टियों के कार्यकर्ता यह काम अपने जिम्मे ले लेंगे। यह उनके राजनीतिक भविष्य के हित में न होगा।

कुछ इसी तरह का चित्र रेंड नदी से प्राप्त होनेवाले लाभ को लेकर भी उभरता है। इसमें मध्यप्रदेश और उत्तरप्रदेश, दो हिन्दीभाषी राज्यों की एक नई तसवीर दिखाई देती है। उनका मतभेद भाषा पर नहीं आर्थिक विकास के साधनों पर है।

भाषा को मैसूर, महाराष्ट्र, आन्ध्र के विवाद में भी कुछ नहीं करना है। वहाँ सवाल सिर्फ यह है कि कृष्णा और गोदावरी का अधिक पानी आन्ध्र में सिंचाई के लिए जाए या मैसूर, महाराष्ट्र में बिजली बनाने के लिए।

जब हम बार-बार अपनी एकता का ऐलान कर रहे थे और सबको एक झंडे तले आ जाने का महत्त्व बता रहे थे तब भी हम जानते थे कि ये मतभेद हैं। और भी मतभेद हम जानते थे कि हैं—जैसे पंजाबी, बंगाली, बिहार के; ब्राह्मण, ठाकुर, कायस्थ के और अमीर, गरीब के। लेकिन शायद इस भय से कि भय से एकत्र जनता बिखर जाएगी, कुछ समय के लिए इनकी अनदेखी करना ही उचित समझा गया।

अब जब कि भय नितान्त आसन्न नहीं है, ये सब मतभेद जाग रहे हैं। इस वक्त सही रास्ता सिर्फ एक है—वह यह कि इन मतभेदों को समझा जाए। ये क्यों हैं और कहाँ से आते हैं? एकता आयोग ने अपना काम बीच में ही छोड़कर जो घोषणा की थी कि हमारा काम चीन ने कर डाला, उसे वह चुपचाप भूल जाए और अपने काम को खुद करने का प्रयत्न करे तो वह देश के प्रति ज्यादा ईमानदारी बरतेगा।

जिन विवादों का ऊपर जिक्र किया गया है वे नए नहीं हैं। विकास का काम जहाँ-जहाँ हुआ है, उसने धरती का नक्शा थोड़ा-बहुत बदला है, लेकिन आदमी के दिमाग का नक्शा वहीं रहने दिया है। उसमें अगर कुछ परिवर्तन आया है तो यही कि पहले से ज्यादा लोग पैसे का इस्तेमाल अपने आराम के लिए करना सीख रहे हैं। सवाल यह है कि आर्थिक विकास जैसे व्यापक साधन को रूढ़ियाँ तोड़ने का साधन क्यों नहीं बनाया गया? नदियों के मामले में जैसे प्रादेशिक विकास के लिए मंडल स्थापित करने की बात अब सोची जा रही है वैसे ही पहले क्यों नहीं सोची गई? क्या इसका कारण यह नहीं था कि उस समय यह उपाय एक क्रान्तिकारी उपाय होता और सत्ताधारी दल के असंख्य रूढ़िग्रस्त मतदाताओं का समर्थन उसे न मिलता, फलतः सत्ता खतरे में पड़ जाती? यदि यही, या कि मुख्यतः यही

कारण था तो चिन्तनशील वर्ग को इससे ग्लानि होना स्वाभाविक है। उसे यह भी स्पष्ट हो जाना चाहिए कि देश को एकता के सूत्र में बाँधना अकेले भाषा के बस के बाहर है।

[31.3.63]

❒

एक चीज ने जरूर आदमी को बदल दिया है और वह है भ्रष्टाचार। गृह मंत्रालय के खर्च के लिए संसद से जब रुपया माँगा गया तो लोकसभा के सदस्यों ने पार्टी के बन्धनों से परे जाकर, चारों ओर से प्रशासन में भ्रष्टाचार दूर करने की माँग की। अब यह स्पष्ट है कि भ्रष्टाचार दूर करने की माँग किसी दल विशेष की माँग नहीं है, जो अपना पक्ष प्रबल करने के लिए की जा रही है। साथ ही यह भी दिखाई दे चला है कि सब पार्टियों से यही आवाज उठने का एक नतीजा यह भी हो सकता है कि सत्ताधारी पार्टी को इसका इलाज करने की उतनी जल्दी न रह जाए जितनी सिर्फ विरोधी दलों से यह आवाज उठने पर होती है। यह भी हो सकता है, जैसा अक्सर होता है कि जिसकी सब लोगों को शिकायत है वह बीमारी एक आम बीमारी मान ली जाए और उसे सब लोग स्वीकार कर लें।

हैजा या चेचक को दूर करने में सरकार तत्परता न दिखाए तो उससे जवाब-तलब किया जा सकता है पर खाँसी-जुकाम के विरुद्ध अभियान न चलाए तो कोई क्या कर लेगा।

उत्तर प्रदेश से निर्वाचित एक निर्दलीय सदस्य ने इस बहस में एक बहुत उम्दा बात कही। उन्होंने कहा : 'आज से तीन साल पहले जब किसी को रिश्वत लेने का लालच दिया जाता था तो वह कहता था 'ना साहब, रिश्वत मैं न लूँगा, मेरे आगे बाल-बच्चे हैं।' आज जब वह रिश्वत लेता है तो कहता है, 'क्यों न लूँ साहब, मेरे आगे बाल-बच्चे हैं।'

[31.3.63]

❒

जिस समय आप यह डायरी पढ़ रहे होंगे, वसंतपंचमी राजधानी में तरह-तरह से मनाई जा रही होगी, उन स्कूलों और मोहल्लों में जहाँ बंगाल के लोग ज्यादा हैं, सार्वजनिक सरस्वती पूजा का आयोजन होगा; धर्मप्राण वैष्णवों की बस्तियों में मन्दिर सजाए गए होंगे और भगवान को नया परिधान दिया गया होगा। जिनकी

पहुँच इन अनुष्ठानों तक नहीं होगी (पहुँच, यानी शारीरिक पहुँच। दूर नई बस्तियों में रहनेवालों की बात कह रहा हूँ) उन्होंने घर में ही वसंत मनाया होगा। वसंती रंग से रँगा कुर्ता-धोती पहना गया होगा और थोड़ा पकवान भी बना होगा। या शायद यह मेरी शुभाकांक्षा ही है—क्योंकि दिल्ली के जीवन में हर चीज इतनी तेजी से बाजारू होती जा रही है कि धोती-कुर्ता पहनना साधारण आदमी तो भूल ही चुका है। कैलाश कालोनी में सत्यनारायण भगवान की कथा आरम्भ कराते हुए एक पंडितजी को देखा था, वे भी सफेद कमीज काली पतलून पहने पालथी मारे बैठे और 'कभी तन्हाइयों में भी हमारी याद आएगी' की तर्ज पर कोई भजन गाकर भक्तों को जुटा रहे थे। अगर यह मान भी लिया जाए कि साधारण आदमी को दौड़कर बस पकड़नी होती है, वह धोती कैसे पहने तो सवाल उठता है कि जिन्हें बस पकड़नी ही नहीं होती, मोटरकार में ही मजबूरन चलना पड़ता है, वह भी क्यों मानने लगे हैं कि धोती-कुर्ता सिर्फ पूजा करानेवाले पंडितों की पोशाक है। उनकी अपनी नहीं है (विडम्बना तो यह है कि उनका यह मानना भी कैलाश कालोनी वाले पंडित जी ने गलत सिद्ध करके दिखा दिया है)। धोती-कुर्ता न सही अधकचरा कमीज-धोती ही सही या वह भी नहीं तो कुर्ता-पैजामा या उसका भ्रष्टीकरण, कमीज-पैजामा ही सही, पैजामा चाहे धारियोंवाला ही हो, पर वसंती रंग एक ज्यादा बड़ी समस्या है। चाँदनी चौक के, पुरानी वजाकता के कुछ पंसारियों के यहाँ छोड़कर नई दिल्ली में कहीं भी वसंती और पीले का फर्क कोई नहीं जानता। इसलिए अगर आप साधारण बाजारू पसन्द से कुछ अच्छी पसन्द के आदमी हैं तो वसंती रंग माँगकर बेवकूफ बनने के लिए तैयार रहिए। खैर मैं यह कह रहा था कि वसंतपंचमी के प्रमाण के तौर पर दिल्ली में वसंती रंग का कपड़ा पहने आदमी को ढूँढ़ना गलत होगा। जहाँ तक वसंत के प्रतीक सरसों के रंग और गेहूँ की बाल का प्रश्न है, राजधानी का सुसंस्कृत नवबढ़ आदमी उन्हें नहीं ही जानता। जो एक प्रमाण इस महानगरी में आसानी से खोजा जा सकता है वह है, मौसम, पर सच पूछिए तो वह भी वसंतपंचमी को नहीं उसके कई दिन बाद ही आखिर फरवरी या शुरू मार्च में, सबसे सहज भाव से अपने को पकड़ा दिया करता है। इस वक्त तो सिर्फ उसकी शुरुआत हुई है। गणतंत्र दिवस के आसपास, जाड़े की धूप पर जो एक निखार हर साल आया करता है, वह आकर उतर चला है—धूप की प्रौढ़ा सुन्दरी-सी, मातृत्वमयी हो चली है। नीम पर पतझर आया हुआ है (राजधानी में नीम बहुत हैं, नीम पर चढ़नेवाली वनस्पति विशेष भी) और सुनहरे में हरे का पुट लिये पत्तों का चूर्ण, हवा ने बुहारकर सड़क के दोनों ओर कुरै दिया है। बड़े पत्तोंवाले वृक्षों ने जो पीले पत्ते गिराए हैं वे चूर नहीं हुए हैं, समूचे उड़कर छोटे-छोटे अचरजों की तरह कहीं घास पर कहीं किसी ठहरी हुई मोटरगाड़ी पर रखे हुए हैं। शरीर का रंग, कुछ खुल आया है और

बदन उघरा रखने में एक गोपन सा सुख मिलता है। रात को देर तक बाहर रहने से हवा इतना तरोताजा कर देती है कि नींद नहीं आना चाहती। ऐसे मौसम में आप वसंत मनाइए, अपने देश से और न सही मौसम के बहाने ही नाता जोड़िए—गेहूँ की बाल तो सचमुच मशीनी जिन्दगी से दूर की चीज है—और न पहनिए रँगा हुआ कुर्ता, एक रूमाल ही रँगकर ऊपर की जेब में रख लीजिए। पर देखिए रंग पीला न हो, वसंती हो।

[11.2.62]

❐

राज्यसभा में जब द्रविड़ मुन्नेत्र कषगम के प्रतिनिधि ने राष्ट्रपति के प्रति धन्यवाद प्रस्ताव पर बोलना शुरू किया तो प्रेस दीर्घा में बैठे हुए पत्रकारों को बहुत आश्चर्य नहीं हुआ, क्योंकि द्रविड़नाडु की माँग कषगम का पुराना शगल है। परन्तु तब तो हुआ ही जब श्री अन्नदुरै के भाषण में आदि से अन्त तक उत्तर और दक्षिण का भेदभाव ही प्रचारित होता रहा, मानो देश की विकासजन्य समस्याओं से उन्हें सरोकार ही नहीं।

श्री अन्नदुरै दक्षिणी फिल्म व्यवसाय के एक जाने-माने स्तम्भ हैं। वह फिल्मों की कहानियाँ लिखते हैं। उनकी पार्टी की लोकप्रियता का एक कारण यह भी है। तमिलनाडु में, जहाँ उनका सदरमुकाम है, सब लोग भारत के एक और विभाजन के पक्ष में नहीं हैं। बाकी देश में तो खैर, नहीं ही हैं। प्रधानमंत्री ने राज्यसभा में धन्यवाद प्रस्ताव की बहस का समापन करते हुए श्री अन्नदुरै के भाषण को संक्षेप में चुने हुए शब्दों में, धीरजपूर्वक निराक्रोश वाणी में निबटा दिया है। तो भी यह बात यहीं खत्म हो जाए, ऐसी आशा कुछ बहुत बलवती नहीं दिखाई देती।

उत्तर और दक्षिण हैं। आर्य कौन है और द्रविड़ कौन है, यह ज्ञान तो सदियों के आदान-प्रदान से धूमिल हो चुका है और आदान-प्रदान की वह प्रक्रिया आजादी के बाद धीमी न पड़ जाए, इसकी चिन्ता धूमिल नहीं है, बल्कि और ज्वलन्त हुई है। इसका प्रमाण कलाओं में एवं केन्द्रीय सरकारी नौकरियों में मिलता है। तब फिर कौन से कारण हैं, जिनसे दाक्षिणात्य भारतीयों को उत्तर की ओर से सन्देह उत्पन्न होता है या उनकी अपनी सत्ता के प्रति एक रक्षात्मक रवैया उनमें पैदा होता है ? वे कारण शायद अधिकार और पदलिप्सा हैं। राजनीति, सांस्कृतिक चेतना नहीं, उन्हें अपना देश अलग बनाने को प्रेरित करती है। और इस आग में ईंधन देते हैं उत्तर के वे भाषा मठाधीश जिनके लिए साइनबोर्ड की भाषा बदलवा देना या भाषा सलाहकार की दस-पाँच नियुक्तियाँ करवा देना, देश की सबसे बड़ी सेवा है। क्या

वे दक्षिण की कोई एक भाषा भी सीखने की कभी सोचते हैं। शुरू में प्रचार का झंडा उठा और सरकारी प्रश्रय के लिए जमीन-आसमान एक कर दिए गए, अब कैसे माना जाए कि आपका यह कहना कि हम दक्षिण पर कुछ लादना नहीं चाहते आपकी सच्चाई का सबूत है। देखें, शायद जमाने से सबक लेकर यही नेता कुछ दिन बाद एक कदम और उतरें और नया नारा दें, 'हम भी दक्षिण की भाषाएँ सीखेंगे', पर तब तक कहीं चिड़िया खेत न चुग गई हों।

[6.5.62]

❒

जिस समय आप यह पृष्ठ पढ़ रहे होंगे, दिल्ली में राष्ट्रीय एकता परिषद की कार्यकारिणी की बैठक होनेवाली होगी या हो रही होगी। राष्ट्रीय एकता सम्मेलन ने पिछले साल जो निर्णय किए थे, उनके आधार पर यह परिषद कुछ नियम बनाएगी जिनका पालन विद्यार्थी, राजनीतिज्ञ और समाचार पत्र आदि करें तो देश की एकता बढ़ेगी। यहाँ तक तो ठीक है लेकिन इन नियमों का पालन किया जाए, इसकी कोई व्यवस्था यह परिषद सम्भवत: न कर सकेगी। वह व्यवस्था तो देश के नागरिकों को अपनी-अपनी जगह आप ही करनी पड़ेगी।

पिछले वर्ष के एकता सम्मेलन में सभी राजनीतिक दलों के प्रतिनिधि बुलाए गए थे। सम्मेलन में अपनी शुभकामनाएँ व्यक्त करने के बाद उन्हें चुनाव में लग जाना पड़ा। चुनाव, आप जानते हैं, होने ही थे और उनके लिए अगर उन विचारों को थोड़ी देर के लिए ताक पर रख देना पड़ा, जो धड़ल्ले से उन सब लोगों ने व्यक्त किए थे, तो इसे बुरा नहीं कहा जा सकता। आखिर यह तो तय ही था कि चुनाव के बाद इन बड़ी-बड़ी बातों पर फिर विचार किया जाएगा।

सम्मेलन निर्णय मोटे तौर पर दो थे। एक : शिक्षा के माध्यम से राष्ट्रीय एकता का संस्कार किया जाए। दो : सभी राज्यों का समान विकास हो जिसमें भेदभाव न रहे। शिक्षा की जरूरत यद्यपि उस पीढ़ी को ही सबसे अधिक है जिसने आजादी के बाद सत्ता के लालच में भाषा, धर्म, जाति और प्रान्त को लेकर जनसाधारण को भड़काया है, लेकिन बूढ़े तोते कहीं पढ़ाए पढ़ते हैं। अब तो सिर्फ एक ही उपाय रह गया है कि नई पीढ़ी को सही रास्ते पर चलना सिखाया जाए। नई पीढ़ी को बहुत उपदेश दिया जा चुका है, अब उसे उपदेश की उतनी जरूरत नहीं है, जितनी उस उपदेश पर चलने की सुविधाओं की है।

सच पूछिए तो राष्ट्रीय एकता की आकांक्षा नई पीढ़ी के मन में उतनी ही प्रबल है जितनी उसके उपदेशकों के मन में है। ज्यादा ही हो, तो कुछ आश्चर्य नहीं,

क्योंकि उसे मालूम है कि उसके विश्वासों की जो इमारतें गिराई गई हैं, उनका मलबा उसी को ढोकर साफ करना है। सवाल तो अब यह है कि वह किस रूप में संगठित होकर इस अन्तराकांक्षा के लिए आन्दोलन करे। राजनीतिक दलों में शामिल होना शायद कुछ बहुत उपयोगी न हो, क्योंकि अधिकांश राजनीति आज मतभेदों को उभारने पर आश्रित है—वैसा किए बिना वह चल ही नहीं सकती।

अतएव एक महत्त्वपूर्ण प्रश्न जो राष्ट्रीय एकता परिषद की वर्तमान बैठक में विचाराधीन होना चाहिए वह नई पीढ़ी को न्याय और समान अवसरों के लोकतंत्रीय सिद्धान्त के पालन में आस्था दिलाने का प्रश्न है। शायद यही एक चीज है जो नवयुवकों को देश के प्रति सब अर्थों में वफादार होने की प्रेरणा दे सकती है। भारत के सांस्कृतिक वैविध्य में आज हम राजनीतिक ऐक्य खोज रहे हैं, अकबर और अशोक के आदर्शों की याद नई पीढ़ी को दिला रहे हैं। दरअसल उसे भारत की प्राचीन संस्कृति की काफी जानकारी है। उसे तो वर्तमान राजनीतिक प्रशासनिक व्यवस्था के रूप की चिन्ता है। आज जबकि उच्चादर्शों से अनुप्राणित नीतियों का पालन सरकारी कर्मचारियों के हाथ में है, देखने की बात यह है कि नगर का प्रबन्ध करने में, नौकरियों के उम्मीदवार चुनने में, सरकारी अनुदान देने में, जनता की तकलीफें दूर करने में, ये लोग, जिन पर लगभग सभी बड़े-बड़े आदर्शों को बनाने या बिगाड़ने की जिम्मेदारी है, किस तरह आचरण करते हैं। यदि प्रशासन से भ्रष्टाचार मिटाया जा सके, तो नई पीढ़ी को उन आदर्शों में फिर से आस्था होगी, जिनके लिए उनकी मातृभूमि विख्यात है। राष्ट्रीय एकता की अन्य बाधाएँ प्राथमिक नहीं रह जाएँगी, उनके लिए यथायोग्य उपाय किए भी जा सकेंगे और असर भी दिखाएँगे।

[19.5.62]

❒

राजधानी में शासन प्रबन्ध की और चाहे जो आलोचना की जाए लेकिन यह नहीं कहा जा सकता कि वहाँ केन्द्रीय मद्यनिषेध समिति की सिफारिशें लागू करने में जरा भी सुस्ती दिखाई जा रही है। अगले तीन साल में दिल्ली में शराब बिलकुल बन्द हो जाएगी (मतलब बिक्री से है, खर्च से नहीं)। विलायती शराब की बिक्री रोकने के लिए पहले तो हर साल उस पर चुंगी बढ़ाते जाएँगे (15 प्रतिशत के हिसाब से), बेचने के लाइसेंस भी कम कर देंगे और ऐसे लोगों की सूची बना देंगे जो कहते हैं कि शराब के लती होने के कारण उन्हें शराब जरूर मिलनी चाहिए। यह पहले साल का कार्यक्रम हुआ।

दूसरे साल से उन क्लबों से लाइसेंस छीन लिये जाएँगे जो सरकारी इमारतों में चलते हैं। (इनमें चेम्सफोर्ड क्लब, जिमखाना क्लब और प्रेस क्लब भी शामिल हैं) जिनके पास लाइसेंस रहेंगे उन्हें भी सिर्फ एक अलग कमरे में शराब बेचने की इजाजत रहेगी। 1964-65 में क्लबों से कहा जाएगा कि अपने 'लती' सदस्यों का नाम रजिस्टर में दर्ज करके उनका कोटा बाँध दें। यानी हर एक को शराब मिलना सम्भव नहीं रहेगा क्योंकि क्लबोंवाले 'लती' और गैर-क्लबवाले 'लती' दोनों के नाम लिखे जा चुके होंगे और वे ही शराब खरीद सकेंगे।

शराबबन्दी के तीसरे और अन्तिम वर्ष में शराब आम दुकान पर नहीं बिक सकेगी सिर्फ उन क्लबों और होटलों में मिलेगी जिनके पास लाइसेंस बच रहेगा और वहाँ भी परमिट वाले ग्राहकों को ही मिलेगी। विदेशी अतिथियों का अस्थायी परमिट से भी काम चल जाएगा। अगर इस वर्ष भी कोई शख्स कहे कि मुझे शराब की लत है और बगैर पिए नहीं रह सकता तो उसे डॉक्टर का सर्टिफिकेट देना होगा। (प्रश्न : डॉक्टर साहेब भी 'लती' हों तो कैसी रहे?)

इसके बाद, यानी 1965 के अन्त में बोतलबन्द विलायती शराब का आयात परमिट से ही हो सकेगा और सब दुकानें बन्द करके सरकार चाहेगी तो खुद दो-चार दुकानें चलाएगी।

यह तो हुआ विलायती शराब का निपटारा। देसी शराब का कार्यक्रम यह है कि हर साल दुकानों की संख्या में सौ पर दस के हिसाब से कमी होती जाएगी। इसके भी लती रजिस्टर में दर्ज किए जाएँगे और उनका भी वही भाग्य होगा, जो विलायती शराब के लतियों का होना है।

खास बात यह है कि देसी शराब के साथ-साथ भाँग पर भी वही नियंत्रण लगा दिए जाएँगे। आशा है मद्यनिषेध के बहुत से विरोधियों को इससे कुछ आत्मिक सन्तोष होगा, 'हम तो गए ही, भँगेड़ी भी गए।' लेकिन प्रश्न यह है कि मद्यनिषेध के समर्थकों में कुछ भाँग के समर्थक भी हो सकते हैं, 'शराब पीना बुरा है पर भाँग तो शिवजी का प्रसाद है।' (और सोमरस क्या देवताओं का प्रसाद नहीं है?)

इस सब कार्यक्रम के साथ-साथ अगले साल से हफ्ते में पाँच की जगह सिर्फ तीन दिन शराब बिकेगी और बिक्री का समय भी और घटा दिया जाएगा।

जहाँ तक शराब की बुराइयों के प्रचार का सवाल है, उनके नए तरीके निकाले जाएँगे। पुराने तरीकों में एक सुझाव यह था कि शराबियों को लेमनेड पिलाया जाए। दो-तीन साल पहले गोल मार्केट में एक दुकान भी शायद खुली थी, पर जाहिर है कि उसे बन्द करना पड़ा।

इस सबके सिलसिले में हर साल दिल्ली में प्रशासन को दो करोड़ रुपए के राजस्व का घाटा होता जाएगा। अभी यह नहीं कहा जा सकता कि इस घाटे को वह

कैसे पूरा करेगा पर आशा करनी चाहिए कि कर आदि बढ़ाकर नहीं ही करेगा। मद्यनिषेध सम्पूर्ण विकास व्यवस्था का एक अंग होना चाहिए और इससे उत्पन्न घाटे को जनसाधारण पर बोझ डालकर पूरा नहीं किया जाना चाहिए।

मद्यनिषेध के ज्यादा व्यावहारिक और सार्थक तरीके की खोज बहुत जरूरी है इसमें सन्देह नहीं। फिलहाल, हफ्ते में दो दिन शराब की बिक्री बन्द रहने पर भी दिल्ली में 1961-62 में 3,35,570 गैलन विलायती शराब पी गई। देसी शराब इससे कम 1,45,478 गैलन बिकी, लेकिन 1960-61 के मुकाबले यह भी 3,218 गैलन ज्यादा थी।

[17.6.62]

❒

पता चला कि कांग्रेस की सदस्यता बढ़ाने के लिए जो आन्दोलन शुरू किया गया है उसके अधीन कार्यकर्त्रियाँ सरकारी बस्तियों में घूम रही हैं। यह मान भी लें कि अधिकांश पत्नियाँ राजनीति की बातें इतना समझती हैं कि कौन-सी पार्टी के मेम्बर बनें यह तय कर सकें, तो भी यह क्या सच नहीं है कि उन्हें किसी विरोधी पार्टी का सदस्य बनते हुए अपने पति की सरकारी नौकरी के लिए गलत या सही कुछ चिन्ता होगी। कांग्रेस का मेम्बर बनने से स्पष्टत: कोई खतरा नहीं है।

प्रश्न यह है कि सरकारी बस्तियों में, जहाँ सब राजनीतिक पार्टियों को बराबर फायदे नहीं ही हैं, राजनीतिक चेतना फैलाने का कौन-सा रास्ता सबसे अधिक न्यायसंगत है। सदस्य बनाने का आन्दोलन क्या वहाँ चलाना ईमानदारी है, अधिकार भले ही हो?

[1.7.62]

❒

सरकारी बस्तियों में वोट गिरने के समय एक चीज बार-बार देखने में आई थी। मतपत्र में जो नम्बर पड़ा होता है, उसे मतदाता सूची में मतदाता के नाम के आगे दर्ज कर लेने की कानूनन व्यवस्था है। इससे किसी को खतरा नहीं होना चाहिए। पर इस चुनाव में कई जगह सरकारी नौकरों ने वोट डालने के पहले यह स्पष्टीकरण माँगा कि कहीं बाद में सरकार यह तो पता न लगाना चाहेगी कि किस सरकारी मुलाजिम ने किस पार्टी को वोट दिया।

पोलिंग बूथों से प्राप्त विश्लेषण से मालूम होता है कि विजयनगर, सेवानगर, लोदी रोड और अंशत: मोतीबाग जैसी कम आमदनीवाली सरकारी बस्तियों में सत्तारूढ़ पार्टी के विरुद्ध बहुमत था—माननगर, शाननगर जैसी अमीर सरकारी बस्तियों में बहुमत विपक्ष के विरुद्ध था। गैरसरकारी क्षेत्रों के अन्दर ग्रामीण बस्तियों में तथा मामूली हैसियत से उन लोगों के मोहल्लों में जो कभी विस्थापित होकर आए थे—बहुमत जनसंघ की ओर था—अपेक्षया अधिक सम्पन्न रूप से पुनर्स्थापित लोगों की बस्तियों में बहुमत कांग्रेस की ओर था।

यह विश्लेषण अपनी कहानी आप कहता है। दिल्ली ने स्थायित्व के लिए वोट दिया है। राजधानी की बढ़ती हुई मध्यवर्गीय आर्थिक सम्पन्नता के चलते यहाँ के लोगों से दूसरी आशा भी नहीं की जा सकती थी। यदि विचारधारा या मूल्यों का चुनाव करना होता तो सूरत कुछ और होती पर जहाँ कि दिल्ली के जनसाधारण का प्रश्न है, वह इतना व्यावहारिक, ठस और स्वार्थी है कि उसे कांग्रेस और जनसंघ में कोई खास सैद्धान्तिक विरोध नहीं दिखाई देता। इस चुनाव में उसने बहुत करके यही देखा है कि किससे क्या चीजें हासिल हो सकती हैं और जो व्यवस्था अच्छी-बुरी जैसी हो इस समय मेरी समृद्धि में सहायक है, वह किसको वोट देने से बनी रह सकती है।

[11.3.62]

❐

राष्ट्रकवि श्री मैथिलीशरण गुप्त ने पिछले दिनों राष्ट्रपति के अभिभाषण पर धन्यवाद प्रस्ताव का समर्थन करते हुए पद्य में भाषण किया। यह उनके लिए कोई नई बात नहीं है। पर सदन में गद्य हिन्दी में दी गई अन्य वक्तृताओं को जितना कुछ स्थान अंग्रेजी समाचार पत्रों में मिलता है, उतना भी इस पद्य भाषण को न मिला। 'उन्होंने कविता पढ़ी' कहकर बात खत्म कर दी गई। यदि अंग्रेजी के समाचार पत्रों में काम करनेवाले देश के हाल के इतिहास से परिचित होते तो वे समझ सकते कि भ्रष्टाचार और जड़ता की जो शिकायत माननीय सदस्य ने अपने भाषण में की थी, उसका क्या महत्त्व है। पद्य में सही, पर श्री मैथिलीशरण गुप्त ने देश की पुकार को स्वर दिया है। यही बात और भी कहते हैं पर बहुतेरे इसलिए भी कहते हैं कि वैसा कहना उनकी पार्टी की नीति है। एक ऐसा व्यक्ति यह कहे, जो देश की प्रगतिशील चेतना के सदैव साथ रहा हो और राजनीति का जिस पर दबाव न हो, तो उसका एक खास अर्थ होता है। वह एक स्वतंत्रचेता बुद्धिजीवी की आवाज है और

जिसकी आवाज है उसे हमेशा लाखों भारतवासियों का समर्थन प्राप्त रहा है। वही आवाज आज जब कहती है :

शासन हैं सब बिना हृदय के बड़े पदों पर पलते हैं
चलते नहीं परन्तु पदों से सदा करों से चलते हैं।

तो वह सिर्फ कविता कहकर टाली नहीं जा सकती।

[6.5.62]

❐

अब यह पार्लियामेंट स्ट्रीट एक फलती-फूलती राजधानी के योग्य एक शानदार सड़क बन गई है और इसकी पथरीली इमारतों के अन्दर बड़े-बड़े आर्थिक और सामाजिक मसलों की चहल-पहल रहने लगी है। इसलिए जब कुछ दिन हुए पार्लियामेंट स्ट्रीट की जिन्दगी में पहला पोस्ट ऑफिस आया तो एक बड़ी पुरानी जरूरत पूरी हो गई।

जाकिर हुसैन साहब ने इसका उद्घाटन करते वक्त कहा था कि डाकखाना मनुष्य के सांस्कृतिक जीवन का एक अंग बन गया है। आदमी अपनी बात आदमी से कहना चाहता है, अपने दुख-सुख की खबर दूसरे को देना चाहता है। उसके पास आज यह सुविधा है कि तार दे दे : 'माँ बहुत बीमार हैं, फौरन आओ' या, 'मैं सकुशल हूँ चिन्ता न करो।'

सुनकर बहुत से विचार मन में कौंध गए। जब मानव जीवन की इतनी गहरी जरूरतें पूरी करनेवाली व्यवस्थाओं का लेखा-जोखा किया जाता है तो आँकड़े दिए जाते हैं; 'पिछले दस साल में हमने 50 हजार नए डाकखाने खोले' और अखबार इस खबर को छापकर समाज को आश्वस्त कर देते हैं कि हमारा विकास हो रहा है। कहीं यह खबर नहीं पढ़ने में आई कि पिछले दस साल में हमने सिर्फ 50 तार देर से पहुँचाए या सिर्फ 200 चिट्ठियाँ खोईं। कार्यकुशलता को नापने का मापदंड आज मानवीय भावना की रक्षा नहीं, समूह की, बल्कि उसमें भी केवल बहुजन की सुविधा रह गया है। क्या यह माँगना बहुत ज्यादा माँगना है कि मैं 'एक' सही, 'मनुष्य' हूँ और मेरी भावनाएँ उतनी ही मूल्यवान हैं जितनी समूह में के हर एक व्यक्ति की हैं? यदि मैं तार देकर किसी को उसकी मरणासन्न माँ के पास बुलाता हूँ या यह सूचना देकर कि मैं सकुशल हूँ, अपने पिता की चिन्ता दूर करता हूँ तो यह मेरा पावना है कि समाज को और उसके माध्यम से राज्य को अपनी जो अनेक स्वतंत्रताएँ मैंने सौंप दी हैं उनके बदले में राज्य मेरे व्यक्तित्व का आदर करे और

मेरे तार वक्त से सही आदमी को पहुँचा दे। अगर एक भी व्यक्ति के इस अधिकार की अवज्ञा होती है तो वह व्यवस्था की ही कमी नहीं, मानवीय जीवन के प्रति आदर की कमी है। तार भेजने की नई मशीन आई है तो आई होगी, उसको चलानेवाले आदमी के दिल में आदमी के लिए दर्द, आदमी के लिए इज्जत है या नहीं, यही असली सवाल है। अगर डाक मंत्रालय यह चीज अपने आदमियों को सिखा सकता है तो वह सभ्य देश का डाक मंत्रालय है, नहीं तो वह लोकतंत्र को न समझने का दफ्तर है और कुछ नहीं।

सुना था कि पिछले दिनों काम बहुत बढ़ जाने के कारण अधिकांश तार चिट्ठी की तरह लिफाफे में बन्द करके भेजे जा रहे थे। यानी मजमून एक शहर से दूसरे शहर पहुँचाया तो तार से जाता था लेकिन उस शहर में तार की तरह बाँटा नहीं जाता था। चिट्ठी की तरह चिट्ठीरसाँ से के हाथ भेजा जाता था। इसके पीछे शायद कुछ विभागीय समस्याएँ थीं, पर मानवीय मान्यता यह थी कि 'आपका मजमून तार से पहुँचाया गया, आपने अपने पैसे वसूल पाए; अब तारवाला हरकारा ओवरटाइम नहीं करता तो क्या पोस्टमास्टर साहब आपका तार लेकर आपके भाई के घर दौड़ जाएँ? ऐसे बहुत से तार हमारे यहाँ आते रहते हैं।' हाँ, यह भी सुना था कि किसी बहुत दयालु अफसर ने मारे हमदर्दी के यह आदेश जरूर दे दिया था कि तार बाबू तार का मजमून पढ़ ले और अगर कोई बहुत जरूरी सन्देश हो तो उसे हरकारे के हाथ भिजवाएँ, नहीं तो चिट्ठी बनाकर भेजें। मतलब यह था कि कोई मर रहा हो तो जरूरी सन्देश हुआ। उस भले आदमी को जिसने यह युक्ति निकाली क्या यह समझाया जा सकेगा कि एक शख्स के लिए किसी का थोड़ी देर का मेहमान होना जरूरी सन्देश हो सकता है पर किसी और के लिए 'तुम्हारी चिट्ठी मिल गई' इतना भी, उतना ही जरूरी सन्देश हो सकता है। किसी के जीवन में किस समय कौन-सी घटना सबसे बड़े महत्त्व की है—यह फैसला तार बाबू तो तार बाबू, लाटसाहब भी नहीं कर सकते। यह फैसला करना आपके मेरे जीवन में हस्तक्षेप करना है और इतना ही हो तो गनीमत पर यह कहना कि संगठित समाज में एक विशाल कार्यालय एक अकेले आदमी से ज्यादा बड़ी हस्ती रखता है तो व्यक्ति का सरासर अपमान करना है।

[1.7.62]

❐

स्त्री के अनावृत्त शरीर को लेकर पुरुष एक जमाने से दूसरे पुरुषों को उल्लू बनाते रहे हैं (स्त्री तो बनाती रही ही है)। एक अनावृत्त तसवीर छापी और सौ पुरुष

उसी छाप के ब्लेड से दाढ़ी बना रहे हैं। एक और अर्द्धनग्न तसवीर छापी, डेढ़ सौ आदमी उस छाप की बनयाइनें पहन रहे हैं।

इसलिए अश्लील तसवीरें अन्ततः कामोत्तेजन ही करती हों ऐसा नहीं, पुरुषों को किसी विशिष्ट ब्लेड या किसी विशिष्ट छाप की बनयाइनों की दिशा में भी उन्मुख करती हैं। यह भी अश्लीलता के प्रति एक रोचक दृष्टिकोण है। आजकल मौसम अनुकूल न होने के कारण दिल्ली में अश्लील पोस्टरों पर कालिख पोतने का आन्दोलन स्थगित है पर थोड़ी ठंडक होते ही यह 'सांस्कृतिक' कार्य फिर शुरू हो जाएगा। पिछले वर्ष इसने कनॉट प्लेस में भीड़ जमा करके तमाशा करनेवाले कई लोगों को बहुत पब्लिसिटी दी। ये लोग अश्लीलता विरोधी नारे लगाते हुए सिनेमा के या अन्य विज्ञापनों के पोस्टर दीवाल पर से उखाड़कर जमा करते जाते थे, जिसे उखाड़ नहीं पाते थे, उस पर कालिख पोत देते थे। अन्त में एक दिन इस सब चित्र संग्रह को जला दिया गया और अखबार में बड़े-बड़े फोटू छपे।

सुनते हैं कि जब ये चित्र जलाए जाने को थे, दर्शकों में से कुछ ने आपत्ति की कि इनमें माता जानकी का चित्र क्यों शामिल है। एक कैलेंडर में वह हनुमानजी समेत चार परपुरुषों के सम्मुख नायलान की-सी झीनी साड़ी धारण किए हुए अंग-प्रत्यंग झलकाती हुई श्री रामचन्द्रजी के वाम पार्श्व में विराजमान हैं। जो लोग अश्लील पोस्टर छाँट रहे थे उन्हें उस चित्र में मातृत्व नहीं दिखाई दिया, इसलिए उसे भी ले आए। पर जनमत ने सीताजी को 'बेनिफिट ऑफ डाउट' देकर उस कैलेंडर को जलने से बचवा लिया।

इस प्रकार के अश्लील चित्र यज्ञ करनेवाले दिल्ली के नौजवानों में कामुकता बढ़ने से चिन्तित हैं। पर नौजवानों में कामुकता यदि बढ़ रही है (और यदि यह सचमुच चिन्ता का विषय है) तो पोस्टर पर छपी तसवीरें जलाकर उसे कहाँ तक नष्ट किया जा सकता है। राजधानी में और उतने ही बड़े अन्य शहरों में लड़के-लड़कियों में मिलना-जुलना अधिक सहज हो गया है कि पहले तो यही प्रश्न उठता है कि क्या उनमें वास्तव में कामुकता बढ़ रही है? बसों में, दफ्तरों में, बाजारों में, दुकानों में न स्त्री का शरीर पुरुष के लिए कोई अजूबा रह गया है न पुरुष की दृष्टि स्त्री के लिए कोई भय। ज्यादातर जीवन-यापन की अन्य समस्याओं से उलझते हुए नर-नारी साथ-साथ दिखाई देते हैं, एक-दूसरे को घूरते हुए या आवाजें कसते हुए नहीं। लड़कियाँ सूनी दोपहर में या देर रात को अकेले घर लौट आती हैं जबकि छोटे शहरों में ऐसे वक्त उन्हें सचमुच खतरा है। असल में अतिरिक्त कामुकता की समस्या अधेड़ लोगों की समस्या है। नई पीढ़ी से उनके मानसिक सामंजस्य की जो विशालतर समस्या है, दमित काम उसी का एक पहलू है।

जहाँ तक पोस्टरों का सवाल है, जो लोग चौबीस घंटे काम की समस्या से आक्रान्त नहीं रहते उनके लिए झुँझलाहट का असल कारण है इन पोस्टरों का भद्दापन। भोंडापन विरोधी कोई आन्दोलन चलाया जाए तो शायद उसमें ये नवयुवक ज्यादा तादाद में शामिल हों। पर असुन्दर के प्रति विद्रोह राजधानी में बहुत क्षीण है। नई इमारतों को देखिए। या इमारतों को छोड़िए उनके चारों ओर के उस मलबे को देखिए जो जब से इमारत बनी है, तब से वहीं जमा रहते-रहते अब उसका एक अंग बन गया है और तसवीरों की बात करें तो आज के विज्ञापनजीवी युग में कुरुचि ही प्रधान है—रुचि सुधारनेवाले पैसा नहीं कमाया करते।

कुरुचि उभारकर पैसा कमाने की बात पर याद आया। राजधानी में शुद्ध व्यापारिक दृष्टि से कामोत्तेजक साहित्य खूब छपता है—वह भी निहायत घटिया दर्जे का। दिल्ली प्रशासन के अश्लीलता विरोधी सलाहकार मंडल ने इसको बन्द करने के लिए राय दी है कि जिन किताबों को पुलिस गन्दी समझे उनकी जाँच फौरन कराई जाए और यदि थोड़ा शक हो कि अमुक पुस्तक शायद अश्लील नहीं है तो भी मुकदमा दायर कर ही दिया जाए। नहीं मालूम कि इससे काम में क्या जल्दी होगी—सिवाय देर बढ़ने के। जिस तरह की किताबों का सवाल है उन्हें कोई कांस्टेबुल भी पढ़कर बता सकता है कि अश्लील है या नहीं, कुछ प्रकाशकों की सूची बना दी जाए ताकि उनके यहाँ से प्रकाशित होनेवाली साहित्यिक कृतियों में से किसी पर वह निर्णय न दे सके, बाकी पटरीवाले अश्लील साहित्य प्रकाशकों पर मुकदमा चलाने की भी क्या जरूरत है, उनको सीधे सजा दी जानी चाहिए।

[12.8.62]

❒

संसद का जो अधिवेशन इस अंक के छपते-छपते समाप्त हो रहा है एक जोरदार अधिवेशन था। भाषा, उत्तरी सीमा की रक्षा, रेलगाड़ियों की दुर्घटनाएँ, दवाओं में मिलावट—ये सब सवाल जरूरी और तुरन्त ध्यान देने के थे। जनता की याददाश्त कमजोर कही जाती है पर जो घटनाओं की सतह को नहीं, उनके भीतरी अर्थ को देखते हैं, उन्हें इस अधिवेशन की बहुत-सी बहसें एक खास तरह की, और हमेशा याद रखनेवाली मालूम हुई होंगी। यहाँ हमें यह देखना है कि मौलिक नीतियों पर शासन से सहमत होते हुए भी, प्रतिदिन के आचरण में शासन की शिथिलता को कैसे स्वीकार किया जा सकता है। दवाओं में मिलावट के मसले को दोनों सदनों से अच्छी तरह उघारा गया। लोकसभा में स्वास्थ्यमंत्राणी श्रीमती सुशीला नैयर से पूछा गया कि यह जानते हुए भी कि देश में 2,700 लाइसेंसशुदा कम्पनियों में दवाएँ

बनाने का यथेष्ट साजसामान नहीं है और सिर्फ 120 में है, वे यह अनैतिक व्यापार बन्द क्यों नहीं करातीं ?

और जब उन्होंने कहा कि लाइसेंस देने में मेरा हाथ नहीं है बल्कि अनेक संसद सदस्यों ने ऐसी कम्पनियों को लाइसेंस दिलावने में मदद दी है तो सदन में बड़ी नाराजगी फैल गई। श्रीमती नैयर कुछ ही दिन पहले लोकसभा में कह चुकी थीं कि केन्द्र सरकार एक नहीं कई मर्तबा राज्य सरकारों को ऐसी कम्पनियों के नाम बताकर सचेत कर चुकी है, पर राज्य सरकारों ने 'स्थानीय कारणों से' उनके खिलाफ कार्रवाई नहीं की है। स्वास्थ्यमंत्राणी के जवाबों से तो और कुछ नहीं, केवल यही स्पष्ट होता था कि वह बहुत असहाय हैं, अच्छी तनखाह पर केन्द्रीय औषधि निरीक्षक नियुक्त करने का उनका प्रस्ताव वित्त मंत्रालय ने ठुकरा दिया है, नहीं तो शायद ये निरीक्षक घटिया दर्जे की नुकसानदेह दवाइयाँ न बनने देते। आखिर में उन्होंने कहा कि सरकार इन अपराधी कम्पनियों को न चलने देगी लेकिन जनता का भी कर्तव्य है कि वह इस तरह की अनैतिकताओं के खिलाफ खड़ी हो।

सरकार ने अपनी जिम्मेदारी को बड़ी स्पष्टवादिता से साफ कर दिया और जनता को अन्त में यही समझ में आया कि वह खुद इस प्रवृत्ति के लिए जिम्मेवार है।

इसी तरह की जिम्मेदारी उन्मूलन की एक घटना इस अधिवेशन में और भी हुई थी : हाफिज मोहम्मद इब्राहीम साहिब ने साफ इनकार कर दिया था कि दिल्ली में बिजली बन्द हो जाने की जिम्मेदारी उन पर आती है—जो ट्रांसफार्मर जला था, वह पंजाब का था और दिल्ली की बिजली कम्पनी तो म्युनिसिपल कारपोरेशन की है। खैर, यह मामला तो प्रधानमंत्री ने साफ कर दिया, यह स्वीकार करके कि कानूनी तौर पर स्थिति चाहे जो हो केन्द्र सरकार को इस मामले में कार्रवाई करनी ही है और धीरे-धीरे वातावरण शान्त हो गया, बाद में हाफिज साहब ने भी तथ्यों और रिपोर्टों के सहारे इतमीनान दिला दिया कि अब बिजली की कमी पूरी होने ही वाली है।

जो हो, इन बहसों को सुनने से एक बात बिलकुल साफ हो गई, वह यह कि धीरे-धीरे हमारे विभिन्न कार्यालयों में एक-दूसरे से सम्पर्क और भी कम हो गया है वरना क्या वजह है कि सब मिलकर एक जिम्मेदारी को नहीं निभाते, अलग-अलग चलते हैं और सिर्फ मुसीबत पड़ने पर एक-दूसरे को इन शब्दों में याद करता है कि अपना काम तो मैंने कर दिया, उसका काम वह जाने। नहीं तो आप खुद सोचकर देखिए कि संसद में यह स्वीकार किया जाए कि दिल्ली में दो बर्फ बनानेवाली कम्पनियाँ बिना लाइसेंस के चल रही हैं और इसका कोई जवाब न हो कि आखिर क्यों चल रही हैं ? सिवाय इसके कि कानून में ऐसी व्यवस्था नहीं कि उन्हें बन्द कराया जा सके।

कानून बिचारे की अपनी कुछ आदतें होती हैं, जिनसे वह कभी-कभी मजबूर हो जाया करता है। जिन दिनों दिल्ली में बर्फ में चूहा, दूध में टिड्डी, डबलरोटी में सुई वगैरह एक के बाद एक निकल रहे थे, रिजर्व बैंक के सामने खड़े होकर बाबू लोगों को छोले-कुलचे बेचनेवाले एक आदमी से मैंने पूछा, 'इस कनस्तर में खटाईदार छोले रखते हो; इससे कोई नुकसान न होगा?' वह बोला : 'साहब यह कनस्तर रोज बदला जाता है।' 'कैसे?' मैंने पूछा। 'रोज म्युनिसिपैलिटी वाली पुलिस इसे छीन ले जाती है और रोज मैं दूसरा ले आता हूँ।' जाहिर है कि यह धन्धा दोनों के लिए फायदेमन्द है।

पुलिस काम से लगी रहती है और छोलेवाला गन्दे टीन में खोंचा नहीं लगता। डर यही है कि अगर इस सिलसिले की अच्छाइयों का ज्यादा प्रचार कर दिया गया तो कहीं प्रशासन इसी को अपनी नीति न घोषित कर दे। तब अगर कोई अविश्वासी देशद्रोही इसका कारण पूछेगा तो उत्तर केवल यही होगा कि हमने अपनी सालाना रिपोर्ट में बता दिया है कि 'साल में अमुक सहस्र कनस्तर हमने फिंकवाए, और आपको तो रोज नए कनस्तर में खाना मिलता है, भाई साहब।'

[26.8.62]

पथरीला पत्थर

पिछले पखवारे दिल्ली निगम की निर्माण समिति ने निगमायुक्त के इस प्रस्ताव पर विचार किया कि रामलीला मैदान के सामने सर्कुलर रोड पर साढ़े बारह एकड़ जमीन पर निगम का सोलह मंजिला प्रधानालय बनाया जाए। प्रस्ताव में कुछ संशोधन सुझाकर समिति ने निगमायुक्त को पन्द्रह दिन का समय दिया है कि वह उस पर विचार करके समिति को बताएँ। इन पन्द्रह दिनों तक दिल्ली के रहनेवाले बेसब्री से इन्तजार करेंगे क्योंकि अगर यह इमारत योजनानुसार बनी तो दिल्ली और नई दिल्ली के मध्य जाने कब से अपरिवर्तित सरकारी क्वार्टरों की बस्ती में क्रान्तिकारी परिवर्तन हो जाएगा। वह यह कि वह ढहा दी जाएगी।

और इसके साथ ही नई दिल्ली में आँगनवाले मकानों का एक और बड़ा क्षेत्र लुप्त हो जाएगा। खैर, आँगन का रोना क्या, लेकिन दिल्ली में कोई भी बड़ी इमारत बनने की खबर सुनकर एक बार दिल दहल जाता है। स्वतंत्रता के बाद इमारतों पर बड़ा जोर दिया गया है, मानो वे राष्ट्रीय आकांक्षाओं का प्रतीक हों पर जो कुछ उन्होंने प्रतिबिम्बित किया है वह है—छोटापन, बूचापन, चटपटापन। और यह प्रतिबिम्ब कुंठित आकांक्षाओं का होता तो भी यथार्थ होता, पर यह तो बहुत करके हीन आकांक्षाओं का ही है। खैर, प्रधान कार्यालय को निगम का 'गौरव स्थापत्य' बनाने का विचार है जिसके लिए उसे नगर के मध्य में—आसपास की इमारतों से कहीं ऊँचा खड़ा करने की योजना है। निगमायुक्त का कहना है कि ऊँची होने से उसकी शान ही और हो जाएगी।

प्रस्ताव है कि उसके आसपास पुस्तकालय, रंगशाला, हस्तशिल्प, संग्रहालय आदि 'सांस्कृतिक इमारतें' और व्यापार भवन और कारखाने भी हों—नौकरशाही के बैठने का दफ्तर इनके सबके ऊपर सिर उठाए खड़ा रहे।

निगम के प्रधान कार्यालय को गौरव देने का सुख एक और रास्ते से भी पाया जा सकता है, पर वह थोड़ा कंटकाकीर्ण है। वह यह है कि निगम की वर्तमान इमारत में इधर-उधर थूका न जाए और उसके जीने की दीवारें छू जाने पर हाथ

चिकट जाने का डर न रहे। किसी भी सरकारी दफ्तर में जाने पर जो मरा बुझा-सा वातावरण एकाएक सामने आ जाता है वह अगर नई इमारत में भी हुआ तो क्या लाभ? ऊँघते हुए चपरासी, फाइलों की रस्म अदाई करते हुए बाबू, बन्द कमरे में 'लाइफ' पढ़ते हुए अफसर और कुल मिलाकर 'हम क्या जानें यह हमारा काम नहीं है' यह भावना फैलाते हुए कर्मचारी के रूप में भारत का स्वतंत्र नागरिक देखकर जो भाव जागृत होता है, वह गौरवपूर्ण हरगिज नहीं है। कभी क्रोध और कभी दुख का है, पर मूलत: है चिन्ता का क्योंकि जितनी देर तक यह स्थिति ऐसे ही चलने दी जाएगी वह एक स्थायी तथ्य बनती जाएगी, यहाँ तक कि कुछ दिन में उससे कोई प्रतिक्रिया होना भी सम्भव न रह जाएगा।

[11.12.60]

❐

गांधीजी की निधन तिथि के एक दिन बाद, 31 जनवरी को गांधी स्मारक निधि के स्मारक संग्रहालय का विधिवत उद्‌घाटन डॉक्टर राजेन्द्र प्रसाद ने किया—यों दिल्ली में यह संग्रहालय 1948 से ही विकसित होता आ रहा था और 1959 में राजघाट के निकट अपनी नई इमारत में भी आ गया था।

गांधी जी के निजी इस्तेमाल की गिनी-चुनी ही चीजें थीं। उनको यहाँ रखा गया था। किलक के कलम, हाथ सिली छोटी-सी गद्दी, पिनकुशन के काम के लिए और लकड़ी का छोटा-सा चम्मच...इस तरह की सादी और मोटी चीजों में एक गहरा अर्थ छिपा हुआ दीखता है।

पर जिस वक्त दर्शक उस मंजूषा के सामने खड़ा होता है, जिसमें तीन प्राणघातक गोलियों में से एक, रक्त से सनी चादर के ऊपर रखी हुई है, उससे मन पर पड़नेवाला प्रभाव शब्दों में नहीं व्यक्त किया जा सकता। यदि वह दर्शक उस पीढ़ी का है जो गांधीजी की हत्या के समय विश्वविद्यालय में था तो यह प्रभाव अवश्य जबर्दस्त होगा। पर इन लोगों की सन्तान के लिए उस दृश्य को शायद कुछ कम विफलता से देखना सम्भव हो सकेगा।

चादर पर रक्त भी अब लाल नहीं रह गया है, वह धो दिया गया है, शायद सुरक्षित रखने के लिए ही, और उसका धब्बा ही बचा रह गया है।

जब मैं संग्रहालय को एक बार फिर देखकर लौटा तो सिर्फ एक चीज की याद मन में गड़ी रह गई थी, वह थे दो पदक जो गांधीजी को 1899-1902 में बोअर युद्ध के समय सेना के शुश्रूषादल में अच्छा काम करने के लिए मिले थे।

[19.2.61]

❐

जनगणना से मालूम हुआ है कि दिल्ली में साक्षरता अन्य प्रदेशों की अपेक्षा अधिक है। इससे एक बात तो यह फौरन स्पष्ट हो जाती है कि साक्षरता और सभ्यता दो अलग-अलग चीजें हैं।

हो सकता है कि यहाँ ज्यादा आदमी अपना नाम लिख लेते हों लेकिन जितने ज्यादा भोंडे, अनपढ़, उजड्ड आदमी एक साथ यहाँ मिल सकते हैं, उतने कहीं और मिल भी नहीं सकते।

दिल के ये सब अच्छे हैं, बहुत अच्छे भी हैं। पर यही तो अफसोस की बात है कि दिल का अच्छा होना व्यक्तिगत की जगह एक सार्वजनिक प्रतिमान बन गया है, दो आदमी जब आपस में लड़ते हैं तो यह मानकर चलते हैं कि मैं दिल का अच्छा हूँ, लड़ाई तो किसी तरह की एक गलतफहमी है जो दूसरे को हो गई है। इसी तरह एक ऐसा समाज भी यहाँ विकसित हो रहा है, जिसमें सब कोई एक दूसरे की क्षुद्रताओं को जानते हैं और क्षमा किए हुए हैं। जो घटियापन सबमें है, वह प्रतिमान है। उसे तो मानकर ही चलना चाहिए और उदाहरण के लिए यह जानते हुए कि सरकारी मकान जिन्हें मिला हुआ है उसका एक कमरा दुगने किराए पर उठा देना उनका जन्मसिद्ध अधिकार है, इस पर अवश्य नैतिक आपत्ति हो सकती है कि किराया आप दुगना ले रहे हैं या ढाई गुना। इसी तरह स्कूटर रिक्शा में बैठने के पहले अगर आपने कड़े बल्कि अपनी समझ से काफी सख्त शब्दों में पूछ नहीं लिया है कि उसका मीटर चलता है या नहीं, तो गन्तव्य पर पहुँचकर चालक ने सहसा इस आश्चर्य में पड़ जाने पर कि मीटर चला क्यों नहीं, आपको आपत्ति करने का कोई अधिकार नहीं है। अधिकार आपको गरज-गरजकर यह सिद्ध करने का है कि बेईमानी से चालक को दस ही नए पैसे ज्यादा कमाने दिए जाएँगे, पन्द्रह नहीं।

जहाँ तक साक्षरता का सवाल है, यह न भूलना चाहिए कि दिल्ली की आबादी में लाखों की वृद्धि जिनके कारण हुई है, वे रोजी की तलाश में यहाँ आनेवाले हैं—मरते-खाते अपना गुजारा करते हैं और सम्भव है एक दशक समाप्त होते-होते दिल्ली के ही हो जाएँ—कुछ हो चुके हैं, लेकिन तब तक के लिए वह नगर या स्थान के प्रति किसी भी तरह का आदर प्रकट करने के लिए अपने को बाध्य नहीं मानते हैं। सारा मैदान एक ऊबड़-खाबड़, आधा बनता हुआ आधा ढहता हुआ प्रदेश है, जहाँ जिधर चाहो अपनी नई इमारत बना ले सकते हो : दूसरे के सदर दरवाजे की तरफ आपका बैतुलखला है, यह देखने की जरूरत नहीं।

इस रूपक से मुझे एकाएक याद आता है कि पिछले महीने राजधानी की नई इमारतों में दो और बढ़ीं जिनमें से एक सचमुच आकर्षक है। आकर्षक केवल देखने में अच्छे लगने के अर्थ में नहीं, बल्कि सचमुच खींचने यानी स्पष्टत: विरक्त न कर देने के अर्थ में भी कहा गया है। वह इमारत है बा ल भवन का अपना स्थायी घर, जिसका विधिवत उद्घाटन डॉक्टर राधाकृष्णन ने हाल में किया है।

उसकी खूबी यह बताई जाती है कि वह बच्चों के भावों की तरह ही सजग और निराडम्बर है। काफी हद तक यह दावा वह पूरा करती है पर यह रचनापरक दावा, वास्तुकार महोदय न भी करते तो वह एक बड़े काम की, बड़ी होशियारी से बनाई हुई इमारत बनी रहती। उसके लोहे के खम्भों में जीने लगे हैं, उन पर बच्चे चढ़ सकते हैं क्योंकि खम्भों पर बच्चे चढ़ना ही चाहेंगे। (हालाँकि एक सवाल यह भी है कि जीने दे देने पर खम्भे पर चढ़ने का मजा ही क्या रह जाएगा) और बाकी मकान में खुलेपन का, जो बच्चों की मानसिक सुरक्षा के लिए बहुत जरूरी है, अनुभव फैला हुआ है। इससे मकान बनानेवाले चारों ओर की आठ एकड़ खाली जमीन से भी मदद मिलती है जरूर, पर धन्यवाद तो इस बात का है कि इस आठ एकड़ को उन्होंने वैसे ही छोड़ दिया है।

बाल भवन बच्चों का खेल घर है। कोई 800 बच्चों का नाम वहाँ लिखा है—जिसमें से 250-300 ही रोज आते हैं। अभी तक तो वहाँ का सबसे बड़ा आकर्षण 'खेलगाँव' रेलवे स्टेशन से चलनेवाली रेलगाड़ी है (उद्घाटन के दिन बड़े-बड़े लूमड़ लोगों को उसमें चढ़ते हुए देखा) लेकिन आगे चलकर कुछ और भी आकर्षण होनेवाले हैं।

जैसा कि बाल भवन अपने बारे में खुद बताता है, वह एक ऐसी जगह है, जहाँ बच्चा वातावरण से सीखता है—जिज्ञासु और अन्वेषक बनता है। दिल्ली जैसी जगह में जहाँ हजारों बच्चे अपने माँ-बाप के साथ धूल और पत्थर से भरे बीहड़ प्रदेश की नई बस्तियों में, या फिर गिचिरमिचिर बस्तियों में एक-एक कमरे में पल रहे हैं, बच्चों को वातावरण देने की समस्या बहुत नाजुक समस्या है। अगर एक जगह सुविधाएँ एकत्र कर दी जाएँ और दूर-दूर से बच्चों को वहाँ लाया जाए तो घर और उस स्थान का विषम अन्तर, दोनों में जमीन-आसमान का फर्क बच्चे के मन पर बहुत खराब असर डाल सकता है और जो फायदा होने की उम्मीद हुई, उससे ज्यादा नुकसान हो सकता है। इसकी जगह, हाँ यह उतनी शानदार योजना तो न होगी, जितनी बड़ी इमारतों की होती है, यह ज्यादा अच्छा होगा कि घर-घर में माँ-बाप को बच्चों के मनोविज्ञान का कुछ परिचय दिया जाए इस मामले में अनुसन्धान करके ऐसे खेल, तरीके और उपाय निकाले जाएँ जिनसे वर्तमान परिस्थितियों का ही उपयोग करके माँ-बाप बच्चों को जिज्ञासा और सन्तोष की वे

सुविधाएँ दे सकें, जिनके लिए बच्चों को घर से दूर थोड़ी देर के स्वर्ग में आने-जाने को मजबूर होना पड़ता है।

[23.4.61]

❐

पिछले दिनों दिल्ली में बहुत कुछ हुआ, दुनिया-भर के पादरियों का सम्मेलन, संगीत नाटक अकादमी का रवीन्द्र नाट्य समारोह, दिल्ली विश्वविद्यालय का दीक्षान्त समारोह, पोलैंड का फिल्मोत्सव, एशियाई इतिहास सम्मेलन और इस वक्त पुरातत्व विभाग की शताब्दी का समारोह चल रहा है। इसी बीच जापान के प्रधानमंत्री, मलाया के राजा, अर्जेंटीना के राष्ट्रपति आए और गए। सर्दी थोड़ी और बढ़ गई; जिसके पास हैं उन्हें कपड़े पहनने का मजा और मिलने लगा, जो नंगे पत्थर पर, फूस की झोंपड़ी में सोते हैं उनके बच्चों को शरीर में परमेश्वर ने सर्दी से बचने की ताकत पैदा कर दी। ईश्वर के ऐसे प्यारे यहाँ बहुत हैं। हर सरकारी बस्ती के इर्द-गिर्द इन झोंपड़ियों की झालर मिलेगी। बासन मलने, झाड़ू लगाने, बोझ ढोनेवाले हर जगह चाहिए, पर उनके लिए पक्के मकान बन जाएँ तो म्यूनिसिपैलिटी के पास काम ही क्या रह जाए। अभी तो हर दूसरे-तीसरे महीने इन झोंपड़ियों को उखाड़ फेंकना या कम से कम उखाड़ने की धमकी देना एक बड़ा काम है।

[24.12.61]

❐

करीब एक महीने से राजधानी के 'समाचार पत्रों में सम्पादक के नाम पत्र' स्तम्भ के अन्तर्गत एक नया विवाद चल रहा है। वह है कुतुबमीनार से कूदकर जान देनेवालों को रोकने के लिए उस पर बाड़े या कटघरे लगाए जाएँ या नहीं। एक से एक अद्भुत तर्क दिए गए हैं, पर सबसे विलक्षण शायद यह है कि जिसको मरना है वह कैसे न कैसे मरेगा ही, तब फिर कटघरे लगाकर मीनार को अपरूप करने से क्या लाभ। इस प्रसंग में कुछ सुझाव ऐसे भी हैं जो अखबार में छपे नहीं हैं पर विश्वस्त सूत्रों से इस स्तम्भ लेखक तक पहुँचे हैं। इनमें से एक यह है कि कुतुबमीनार के दरवाजे पर एक ऊँचे अधिकारी खड़े रहा करें, और हर आगन्तुक से मुस्कराकर पूछा करें—'कहिए, आत्महत्या करने जा रहे हैं क्या?' इससे आत्महत्या करनेवाले आत्मग्लानि से भरकर खिसिया जाएँगे और अपना घातक संकल्प छोड़ देंगे। ऊँचा अधिकारी उपलब्ध न होने की दशा में किसी भी आकर्षक व्यक्तित्व

से यही काम लिया जा सकता है। यदि बार-बार वही प्रश्न पूछने में ऊब जाने की आशंका हो तो कई प्रकार के परचे छाप रखे जा सकते हैं, हर आनेवाले को एक पकड़ा दिया जाए। परचों पर लिखा हो, 'यदि आप ऊपर जा रहे हैं तो इसे याद रखें, वापस आने का सुगम मार्ग सीढ़ियों से ही है,' या 'मैं आपका यहीं इन्तजार करूँगा ('गीं')।' 'आते वक्त मिलिएगा जरूर' या फिर, 'अगर आत्महत्या करनी है तो पहली मंजिल से न करें।' आशय यह है कि आप जल्दीबाजी में दुनिया से निराश या नाराज हैं तो ऊपर की मंजिलों तक चढ़ते-चढ़ते आपका आत्मघातक निर्णय शिथिल हो जाएगा।

खैर, ये सुझाव मोटे दिमागवालों की समझ में न आएँ न सही। मीनार पर से फाट पड़नेवाले दृढ़निश्चयी आत्महंता से अधिक रक्षणीय वह आदमी है, जिसका दिमाग सही है लेकिन जो मीनार की किसी मंजिल के छज्जे से अचानक दुर्घटनावश गिर सकता है। यदि हर मंजिल पर छज्जे के ऊपर मोटे तार का कटघरा बाँध दिया जाए तो मीनार की सुन्दरता में फर्क चाहे आ जाए, वह कुरूप नहीं होगी। इसमें बहुत अधिक मतामत की गुंजाइश नहीं। यह सुझाव इस सुझाव से तो अच्छा ही है कि मीनार के नीचे जमीन पर रस्सों का जाल तान दिया जाए ताकि जो कोई कूदे वह उस जाल में सर्कस के नट की तरह कलाबाजियाँ खाने लगे और मरने में विफल होकर अपना-सा मुँह लेकर रह जाए।

[11.3.62]

❐

आजकल करीब बारह सौ मजदूर मिलकर दिन-रात काम कर रहे हैं ताकि जुलाई के अन्त तक इमारत तैयार हो जाए, जिसके बारे में कुछ दिन हुए अखबारों में लिखा था कि उसका निर्माण मौके पर पानी भर जाने से ठप हो गया है। जब मैं नई दिल्ली के पठार पर (जिसे अंग्रेजी में 'रिज' नाम दे दिया गया है पर जो वास्तव में एक लम्बा पठार ही है) इस निर्माण कार्य को देखने गया तो पानी तो जरूर थोड़ा-बहुत एक जगह भरा था किन्तु इतना स्पष्ट था कि उस पानी से निर्माण कार्य रुक नहीं रहा है। वह जोर-शोर से चल रहा है और जो चीज बनकर तैयार हो रही है, वह शायद दुनिया का सबसे बड़ा खुला छतवाला रंगमंच होगा, रवि ठाकुर शतवार्षिकी समिति के सचिव, श्री हुमायूँ कबीर का ऐसा ही अनुमान है।

इस रंगमंच में दो खूबियाँ होंगी : एक तो यह शहर से बिलकुल सटा हुआ होने पर भी शहर के शोरगुल से मुक्त रहेगा, दूसरे जरूरत पड़ने पर इसके मंच को यन्त्रों की सहायता से विस्तीर्ण करके 120-125 फीट का आकार दिया जा सकेगा। इतने

प्रशस्त मंच पर दुनिया का सबसे बड़ा नाटक खेला जा सकेगा और एक साथ 8,000 दर्शक सामने की पटरियों पर बैठकर उसे देख सकेंगे। मंच का दृश्य हर एक दर्शक को साफ-साफ दिखाई दे सके, इसके लिए पूरी नाप-जोख करके ही नक्शा बनाया गया है। आवाज भी हर एक को साफ सुनाई देगी, क्योंकि यह मंच एक उपत्यका में है और वहाँ बाहरी दुनिया की कोई आवाज नहीं आती। यह उपत्यका पठार में एक स्थल पर पहले से प्रकृति ने बना रखी थी। रंगमंच के लिए इसका उपयोग मनुष्य की सूझ है।

लेकिन जब यह रंगमंच बन जाएगा और इस पर काम करने की सुविधा सुलभ हो जाएगी तो उस वक्त मनुष्य की सूझ पर सचमुच ज्यादा जोर पड़ना शुरू होगा। इसका मंच इतना विशाल और दर्शकों का सान्निध्य इतना प्रभावपूर्ण होगा कि मंच पर कलाकार की हैसियत से उतरना अपने में एक भरपूर अनुभव होना चाहिए, किसी हलके, घटिया दृश्य की कल्पना भी इस मंच पर करना ओछापन मालूम होता है। नाटकों के अतिरिक्त कुछ और दृश्य विधान हैं, जो इस मंच पर बड़ी खूबी से लाए जा सकते हैं, जैसे लोकनृत्य—जिसमें शरीर के संचालन पर जोर है अभिनय पर नहीं और जिसमें समूह का नृत्य पुंज महत्त्वपूर्ण है व्यक्ति का नहीं। यही नहीं यह मंच अन्य नए प्रकार के दृश्य विधानों के लिए भी उपयुक्त होगा, जिनमें आलोक और वेशभूषा का अधिक खेल हो। यह कहने में कोई अनुमान की जरूरत नहीं है कि इस मंच के प्रादुर्भाव से रंग शैलियों में चारों ओर से नए प्रयोगों के लिए गुंजाइश पैदा हो जाएगी, पर जैसा कि सर्वविदित है, प्रयोग दिलोदिमाग में शुरू होते हैं और ऐसे लोग सामने न आएँ जिनके दिमाग में प्रयोग का कीड़ा हो तो रंगमंच आसानी से धरा रह जा सकता है।

रवि ठाकुर शतवार्षिकी समिति इस रंगमंच को बनाकर केन्द्रीय संस्कृति मंत्रालय को सौंप देगी और फिर मंत्रालय ही उसकी देख-रेख एवं व्यवस्था करेगा। शायद सबसे पहला प्रदर्शन सितम्बर में इस पर इंदोनेसी नर्तकों का होगा। इंदोनेसी मंडली के कुछ सदस्य दिल्ली आकर इस रंगमंच को बनता देख गए हैं और इस पर उतरने की कल्पना से काफी खुश हैं। राजधानी में रवीन्द्र शतवार्षिकी के सिलसिले में जो तीन रंगमंच बनने हैं, उनमें से यह सबसे पहला है। दूसरा राजपथ और जनपथ के संगम पर बनेगा, यह बन्द छतवाला होगा और कोई 1,000 आदमियों के बैठने की सुविधा देगा। इस पर काम अगले वर्ष आरम्भ होगा, जल्दी नहीं। तीसरा रंगमंच केवल एक प्रायोगिक मंच होगा और वह रवीन्द्र भवन के अन्तर्गत रहेगा, जहाँ तीनों अकादमियों का निवास है।

[22.4.62]

❐

दिल्ली शहर में उस वक्त (यानी जब यह डायरी लिखी जा रही थी तब) कोई उतावली, सनसनी, घबराहट, खुशी वगैरह इतनी तीव्र नहीं थी कि आपका संवाददाता तुरन्त कुछ लिखने लायक मसाला निकाल लाता। मालूम होता था कि अहि मयूर मृग बाघ सब दीरघ निदाघ के मारे कुम्हलाय गए हैं। एक तो वे राजधानी में बसते हैं, पर तपोवन यहाँ नहीं है, यह स्पष्ट रहना चाहिए। तप है (मतलब आतप) और वन भी हैं (मतलब कीकर, मदार, भटकटैया के झाड़, जो उन सरकारी बस्तियों के बीच-बीच पनप रहे हैं, जिसके बारे में अभी झगड़ा चल रहा है कि उनकी देखभाल कौन करे।) पर ये दोनों अलग-अलग हैं : तप अलग—वन अलग।

इसलिए कुछ तो आपके पढ़ने के लिए सामग्री जुटाने की और कुछ गन्ने का ताजा रस दूध डालकर पीने के लालच में सुन्दरलाल दिल्ली से कोई बीस मील दूर एक गाँव को चल दिए। कहा ही है कि लालच बुरी बलाय।

खैर, गाँव में जाकर देखा पक्के मकान कुछ बने, कुछ अधबने खड़े हैं, कुछ अभी एकमंजिले हैं, कुछ दोमंजिले हो चुके हैं। (जैसे-जैसे आमदनी बढ़ेगी, मकान में इजाफा होता चलेगा) हरियाली के नाम पर एक नीम का पेड़ खड़ा है जिसके नीचे बँधा हुआ सुस्ता रहा है एक ट्रैक्टर। उसके गले में फूलमालाएँ पड़ी हैं, सूख गई हैं, शायद महूरत की निशानी उतार फेंकने का जी न हुआ होगा। उसी के पास एक झिलंगी चारपाई पर एक चौधरी साहब बैठे हुक्का गुड़गुड़ाय रहे हैं। चार आदमी दाएँ-बाएँ पसरे हुए हैं। फसल कट चुकने के बाद का कैसा सुन्दर दृश्य था। कोई कुछ कर नहीं रहा है, चारों ओर शान्ति है।

यह ट्रैक्टर ही चौधरी साहब की समृद्धि का कारण है, यह मानकर मैंने उनसे जो कुछ बातचीत की उससे मेरी धारणा केवल अंशतः सच निकली। ट्रैक्टर हाँ, पर गेहूँ की उम्दा किस्म भी तो चाहिए, तब तो उपज 'घणी' होगी। मालूम हुआ कि केन्द्रीय कृषि शोध संस्थान ने एक उम्दा बीज गेहूँ का निकाला है—नाम है नया पूसा 817। उसी को आज चार साल से चौधरी साहब बो रहे हैं। जमीन का कुल रकबा 4,800 बीघा है मगर पैदावार इतनी हुई कि ट्रैक्टर ले लिया। अब अपने खेत पर तो ट्रैक्टर थोड़े ही वक्त जुताई करता है, बाकी वक्त दूसरों के खेतों में किराए पर चलता है। छोटा भाई चलाता है। बड़े भाई आजकल की जरूरत के मुताबिक गाँव की लोकतांत्रिक व्यवस्था में योगदान करते हैं। वह प्रधान हैं, सरपंच हैं और विकास खंड के अधिकारियों के विश्वासपात्र हैं जो गाँव का सबसे मालदार आसामी होगा, वह दूसरा और कौन काम कर सकता है।

चौधरी साहब ने इस साल कुछ और जमीन खरीदी है। पर वह दूसरे गाँव में

है और वह गाँव दिल्ली के और भी पास है। वह जमीन संयोग से आराजी नहीं है यानी उस पर खेती नहीं हो सकती, मकान बन सकता है। चौधरी साहब मकान ही बनवाएँगे। उसमें ट्रैक्टर से भी ज्यादा किराया आएगा। फिर शायद शहर के और पास और फिर शायद शहर में ही मकान बनवाएँ। इस तरह खेती से देखिए कितनी तरक्की हो रही है। मतलब खेती की नहीं, आदमी की हैसियत की। अपने गाँव में तो खेती लायक बाकी जमीन दूसरे किसानों के पास है, जो कानूनन उसे बेच नहीं सकते। यानी वे अपनी जमीन में से उस वक्त उतना पैदा नहीं कर सकते जब तक वह जमीन चौधरी साहब के बराबर न हो। यानी वे किसान हमेशा कम पैदा करेंगे और अगर चाहें भी कि खेती छोड़कर कोई और धन्धा करें तो पूरी लगन से नहीं कर सकते। क्योंकि जमीन बेच नहीं सकते और जमीन पर कुछ न कुछ उगाना तो पड़ेगा ही।

मगर चौधरी साहब चाहें तो साल दो साल में गाँव से उठकर शहर ही चले आएँ क्योंकि उनका खेती का धन्धा इतना दे ही रहा है कि शहर में छोटा-मोटा व्यवसाय (शायद जायदाद खरीदने-बेचने का) शुरू कर सकें। गाँव में कोई कल-कारखाना खोलने की तरफ उन्होंने ध्यान नहीं दिया है क्योंकि उसमें उतना मुनाफा नहीं। शहर में आने पर गाँव की प्रधानगिरी शायद छोड़नी पड़े लेकिन नगर निगम में आया जा ही सकता है और वहाँ से समाजवादी व्यवस्था और 'देश की उन्नति गाँव से है' का प्रचार करना आसान भी है।

कुल मिलाकर जो तसवीर, तसवीर मतलब फिल्म सामने आती है, वह शुरू तो खेती की उन्नति और अन्नवृद्धि से होती है पर खत्म होते-होते हीरो कन्या-प्रसविनी स्त्री रूपी धरती को छोड़कर पुत्ररत्नदा वाणिज्यसुन्दरी के चरणों में समर्पित हो जाती है। यह फिल्म अभी शूटिंग की दशा में है, माना पर इस अन्त के अलावा दूसरा और हो भी क्या सकता है।

इसको रोकने का फिलहाल, हमारी विकास व्यवस्था में कोई कानूनी साधन नहीं है। जिन्हें उम्दा बीज, मशीनी साधनों वगैरह जुटाने को प्रोत्साहित किया जाता है, वे अपनी आय फिर भूमि को ही दें इसका हृदय परिवर्तन को छोड़ और कोई उपाय इस समय नहीं है; अन्नोत्पादन में प्रतिस्पर्द्धा होती तो भी कुछ काम बनता। पर इस विशाल भूसम्पत्ति के सामने छोटे-छोटे खेत कहाँ टिक सकते हैं। सहकारी खेती ही इसका एकमात्र उत्तर है पर उसका विरोध इतने विविध प्रकार से हो रहा है कि सरकारी व्यवस्था तुरन्त उसे लागू भी नहीं कर सकती।

बाद में बड़ी देर तक सोचता रहा कि क्या मैं गाँव को बदलते देखकर रो रहा हूँ? नहीं, गाँव बदल ही कहाँ रहा है। वह बदले, बिजली से जगमगाए, या वहाँ शहर के फैशन पहुँच जाएँ तो ठीक ही है पर होवे वहाँ पर खेती ही। तभी तो वह गाँव रहेगा। अभी तो खेत उठकर शहर के मकान बने जा रहे हैं।

किन्तु शहर के भोले-भाले निवासियों को अभी यही विश्वास है कि नेतागण जो नारे लगाते हैं, विकास का काम भी दरअसल उन्हीं के मुआफिक होता है। इस विश्वास को लेकर चलने में एक फायदा यह है कि आपको राष्ट्रीय शक्ति की टूट-फूट का पता नहीं चल पाता, जो नारों और असलियत के दो प्रतिकूल दिशाओं में चलने से हो रही है। इससे बुद्धि में अशान्ति नहीं व्यापती।

लौटते हुए एक दूसरे गाँव में रुकने का मन था पर गन्ने का रस कहीं दिखाई ही नहीं दे रहा था। पनवाड़ी के यहाँ से कोकाकोला लेकर पिया और दो कदम चला ही था कि एक भव्य सीमेंटी इमारत पर नजर पड़ी। बीसवीं शती के भारतीय वास्तुशिल्प के सुन्दर नमूने, सूँड़ें मिलाए हुए दो हाथी, सर पर घड़ा धरे स्त्रियाँ आदि उस पर खचित थे। नीचे दीवार पर किसी सप्ताह या पखवाड़ा मार्का आन्दोलन के समय खड़िया से लिखा इश्तहार चमक रहा था, 'साफ घर आदमी की शोभा है।' दरवाजे के ऊपर सीमेंट में खोदकर मकान-मालिक का नाम और निर्माण का संवत् लिखा गया था—कूड़ेराम भवन, 1959।

[6.5.62]

❒

राजघाट में गांधीजी की समाधि के चारों ओर एक विशाल विहार जैसे स्थापत्य की रचना हो रही है। इसके विषय में विस्तार से फिर कभी लिखूँगा, अभी तो आपको राजघाट के हरियाले मैदानों के एक कोने में ले चलता हूँ। यहाँ आम के दो पेड़ हैं। दोनों शायद इन्हीं गर्मियों में फले हैं। इनमें से एक नेहरूजी ने लगाया था, दूसरा, राजेन्द्र बाबू ने।

फिर आगे चलते हैं तो एक दारुचम्पा दिखती है, उसी के पास एक कचनार है, परे हटकर एक ओर सिमट के अमलतास खड़ा है। लौटकर आइए तो बाजू पर एक तोता पेड़ मिलेगा, अभी छोटा है, पर बड़ा होकर सबके ऊपर निकल जाएगा।

ये सब पेड़ यहाँ बाहर से आनेवाले बड़े-बड़े आदमियों ने रोपे हैं। कुछ ने अपने देश के पेड़ लगाए, कुछ ने हमारी मिट्टी में हमारे देश के पेड़ लगाना ही ठीक समझा। इन्होंने अच्छा किया, नहीं तो इनके पेड़ों का भी वही हाल होता जो विलायती आबोहवा में ही पलनेवाले कोई एक दर्जन पेड़ों का हो चुका है। इनमें एक सिडार का पौधा भी था जो बहुत ही ठंडी जलवायु में पनपता है। दिल्ली के मई-जून में वह कहाँ से जी सकता था। कुछ और पौधे नदिया के पानी में हफ्तों डूबे रहकर सड़ गए।

अब भी जिस तरह से तीन कतारों में पेड़ लगे हुए हैं, उस तरह से इनकी पूरी बाढ़ होती दिखाई नहीं देती। आखिर एक पेड़ को अपनी जड़ों के लिए जमीन के नीचे और अपनी डालों के लिए जमीन के ऊपर कुछ तो खुली छूट चाहिए। और मान लिया कि कतारों में फासला पेड़ की बाढ़ के लिहाज से काफी है भी तो अपना पूरा सौन्दर्य दिखाने के लिए एक पेड़ को दूसरे से कुछ तो अलग खड़े होना ही चाहिए। क्यों नहीं अब से यह प्रबन्ध कर लिया जाता कि राजघाट पर पौधा रोपनेवाले माननीय अतिथि पौधा तो वहीं रोपें, बाद में उसे उठाकर दिल्ली के सैकड़ों स्कूलों में से किसी के हाते में लगा दिया जाए। खुद राजघाट में तो अब जगह नहीं रह गई—और माननीय महानुभावों के हाथों रोपे वृक्षों का जंगल यों भी अच्छा नहीं लगेगा।

[24.12.61]

भाषा-भ्रमजाल

पिछले दिनों दिल्ली नगर निगम में बड़ी नोकझोंक रही। विषय था—निगम की भाषा हिन्दी हो या उर्दू। दोनों पक्षों से जोरदार गरमागरमी से दो ही चार हाथ नीचे रह जानेवाले तर्क दिए गए और अन्त में संयोगवश कांग्रेस दल की सदस्य शक्ति में वृद्धि हो जाने पर प्रस्ताव पास हुआ कि उर्दू दूसरी भाषा के रूप में स्वीकृत की जाए।

तो झगड़ा पटरानी का था। अगर सुगमता या सामर्थ्य का होता तो ऐसा क्यों होता कि तर्क तो यह है कि एक भाषा दूसरी से ज्यादा समझी जाती है और यह तर्क समझाया एक दूसरे को दोनों भाषाओं में जा रहा है।

(यह विश्वस्त सूत्र से ज्ञात है कि बहस अंग्रेजी में नहीं हुई, केवल उतनी ही अंग्रेजी लगाई गई जितनी हर हिन्दुस्तानी उत्तेजित होने पर बोलने लगता है।)

दिल्ली नगर निगम के माननीय सदस्यों के भाषा सम्बन्धी भाषण से क्या यह समझा जाए कि हिन्दीवाले उर्दू तब समझते हैं जब उसमें उनकी बात का जवाब दिया जा रहा हो और उर्दूवाले उस वक्त तक हिन्दी को हिन्दी नहीं मानते जब तक हिन्दी के पक्षधर न बोल रहे हों। उर्दूवाले अगर जनसाधारण की बोली समझते हैं तो क्या वही बोली हिन्दी नहीं है, पर दुर्भाग्य तो यह है कि हिन्दी के पक्षधर स्वयं शायद उस बोली को हिन्दी न मानें, उनके लिए एक कृत्रिम रूप से क्लिष्ट भाषा, जिसमें आत्मरक्षा की भावना भरी हो सहज मिलनसारिता की नहीं, असली हिन्दी है, बाकी सब उर्दू। गुड़ खाएँ गुलगुले से परहेज।

यों 'हिन्दी क्या है' इस मामले में राजधानी में बड़ी उदारता फैली दिखाई देती है। ऊँचे सामाजिक स्तर पर रहनेवालों के लिए हिन्दी वह भाषा है जिसमें पूजा करानेवाले पंडितजी बोलते हैं, बच्चों को घर पर हिन्दी पढ़ानेवाले मास्टर साहब बात करते हैं। (कान्वेंट में हिन्दी नहीं और डैडी-ममी के पास भी नहीं) और जिसमें शायद आगे चलकर सरकार अपना काम करेगी (इसके प्रति अपने घोर संशय को खूबी से छिपाना एक सामाज़िक स्तर पर...पर छोड़िए वहाँ तो बहुत-सी उलझनें हैं, हिन्दी उनके लिए मुख्य चिन्ता नहीं)। बाकी लोगों में भाषा को

'दरयागंज एक सवारी' और 'बैंगन क्या भाव' से ज्यादा आगे इस्तेमाल करने की जरूरत कम पड़ती है और जिसको पड़ती है वह अपने जिले की बोली से काम लेता है। ऐसे भी लोग हैं जो किसी अंग्रेजी लेख का अनुवाद करते-करते चौंककर पूछते हैं, 'अरे भाई, तुम तो हिन्दी जानते हो, यह 'हैपी' को क्या लिखा जाता है ? जो कहें कि लिख दीजिए 'खुश', तो कहते हैं, 'खुश ?' खुश हिन्दी है ! हिन्दी में बताओ, वह क्या होता है परसन्न या ऐसा ही कुछ।'

[11.12.60]

❐

अपनी रद्दी फेंकने के पहले देख लेना चाहिए कि सुरक्षित रखने लायक तो कुछ नहीं फेंका जा रहा है। मसलन, मुझे कुछ पृष्ठ मिले जो अगर कबाड़ी ले गया होता तो एक महान अनुभव से वंचित रह गया होता (वह नहीं, मैं)। उन पर छपी हिन्दी ज्यों की त्यों उद्धृत करता हूँ :

'रेखापटल पर तीनों ने ध्यान लगाया। बाएँ से भारत के श्री गुप्ता, घाना के श्री हैरिसन तथा श्री सू जिनका देश संघराज्य मलाया...' 'होनहार छविकार आकिबांजो। नाइजीरिया से आए, विख्यात कॉलेज में शिक्षा पाए और अपने' सपने सत्य बना गए जो...'जरा कीजिए विचार, कि टेलीफोन रूपी कड़ी जो जुड़ेगी इस प्रकार, उससे राष्ट्रकुल देशों का कितना होगा उपकार'...'यह है शमजा द्वारा 1957 में रचित इस चित्रकारी का शीर्षक। इसमें जो मिलती है इनकी कल्पनाशक्ति की झलक उसके कई हैं प्रशंसक।'

चित्र के नीचे तो विचित्र भाषा एक बार भुगत भी लें लेकिन लेख के निरन्तर गद्य में ! त्राहि माम्। उसका भी नमूना आगे आनेवाली पीढ़ियों के लिए सुरक्षित कर रखना होगा, यानी अगर तब तक सब लोग यही न बोलने लगें।

'नई दिल्ली की लोदी कॉलोनी में रहते हैं तेइस वर्षीय इंजीनियर श्री सतीश सी. गुप्ता जिनके अनुसार सभी नियोजक होते हैं स्वप्नद्रष्टा (या कि सुप्ता) और मैं चाहता हूँ कि नई दिल्ली की गन्दी बस्तियों की सफाई और लोगों को नए सिरे से बसाने में मैं भी अदा कर सकूँ एक छोटी-मोटी भूमिका।'...'आप इतना काफी धन बचा सकें कि लंदन आ सकें अपनी श्रीमतीजी के साथ। ईलिंग टेकनिकल कॉलेज में भरती की प्रतीक्षा की और एक साधारण नौकरी भी सम्हाल ली साथ ही साथ।'

जिस सचित्र पत्रिका के वे फटे हुए पृष्ठ थे, कर रहे मुझे आकृष्ट थे। उसके सम्पादक की तुकान्तप्रियता कमाल है, पढ़कर बालगोपाल सहित सुन्दर लाल बेहाल है।

लेकिन यह पता न लग सका कि यह पत्रिका कौन-सी थी। यदि किसी पाठक ने ऐसा साहित्य पहले कहीं देखा हो और उसका अता-पता बताने की कृपा करें, तो शायद कुछ मालूम हो सके।

[11.12.60]

❐

कुछ दिन हुए राजधानी में राष्ट्रपति जी ने एक और साहित्यिक समारोह को अपनी उपस्थिति से गौरवान्वित किया—अवसर था भारती संगम नामक नई संस्था का उद्‌घाटन। इस संस्था का उद्‌देश्य भारत की मौलिक एकता को साहित्य के माध्यम से प्राप्त करना है। इससे सम्बद्ध महानुभावों में सेठ गोविन्द दास, श्रीमन्नारायण अग्रवाल, मैथिलीशरण गुप्त, नगेन्द्र, हरिवंशराय 'बच्चन', काका कालेलकर आदि सम्मिलित हैं।

देश की एकता को लेकर सत्तारूढ़ राजनीतिक दल इधर कुछ चिन्तित रहने लगा है। उसे राजनीतिक साधनों से देश में एकता स्थापित करने में पूरी सफलता नहीं मिल सकी है। जगह-जगह भाषा के नाम पर राजनीतिक सभा के लिए संघर्ष आरम्भ हुए हैं और शासक दल के पास उनका कोई विचारात्मक समाधान नहीं रहा है। दो-एक वर्ष से सांस्कृतिक साधनों से राजनीतिक एकता की प्राप्ति पर जो जोर दिया जाने लगा है (और इस पर कुछ चर्चा इस स्तम्भ में पहले भी हो चुकी है) वह विचारणीय है, इसलिए और भी कि वह हर बार सत्तारूढ़ राजनीतिक दल की ओर से ही पड़ा है; दूसरे राजनीतिक दलों ने इस पद्धति का प्रयोग उपयोगी नहीं समझा है।

भारती संगम का उद्‌घाटन और दूसरे दिन होनेवाली उसकी 'भारतीय साहित्यों में मौलिक एकता' विषयक विचार गोष्ठी एक महत्त्वपूर्ण घटना है, क्योंकि उसने एकता के प्रश्न पर पहले से कहीं ज्यादा विचारोत्तेजक मसाला जुटा दिया है। क्या देश की एकता के लिए 'एक' भाषा का होना आवश्यक है? क्या अलग-अलग भाषाओं में उनके अपने क्षेत्र का कृतित्व सफल होना ही भाषा के लिए कृतकृत्य होना नहीं है? यह क्यों चाहा जाता है कि इसके ऊपर भी ऐसा कोई एक मंच हो जहाँ ये सब भाषाएँ आकर भारतीय एकता में अपने योगदान की घोषणा करें? यदि साहित्य की ही बात है तो साहित्य के लिए तो इस व्यवस्था की रत्ती-भर जरूरत नहीं। वह ऐसे मंच से न तो कुछ ले सकता है और यदि सचमुच कुछ देने योग्य है तो न दे सकता है। (यदि ले सकता है तो शायद कुछ नितान्त भौतिक सुविधाएँ जैसे अनुवाद करने का ठेका ही ले सकता है, पर तब लेनेवाला, साहित्य नहीं, साहित्यिक

होगा।) तो फिर इस मंच का प्रयोजन क्या है ? भारतखंड के खंडित होने से चिन्तित होनेवाली बुद्धि के सामने केवल एक जो चिन्ता हो सकती है—राजनीतिक अखंडता की—वही शायद इस संस्था की भी चिन्ता है।

भारती संगम के उद्‌घाटन के अवसर पर राष्ट्रपति भवन के अशोक कक्ष में जो स्वागत भाषण पढ़े गए उनमें संयोगवश साध्य और साधन के सम्बन्ध पर गांधीवादी नीति का प्रकाश भी डाला गया था। कहा गया था कि श्रेष्ठ साध्य के लिए साधन की भी श्रेष्ठता उचित है। इस हिसाब से क्या राजनीतिक साध्य के लिए सांस्कृतिक साधन का प्रयोग उचित है ? साध्य ऊँचा हो तो साधन भी ऊँचा होना चाहिए, यह तो समझ में आता है लेकिन साधन ही ऊँचा हो और साध्य क्षुद्र हो तो इस स्थिति के लिए गांधीजी कुछ कह नहीं गए हैं। गांधीजी ने शायद स्वतंत्रता के बाद देश की राजनीतिक एकता का वह रूप परिकल्पित भी नहीं किया होगा जो आज उनके अनुयायी करते हैं। अपने राजनीतिक संगठन को ही 'देश' समझा जाएगा, और उसकी सत्ता बनाए रखने के लिए सभी उपलब्ध साधनों का प्रयोग किया जाएगा, यह गांधीजी ने सोचा नहीं होगा। और सोचने की उन्हें जरूरत भी नहीं थी। जहाँ तक उन्होंने सोचा था उसके अनुसार अपने अनुयायियों को अपना राजनीतिक संगठन विसर्जित कर देने की ही सलाह उन्होंने दी थी।

पर उनके बाद देश में मानवीय लोकतंत्र की भारतीय परम्पराएँ डालने का दायित्व जिन पर पड़ा है, उन्हें इन प्रश्नों पर सोचना ही पड़ेगा। देश की प्रत्येक भाषा के लिखने और बोलनेवाले उतने ही भारतीय हैं जितने हिन्दी के, और जब तक भाषाओं को पूरी स्वतंत्रता नहीं मिलती, भारती संगम जैसे मंचों की स्थापना और कालान्तर में उन्हें सार्वजनिक खजाने से मिलनेवाली आर्थिक सहायता राष्ट्र की शक्ति का अपव्यय है। इतनी बड़ी संस्था बनाने से और लगभग वही काम करने के लिए जनता का पैसा खर्च करने से—जो साहित्य अकादमी पहले ही से कर रही है (अर्थात् दूसरी भाषाओं से अनुवाद) बेहतर यह होगा कि भारती संगम के संयोजकगण, कम से कम वे जो हिन्दी के लेखक हैं, दो न सही तो एक ही सही, कोई दूसरी भारतीय भाषा लिखना और पढ़ना सीख लें। बोलना सीखना तो अब जरा कठिन होगा।

[25.12.60]

❐

दिल्ली में हिन्दी के विकास के लिए सरकारी खर्च से और हिन्दी-प्रेमियों के उत्साह से बहुत काम होता है। पर इसका पाँच प्रतिशत भी मौलिक नहीं होता—

अंग्रेजी से अनुवाद होता है। लिखने का काम अंग्रेजी में—नकल करने का काम हिन्दी में। सरकारी साइनबोर्डों पर सर्वत्र हिन्दी माता विराजमान हैं, पर वहाँ हाल यह है कि जब तक आप थोड़ी-बहुत अंग्रेजी न जानते हों अपनी मातृभाषा भी नहीं समझ सकते। 'दिए गए भाड़े के बदले टिकट लेना न भूलिए' से आप क्या समझे? किसको दिए गए भाड़े के बदले? जो आपको घर से चलते समय मुन्नी की अम्मा ने दिया है? नहीं, जो आपने बस कंडक्टर को दिया है—यानी अंग्रेजी में जिसे लिखा गया है 'इन रिटर्न ऑफ फेयर टेंडर्ड'। 'पूछताछ और स्वागत' का बड़ा भारी साइनबोर्ड देखकर उसके हिन्दी अक्षरों के आकार से नहीं, मन में अंग्रेजी का जो संस्कार है उसी से उसका अर्थ स्पष्ट होता है। विश्वास होता कि जरूर यह 'इंक्वायरी एंड रिसेप्शन' होगा। अगर अपनी भाषा के संस्कार से यह बात कही गई होती तो 'रिसेप्शन' का अनुवाद न करना पड़ा होता। सहज भाव से कहा गया होता 'कृपया यहाँ होकर जाइए' क्योंकि उस कार्यालय का काम अन्दर जानेवालों को रोककर सही जगह पहुँचाना ही तो है। और अपने जनजीवन का इससे भी गहरा संस्कार यदि बचा होता तो शायद उस कार्यालय को केवल 'ड्योढ़ी' की संज्ञा दे दी गई होती जिसमें जो कुछ उसका कार्य सम्पूर्णतया अभिव्यक्त हो जाता है।

इस प्रकार हिन्दी को अंग्रेजी के स्थान पर बिठाने के सिलसिले में उत्तरदायी लोग हिन्दी जाननेवालों को अंग्रेजी का मूल संस्कार दे रहे हैं। जो दोनों भाषाओं में शिक्षित हैं उनके लिए यह स्वाभाविक ही है कि वह जो संस्कार मौलिक है उसी को ग्रहण करें—नकल को क्यों लें और इसलिए हिन्दी और अंग्रेजी दोनों जाननेवाले हिन्दी चीजें उलट-पलटकर छोड़ देते हैं।

इसलिए जरूरी यह है कि हिन्दी में सोचना और हिन्दी में लिखना चाहिए और जिनमें हिन्दी में सोचने की शक्ति अभी भी थोड़ी-बहुत बची है उन्हें प्रयत्न करके उस शक्ति को बढ़ाना चाहिए। इस मामले में आप अपने को ढीला छोड़ देंगे तो आपके लिए उतना हानिकर न होगा; आपका काम तो चल जाएगा, क्योंकि अच्छी अंग्रेजी जाननेवाले चारों ओर अभी भी हैं ही और आपकी हिन्दी का मतलब समझ सकते हैं, पर आगे आनेवाली पीढ़ी की जड़ आप खोखली कर जाएँगे, जो न इस भाषा में सोच सकेगी न उस भाषा में। वक्त अब ऐसा है कि नई पीढ़ी को ही देश के लिए तमाम रास्ते सोच निकालने हैं। पर उसके सोच और व्यक्त करने की भाषा का मूल संस्कार ही गायब होगा।

इस डायरी के शुरू में हिन्दी समझने के लिए अंग्रेजी जानने की जरूरत का कुछ प्रसंग आया है। उसकी एक मिसाल भी यहाँ राजधानी के खादी ग्रामोद्योग भवन के किराना विभाग में सौदा लेते हुए एक दिन देखी।

एक सम्भ्रान्त पुरुष से उनकी पत्नी ने कहा, 'डार्लिंग, यहाँ हाथ का आटा भी मिलता है—कैसा होगा ऐं?' यह कहकर उन्होंने चक्की चलाने की नकल करके दिखाई।

पतिदेव बोले, 'ले लो, कोशिश करके देखो।' मुझे कुछ अचरज हुआ कि भीड़ तो थी नहीं फिर लेने की कोशिश का क्या सवाल था?

फिर पत्नी ने कुछ पूछा और फिर उन्होंने कहा, 'हाँ-हाँ, कोशिश करके देखो। कोशिश करके देखो।'

तब अचानक समझ में आया। मतलब था 'ट्राइ' करके देखो। ट्राइ करना माने कोशिश करना।

('ट्राइ' करने के दो अर्थ होते हैं आजमाना और कोशिश करना। पति महोदय कहना चाहते थे आजमाकर देखो) काफी ट्राइंग था यह...

[22.1.61]

❒

महारानी के आने के सिलसिले में दिल्ली का जो सिंगार-पटार हुआ उसकी काफी आलोचना हुई है, यहाँ तक कि प्रधानमंत्री के मासिक संवाददाता सम्मेलन में भी एक ने पूछा कि मितव्ययिता के पक्ष में होते हुए भी सरकार गाँव की सड़कों के मुकाबले शहर की सड़कों पर क्यों इतना ज्यादा खर्च कर रही है—और वह भी पुरानी दिल्ली की नहीं, खासकर नई दिल्ली की बड़ी और चौड़ी सड़कों पर जो पहले ही उम्दा हालत में हैं। नेहरूजी ने जवाब में कहा, कुछ लोग मुगालते में हैं कि नई दिल्ली की सूरत में यह निखार महारानी के लिए लाया जा रहा है पर हर साल 26 जनवरी के पहले जो नोक पलक सँवारी जाती है, उसी में थोड़ी वृद्धि हुई है और फिर, नेहरूजी ने कहा, सूरत भी तो मानवशरीर में कुछ माने रखती है।

लेकिन एक बात नेहरूजी ने और बताई। तोक्यो की सड़कें बहुत खराब हैं क्योंकि वहाँ लोग सीरत पर ज्यादा खर्च करना जरूरी समझते हैं। शिक्षा पर ज्यादा खर्च करके जापान खुश है, सड़क पर तब तक हचके ही सही।

पुरानी दिल्ली में रहनेवालों की शिकायत इस माने में दोहरी है : शिक्षा पर भी ज्यादा खर्च हो रहा है और सड़क पर भी, सड़क पर तो कभी-कभी वह एस्फाल्ट भी लगाया जाता है जो कभी खरीदा ही नहीं गया। बाद में कोई ओवरसियर चाहे मोअत्तल ही क्यों न हो जाए, जैसा कि खबर है एक हुआ, लेकिन शुरू में इस तरह की कार्य तत्परता और सड़क सुधार की प्रवृत्ति कर्मचारियों में अवश्य जोर मारती है।

शिक्षा के क्षेत्र में दिल्ली में एक बहुत बड़ा महत्त्वपूर्ण प्रयोग जिसकी शुरुआत हो रही है—टेलीविजन है। जुलाई से लेकर वर्ष के अन्त तक पुरानी और नई दिल्ली के 280 हायर सेकेंडरी स्कूलों में कोई 400 टेलीविजन सेट लग जाएँगे। (इनमें से 35 पिछले महीने लग चुके हैं) और आकाशवाणी के टेलीविजन विभाग से नियमित पाठ्यक्रम शुरू हो जाएँगे। अभी भी शक्तिभर एक साप्ताहिक कार्यक्रम विद्यार्थियों के लिए होता है।

टेलीविजन जैसे अत्याधुनिक माध्यम की अपने यहाँ क्या जरूरत है? कुछ लोगों ने यह सवाल उठाया है और इसे नई दिल्ली की सूरत सँवारने जैसी फिजूलखर्ची समझनेवाले भी हैं, पर जिस वक्त हम यह देखते हैं कि राजधानी के विद्यालयों में अध्यापकों की भी और अध्यापकों के इस्तेमाल के लिए उपयुक्त साधनों की भी कितनी भयंकर कमी है तो टेलीविजन की मसलहत दिखाई देने लगती है। विज्ञान और भाषा, ये दो क्षेत्र ऐसे हैं—और गौर कीजिए कि दोनों इस व़क्त दुनिया में बड़े ताकतवर विषय हैं—जिनमें बारीकियों को ढंग से समझा सकनेवाले व्यक्ति और यंत्र दोनों का अभाव यहाँ है। विज्ञान में, खासकर भौतिक विज्ञान में, सब स्कूलों के पास अच्छा और एक-सा साजसमान दे सकने से अधिक आसान है कि एक स्थान पर उसे जुटाकर उसकी छवि सब जगह पहुँचा देना (जिन स्कूलों में बड़ा कमरा नहीं है या लड़के ज्यादा हैं वहाँ दो टेलीविजन सेट भी दिए जा सकते हैं। और इसी तरह उच्चारण की शिक्षा में, अलग-अलग स्थानिक उच्चारणों को सर्वथा निषिद्ध न करते हुए भी, हिन्दी का शुद्ध प्रामाणिक पाठ एक स्थान से ही सब जगह प्रसारित किया जा सकता है। टेलीविजन से रेडियो के मुकाबले शायद ज्यादा अच्छी तरह, क्योंकि उसमें शिक्षार्थी वाचक की आकृति से ओठों की गति का भी अनुकरण कर सकता है।

लेकिन यहाँ पर एक बहुत बड़ा 'लेकिन' आ जाता है। स्कूलों में हिन्दी में उच्चारण पर अब लगभग कुछ भी जोर नहीं दिया जाता; 20 वर्ष पहले अवश्य हमारे पंडितजी 'जयद्रथवध' का पाठ करके छन्द और मात्रा का ज्ञान हमारे मन में बिठाने का प्रयत्न करते थे। और दिल्ली के स्कूलों में बस कुछ न कहिए। प्राइमरी कक्षाओं की पाठ्य-पुस्तकों में सौ में से शायद एक ऐसी हो जिसमें पद्य का छन्द ठीक हो, अध्यापकों में सौ में पाँच शायद ऐसे हों जो आत्म को आत्म और परमात्मा को परमात्मा कह सकें, नहीं तो सब जगह आत्म आतम है और परमात्मा प्रमात्मा है। इसलिए प्रश्न यह है कि जब एक केन्द्र से उच्चारण का स्वरूप निश्चित किया जाने लगेगा तब वह शुद्ध ही रहे, इसके लिए आवश्यक सावधानी बरती जा सकेगी या नहीं। इसको हल करने में निश्चय ही बड़ी मुश्किलें आड़े आएँगी पर आशा करें कि वह अकाट्य नहीं होंगी। तब तक के लिए शुरू में

सप्ताह में तीन बार अंग्रेजी का शुद्ध उच्चारण सिखाने की योजना है जिसमें 'ब्रिटिश कौंसिल' तत्काल योग दे रही है।

क्या हिन्दी प्रचारिणी अनेक संस्थाओं में से किसी ने हिन्दी उच्चारण की आवश्यकताओं पर कभी ध्यान दिया है?

[8.5.61]

❐

उत्तर भारत में कितने ऐसे पढ़े-लिखे लोग हैं, जो अपनी मातृभाषा के अतिरिक्त कम से कम एक और भारतीय भाषा जानते हों? अगर बहुत कम नहीं तो इतने ज्यादा भी नहीं होंगे कि उनका उल्लेख किया जा सके। फिर, दूसरी भाषाओं के लोगों से हिन्दी को अपनाने की अनुरोध भरी माँग सबसे ज्यादा इसी प्रदेश के लोग करते हैं।

पिछले कुछ दिनों से राजनीतिक कारणों से यह कहा जाने लगा है कि सब भाषाएँ बराबर हैं और सबको अपने-अपने क्षेत्र में विकास का पूरा अवसर मिलना चाहिए। ये दोनों बातें राजनीतिक पार्टियों द्वारा प्रचारित किए जाने के पहले भी सत्य थीं और उनकी सत्यता उन भाषाओं के बोलनेवाले और लोगों से कहीं ज्यादा अच्छी तरह समझते थे। पहले तो शायद बिना किसी खास कार्यक्रम के यह प्रयत्न भी होता था कि एक प्रान्त के लोग दूसरे प्रान्त की भाषा और संस्कृति को जानें। लेकिन जब से इसे देश की राजनीतिक एकता के घोषणापत्र में सूचीबद्ध कर दिया गया है, तब से इसका स्थान वक्तव्यों और घोषणाओं में सुरक्षित हो गया है। वास्तविक जीवन में उसके प्रमाण कुछ कम हो गए हैं।

परस्पर भाषाओं के आदान-प्रदान की जो योजनाएँ राजधानी में बनतीं और किसी हद तक लागू की जाती हैं, उनमें हाल में एक की वृद्धि हुई है। वास्तव में अभी केवल प्रस्ताव ही है, बल्कि प्रस्ताव भी नहीं केवल सिफारिश है, लेकिन अगर इसे कायदे से कोई शक्ल दी गई, तो एक-दूसरे की भाषाएँ सीखने की निस्सन्देह सबसे व्यावहारिक योजना इसी में से बन सकेगी।

वाणिज्य शिक्षा के पुनर्संगठन के लिए अपने विचार प्रकाशित करते हुए एक विशेषज्ञ समिति ने एक जगह कहा है कि वाणिज्य के सभी प्राथमिक विद्यार्थियों के लिए चार भाषाएँ सीखना आवश्यक कर दिया जाना चाहिए। ये भाषाएँ हैं : एक, मातृभाषा; दो, प्रादेशिक भाषा; तीन, राष्ट्रभाषा; चार, अंग्रेजी। अगर इस सिफारिश को बाकी पाठ्यक्रम के साथ सुचारु रूप से समन्वित किया जा सका तो भाषाओं के आदान-प्रदान को वाणिज्य जैसे जनमूलक माध्यम का साधन मिल जाएगा। यह

साधन अन्य श्रेष्ठ साधनों के समान ही श्रेष्ठ होगा। साहित्य के अनुवादों से यानी जैसे अनुवाद आजकल हो रहे हैं, उनसे तो श्रेष्ठतर ही होगा।

[30.7.61]

❐

संसद भवन के जिस कक्ष में अपना संविधान भारतीय जनता ने अंगीकार किया था, उसी कक्ष में गत मास उसी तारीख को (14 सितम्बर) संसदीय हिन्दी परिषद, हिन्दी साहित्य सम्मेलन, दिल्ली और राष्ट्रभाषा प्रचार सभा, दिल्ली की ओर से हिन्दी दिवस का आयोजन हुआ। संविधान में हिन्दी सम्बन्धी आदेशों का स्मरण किया गया।

संसदीय हिन्दी परिषद के एक कार्यकर्ता ने (शायद मंत्री) कार्यारम्भ के पहले कहा—'हमें दो व्यक्तियों के निधन के प्रति शोक प्रकट करना है—एक स्वर्गीय श्री बालकृष्ण शर्मा 'नवीन' जो परिषद के उपाध्यक्ष थे, दूसरे हिन्दी के यशस्वी समालोचक श्री ए. ए. विलोचन शर्मा।'

हिन्दी को राष्ट्रभाषा बनाने के लिए उत्साही संसद सदस्यों की उस परिषद के प्रमुख कार्यकर्ता नलिनविलोचन शर्मा का नाम भी नहीं मालूम था।

थोड़ी देर बाद, मानो यह साबित करने के लिए कि नलिनजी का नाम नहीं सुना तो क्या साहित्य की गतिविधि से हमारा सम्पर्क है, उन्होंने एक हिन्दी कवि को आदेश दिया कि वह अपनी कविता पढ़ें।

कवि जी आए। उन्होंने कविता पढ़ी, 'तुम मूर्ख बनो मतिमंद बनो'।

[8.10.61]

❐

पिछले दो महीनों में दिल्ली का रंग बहुत बदल गया है। हर साल जाड़े का आना यहाँ के लिए सामाजिक मेल-मिलाप का एक शानदार अवसर होता था। रंगमंच, चित्रकला और संगीत का काम करनेवालों को सितम्बर से लेकर मार्च तक श्रोताओं और दर्शकों का अबाध सहयोग और देशी-विदेशी संस्थाओं के वार्षिक सम्मेलनों में विद्वानों या विशेषज्ञों को एक दूसरे से परिचय का सुयोग मिलता था। वह सब हलचल इस बार उतनी नहीं होगी, पर इसका किसी को गम नहीं है। नई जिम्मेदारियों के लिए तैयार होना सांस्कृतिक कार्यकर्ताओं के लिए एकमात्र चिन्ता और एक बड़ी चुनौती है। अभी तक किसी बड़े संगठित रूप में कलाकारों ने देश-रक्षा की घोषणाएँ

नहीं की हैं पर इसका मतलब यह नहीं कि वे कुछ कर नहीं रहे हैं। दरअसल उनका काम इतना आसान भी नहीं है।

जहाँ तक तात्कालिक काम का प्रश्न है, राजधानी के साहित्यिकों ने देर नहीं लगाई है क्योंकि वह काम वे बाकी नागरिकों की तरह ही कर सकते हैं। प्रचार साहित्य लिखना ऐसा ही काम है और 'प्रतिरक्षा साहित्य प्रचार समिति' के नाम से एक व्यवस्था की जा चुकी है, जिसके संयोजक 'आज' के विशेष प्रतिनिधि श्री जगदीशप्रसाद चतुर्वेदी हैं।

एक प्रश्न इस समिति के निर्माण के समय उठा था। देश की एकता में बाधक कोई काम न हो इस विचार से कुछ साहित्यिकों ने राय दी कि समिति स्थापित करनेवाले प्रस्ताव में यह भी कहा जाए कि संसद के अधिवेशन में (जो अभी समाप्त हुआ है) अंग्रेजी-हिन्दी सम्बन्धी विधेयक न लाया जाए। यह राय देनेवालों का खयाल था कि इससे देश में फिर एक मतभेद उठ खड़ा होगा। पर सभा में उपस्थित अनेक विख्यात हिन्दी साहित्यिकों ने इस धारणा का विरोध किया। श्री चन्द्रगुप्त विद्यालंकार, श्री मन्मथनाथ गुप्त, श्री अक्षय कुमार जैन इनमें प्रमुख थे। इनका कहना था कि इस वक्त इस तरह की माँग करना हिन्दी के लिए शर्म की बात होगी। जब सारा देश एक महत्त्वपूर्ण प्रश्न से जूझ रहा है तो हिन्दी के प्रश्न की उसके सामने क्या हस्ती है। फिर ऐसी माँग करके क्या समस्त हिन्दी जगत को हम लांछित न करेंगे? श्री इन्द्र कपूर ने कहा कि उस विधेयक को रोकने की बात करना खुद अपने हाथों वही मतभेद खड़ा करना है जो आप चाहते हैं कि इस समय देश में न हो। नतीजा यह हुआ कि विधेयक से डर दिखाने या उसे संसद में इस बार न रखने का आग्रह हिन्दी साहित्यिकों और पत्रकारों की इस सभा में नहीं माना गया—उसके पक्ष में इक्का-दुक्का आवाजें ही रह गईं। कालान्तर में, जैसा कि आपने अखबारों में पढ़ा होगा, कांग्रेस संसदीय दल ने खुद ही यह विधेयक स्थगित करने का निर्णय किया।

[2.9.62]

❐

डायरी की पिछली किस्त में मैंने स्वर्गीय राजेन्द्र बाबू की एक अपूर्ण इच्छा का उल्लेख किया था कि हिन्दी भाषी लोग दक्षिण की कम से कम एक भाषा सीखें। खुद उन्होंने कर्नाटक संस्कृत समारोह के अवसर पर एक बार दिल्ली में कहा था कि वह दक्षिणवासियों के सामने हिन्दीभाषियों की ओर से क्षमा माँगते हैं कि दक्षिण में हिन्दी सीखने का जैसा आन्दोलन है वैसा उत्तर भारत में तमिल, तेलुगु, मलयालम

या कन्नड़ सीखने का नहीं है। निधन के कुछ ही पहले उन्होंने अपना तमिल ज्ञान परिमार्जित करना भी शुरू किया था।

इस समय राजधानी में अगले दिनों आनेवाले अंग्रेजी–सहभाषा विधेयक के लिए तैयारियाँ जोरों पर हैं जैसे कि नाटक के रंगमंच पर आने से पहले होती हैं। जहाँ तक ज्ञात है कि यह विधेयक संसद में बजट पास होने के पहले नहीं आएगा। पर जब यह विचाराधीन होगा तब सत्तारूढ़ दल और विपक्षी दलों से हिन्दी के हितैषी क्या बोलेंगे, यह अभी उतना स्पष्ट नहीं है जितना कुछ लोग समझते हैं कि होना चाहिए। जहाँ तक कांग्रेस संसदीय दल का प्रश्न है उसमें कोई प्रबल और निर्णायक मतभेद होना संगठन की आवश्यकताओं के लिहाज से सम्भव नहीं होगा। पर कभी–कभी दिनकरजी या अन्य सदस्यों ने जिस ठोस तर्कप्रणाली से हिन्दी के विषय में संसद में भाषण किए हैं उससे आशा बँधती है कि विचार–विनिमय के समय हिन्दी के पक्ष में जो कहा जाएगा, उसका असर विधेयक के पारित होने पर चाहे न हो, कुछ वर्गों में अंकुरित हिन्दी द्वेष पर अवश्य होगा। यों हिन्दी के समर्थकों के बीच भी भ्रान्तियाँ हैं जिनका निवारण करना उतना ही आवश्यक है। विधेयक पर विचार के समय इसका अवसर मिलेगा। अन्य बहुत से प्रश्नों में जिनका उत्तर हिन्दी समर्थकों को तब देना होगा, एक यह भी कि 15 वर्ष तक राज्य से पूरी आर्थिक सुविधाओं का आकलन करने पर भी आज उनकी भाषा, मामूली सरकारी कामों के लिए भी अंग्रेजी की लेखन पद्धति की छाया भर ही क्यों है ? विज्ञान की शब्दावली का अनुवाद निस्सन्देह आवश्यक है पर दैनंदिन सरकारी कामकाज में अनुवादी हिन्दी का पोषण क्यों ? क्या इसलिए नहीं कि जब से हिन्दी के लिए नौकरियों और योजनाओं का सिलसिला शुरू हुआ तभी से उस समय के अधिनायकों ने नौकरशाही भाषा की शैली को चुपचाप स्वीकार कर लिया था—उस शैली का और अंग्रेजी का चोली–दामन का साथ है, यह उन्होंने नहीं सोचा। अब अंग्रेजी को हटाने का वक्त आ जाने पर वे देखते हैं कि उस शैली का जो अनुवाद उन्होंने रचा है उसे समझने के लिए कभी–कभी मूल को पढ़ना आवश्यक हो जाता है। तब फिर अंग्रेजी वाले क्यों न कहें कि मूल को ही बने रहने दीजिए। पर ये 'अंग्रेजी वाले' कौन हैं यह बात भी साफ हो जानी चाहिए। यहाँ के एक दैनिक पत्र में कर्नाटक प्रान्तीय हिन्दी प्रचार सभा की पत्रिका के सम्पादकीय का एक उद्धरण छपा है, जिससे यह स्पष्ट हो जाता है कि अंग्रेजी को अभी स्थापित रखने की माँग किसकी है और किसकी नहीं। यह उद्धरण पूरा ही पढ़ने योग्य है इसलिए उसे यहाँ दे रहा हूँ।

'आए दिन देश–भर में सहभाषा की सनसनी फैल गई है। कहा जा रहा है कि दक्षिण भारतीयों की माँग पर संविधान में यह सुधार किया जा रहा है। यह मिथ्या

व भ्रमपूर्ण आरोप है। आँकड़ों से पता चलता है कि दक्षिण के चारों प्रान्तों में हिन्दी परीक्षार्थियों की, हिन्दी हाई स्कूलों और प्रशिक्षणालयों की, संख्या साल व साल बढ़ती जा रही है। केवल कर्नाटक में चार हिन्दी प्रशिक्षण केन्द्र हैं। वास्तव में हिन्दी विरोधी नीति दक्षिण की नहीं बल्कि कुछ अंग्रेजी भक्तों की है, जिसके आधार पर हिन्दी को सहभाषा पद से च्युत करके सस्ती लोकप्रियता के प्रयास में वे जनहित और राष्ट्राभिमान भूल रहे हैं।'

'राष्ट्रीय संकट की इस घड़ी में यह विधेयक प्रस्तुत करने का प्रयत्न अत्यन्त असंगत, असामयिक और संविधान के खिलाफ है। यह आरोप लगाया जाता है कि हिन्दी राजभाषा बनने लायक नहीं। मगर हमारी समझ में यह दलील ऐसी है कि अच्छे तैराक बनने के बाद पानी में उतरने का प्रयत्न करो।'

'हिन्दी पारिभाषिक शब्दावली जब तक तैयार नहीं होती तब तक अंग्रेजी वैज्ञानिक और तांत्रिक पारिभाषिक शब्द ज्यों के त्यों हिन्दी में रखे जा सकते हैं। हैदराबाद के निजाम साहब ने करोड़ों रुपए खर्च करके उर्दू पारिभाषिक शब्दावली तैयार करा दी है, उससे भी उचित लाभ उठाया जा सकता है।'

'भारतीय 14 भाषाओं के आपसी झगड़े की वजह अंग्रेजी को राजभाषा स्वीकार करना ठीक वैसा ही है जैसाकि अनेक राजनीतिक दलों के झगड़े के कारण यूनियन जैक को भारत का राष्ट्रीय ध्वज स्वीकार करना। आशा की जाती है कि देश के नेता जनहित तथा भारत के स्वाभिमान की रक्षा करते हुए सन् 1965 के बाद हिन्दी को राजभाषा पद पर प्रतिष्ठित करेंगे और अंग्रेजी को सहभाषा के रूप में रखना ही चाहते हैं तो जनमत को लेकर निश्चित अवधि तक रखेंगे।'

ये अंग्रेजी भक्त और जगहों की अपेक्षा राजधानी में प्रबलतर हैं, यह कहने की जरूरत नहीं। उनके पक्षधर एक अंग्रेजी दैनिक के संसदीय संवाददाता ने हिन्दी के लिए जो विशेषण प्रयुक्त किए थे, उनसे सेठ गोविन्ददास ने असहमत होकर उसी दैनिक के सम्पादक को एक छोटा-सा पत्र लिखा था, '...आपका अखबार विलायत में नहीं छपता है और आपसे आशा की जाती है कि आप हिन्दी को समुचित आदर देंगे।...मुझे आशा है आप अपना ढंग सुधारेंगे।'

इस पत्र के छपने पर तीन पाठकों ने लम्बे-लम्बे खत लिखे हैं और उनमें गरज-गरजकर 'हिन्दी-आग्रह' को आज के संकटकाल में थामने की जरूरत बताई है। एक पाठक लिखते हैं, 'अंग्रेजी को उखाड़ फेंकना और हिन्दी को सिंहासनासीन करना, विदेशी आक्रमण का खतरा दूर होने तक टाला जाना चाहिए।' गाँव-गाँव में आज जो चेतना देश की रक्षा के लिए फैली हुई है शायद इन सज्जन की राय में वह अंग्रेजी के माध्यम से ही फैली हुई है। तीनों पत्र लेखकों ने सेठ जी को उद्विग्न, दुराग्रही इत्यादि कहकर जी ठंडा किया है और एक ने तर्क दिया है

कि 'आप अपना ढंग सुधारेंगे', यह एक धमकी है, 'लोकतंत्र के सिद्धान्त' के लिए खतरा है।

विशेषता यह है कि तीनों पत्र दक्षिण से नहीं, कलकत्ते से आए हैं। दक्षिण में हिन्दी के प्रेम का प्रतिदान, उत्तर में हिन्दी को देना ही एक ठोस काम है जो दक्षिण को हिन्दी के साथ रख सकता है। कम से कम नई पीढ़ी को एक दक्षिण भाषा से परिचित कराके हिन्दी प्रेमी उस नेता का मान क्या न रखेंगे जिसकी हिन्दी हितैषिता का जगह-जगह वे नाम लेते हैं? राजेन्द्र बाबू दूर तक देखते थे और दस बरस पहले ही वह यह काम बता चुके थे। उनका सबसे स्थायी स्मारक उत्तर में दक्षिणी भाषाओं का प्रचार होगा।

सहभाषा विधेयक पर राजनीतिक दलों की वास्तविक स्थिति तो उसी समय प्रकट होगी जब वह संसद में आएगा। पर इतना स्पष्ट हो चला है कि उसका विरोध बहुत करके अंग्रेजी को निरवधि रूप से सहभाषा बना रखने का विरोध होगा, सम्पूर्ण विधेयक का विरोध नहीं। ऐसा हुआ तो अगले जितने वर्षों के लिए अंग्रेजी सहभाषा मानी जाएगी, हिन्दी को दक्षिण का सहयोग और भी अपेक्षित हो जाएगा। प्रश्न यह है कि सहयोग देनेवालों को हम हिन्दी के अतिरिक्त और क्या देंगे? क्या स्थिति यही रहेगी कि देना भी हिन्दी और लेना भी हिन्दी?

[31.3.62]

❐

अंग्रेजी के अखबारों में यूरोपीय होटलों के विश्वविख्यात बावर्चियों के दिल्ली आने की खबर अक्सर छपती रहती है। उससे भारतीय अंग्रेजीपाठी जनता में एकता की सांस्कृतिक भावना का आलोड़न होता है। राहुल सांकृत्यायन जैसा देसी भाषा में लिखनेवाला व्यक्ति यह काम कैसे कर सकता है?

इसीलिए शायद अभी तक (अब राहुल जी दिल्ली में हैं) कहीं उनके कुशल मंगल का कोई समाचार नहीं पढ़ने को मिला है।

रूस में उन्हें काफी स्वास्थ्य लाभ हुआ था। स्मृति लौट चली थी, एक दिन बारह घंटे की लम्बी नींद के बाद वह यह पूछते हुए जगे, 'मैं कहाँ हूँ?'—तब से सुधार होने लगा। पर एकाएक न्यूमोनिया ने उन्हें धर दबाया और स्नायविक रोगों में जो कमी हुई थी, बेकार हो गई। अब नए सिरे से इलाज हो रहा है पर पद्धति वही है जिससे रूस में लाभ हुआ था। उन्हें आराम की जरूरत है और एक ऐसे वातावरण की जरूरत है जिसमें उनका व्याधिग्रस्त मानस निस्संकोच धीरे-धीरे संज्ञा प्राप्त कर सके। देखने में वह निस्सन्देह पहले से स्वस्थ जान पड़ते हैं और

उच्चारण भी उन्हें अधिक सुगम हो गया है। इसके आगे वह तेजी से प्रगति करें, यही कामना है।

लोकसभा और राज्यसभा का जो ग्रीष्मकालीन सत्र पिछले महीने समाप्त हुआ है, कई प्रकार से एक भरा-पूरा सत्र था एक तो बजट के कारण, दूसरे विदेशी नीति के अनुमोदन और तीसरे विश्वविद्यालय शिक्षा के कुछ महत्त्वपूर्ण मसलों के कारण।

जिस समय वि. अनुदान आयोग के वार्षिक प्रतिवेदन पर सदस्य अपनी राय दे रहे थे, एक नई बात उभरकर सामने आई और वह यह थी कि दूसरा प्रान्त कहीं हमसे आगे न बढ़ जाए, इस भय से मैं न दूसरे प्रान्त में उसकी भाषा पनपने दूँगा न अपने प्रान्त में अपनी, और घटियापन स्वीकार करूँगा; एक ऊबड़-खाबड़ अंग्रेजी को अपने और अपने भाई के ऊपर लादे रहूँगा। कई सदस्यों की राय थी कि माना अंग्रेजी को हटाना है और भाषाओं को उठाना है पर इस काम में जल्दी करना ठीक नहीं है, अभी इसका समय नहीं आया है और अभी कुछ कहना ठीक नहीं है, अभी इसका समय नहीं आया है और अभी कुछ करना देश के लिए घातक होगा।

इसके जवाब में डॉक्टर श्रीमाली ने जो कहा वह समझदार लोग बहुत पहले कह रहे थे, पर सरकार की ओर से पहली बार कहा गया। उन्होंने कहा, 'बिना पानी में पैठे कोई तैरना सीख सकता है?' धीरे-धीरे का मतलब है जान-बूझकर देर लगाना। और जब 12 वर्ष से इतने शब्द आदि रचे जा रहे हैं तो उनका इस्तेमाल भी तो साथ-साथ करना होगा। नहीं तो क्या रातोरात अंग्रेजी का साइनबोर्ड हटाकर हिन्दी का लगा देने से हो जाएगा? स्पष्टतः भाषा वाले भी अभी तक यही समझते रहे हैं कि हो जाएगा और भाषाओं के विरोधी तो यह चाल चलते ही रहे हैं। अभी तक जहाँ कहीं अंग्रेजी हटी है वहाँ हुआ भी यही है, उसका साइनबोर्ड अनुवाद करके लटका दिया गया है। पर है वह मूलतः अंग्रेजी का। भाषा में सोचने, बोलने और लिखने की शिक्षा से एक पूरी पीढ़ी को वंचित कर रखा गया है और यह पीढ़ी भ्रष्ट अनुवादकों की पीढ़ी बनकर रह गई है।

हिन्दी का विरोध समझ में आता है क्योंकि उसे राजनीतिक सत्ता का एक साधन 15 वर्ष पहले ही कुछ लोगों ने बना लिया था और प्रतिक्रिया स्वाभाविक है। किन्तु राजधानी के एक अंग्रेजी दैनिक में किन्हीं श्रीनिवासन जी का जो एक पत्र छपा है वह शुद्ध भय का प्रमाण है; भय इस हद तक पहुँचा हुआ है कि अब शायद राजनीति उसका निवारण नहीं कर सकती। उसे सिर्फ वे ही दूर कर सकते हैं जो भाषा का सचमुच इस्तेमाल करते हैं, जिन्हें कुछ कहना होता है और जो उस कथ्य के लिए राजनीतिक नेता पर निर्भर नहीं रहते। भयातुर श्रीनिवासनजी लिखते हैं कि

विश्वविद्यालयों में भाषाओं को शिक्षा का माध्यम बनाना कालान्तर में हिन्दी का प्रभुत्व मान लेना होगा।

[15.7.62]

❐

आसान हिन्दी के सवाल पर आज राजधानी में जो उत्तेजना पाई जाती है उसने असल सवाल को किसी हद तक ढँक-सा लिया है। सवाल 'आसान' हिन्दी का नहीं 'अच्छी' हिन्दी का है। आज जिसे आसान बनाने की कोशिश हो रही है, वह हिन्दी कठिन सिर्फ इसलिए है क्योंकि वह अच्छी नहीं है और जो 'आसान हिन्दी' चलाई जा रही है वह और भी कठिन है, क्योंकि वह और भी कम अच्छी है।

अफसोस की बात है कि पिछले दिनों जनप्रतिनिधियों की सभाओं में सार्वजनिक सम्मेलनों में और पत्र-पत्रिकाओं में जहाँ कहीं भी हिन्दी के मसले पर विचार प्रकट किए गए, इस एक तथ्य को बिलकुल छुआ भी नहीं गया कि आसान होने के लिए जरूरी है कि हिन्दी में सोचा जाए, हिन्दी में अनुवाद न किया जाए।

संसद में रोज ही एक न एक सवाल सरकारी कामों में हिन्दी के इस्तेमाल को लेकर पूछा जाता है, लेकिन उन सब में मुख्य चिन्ता यही रहती है कि हिन्दी में अनुवाद का काम कितना आगे बढ़ा है। कांग्रेस के श्री नवाबसिंह चौहान राज्यसभा में इस तरह के सवाल पूछने के लिए प्रसिद्ध हैं।

राज्यसभा के जनसंघी प्रतिनिधि श्री अटलबिहारी वाजपेयी के हिन्दी भाषणों को सुनने के लिए प्रेस गैलरी में हमेशा भीड़ लग जाती है और उस वक्त कोई शिकायत नहीं करता कि यह हिन्दी कठिन थी। वाजपेयी जी की हिन्दी आत्मज हिन्दी है इसीलिए सहज भी है और उनके विचारों से सहमत होना जरूरी नहीं, पर उनकी वाणी की विन्यास शक्ति, सही जगह सही शब्द का प्रयोग करने का शऊर और मुहावरों के प्रति उनकी आदर भावना सुननेवालों को पूरा अर्थ खोलकर समझा देती है। इन भाषणों को अंग्रेजी अखबार अच्छी जगह भी देते हैं।

अन्यत्र हिन्दी के साथ धीरे-धीरे दिल्ली में ढीलेढालेपन और फूहड़पन का एक ऐसा सम्बन्ध जुड़ गया है जो मुश्किल से तोड़े टूटेगा पर जिसको तोड़ना नई पीढ़ी की—अर्थात् उनकी जो भाषा को भाषा की हैसियत से प्यार करते हैं, झंस की हैसियत से नहीं—सबसे बड़ी जिम्मेदारी है। हिन्दी के पक्ष में होनेवाले बड़े कार्यों में आज अधिकांश में ऐसे ही लोगों का सहयोग यहाँ दिखाई देता है जो हिन्दी ही जानते हैं; जीवन के और कार्यक्षेत्रों से—जैसे विज्ञान, कला, टेक्नोलॉजी से उनका

सीधा सम्बन्ध नहीं है। ये लोग हिन्दी की रक्षा की बात करते हैं, हिन्दी में और विषयों की बात नहीं करते।

उधर अंग्रेजी को लें तो वहाँ भी धीरे-धीरे ऐसे लोगों की संख्या राजधानी में कम होती जा रही है जो अपनी विद्या में प्रवीण हों और साथ ही साथ भाषा के संस्कार से भी युक्त हों। अपने-अपने विषयों के पंडित भी जब कहीं भाषण करते हैं तो जब तक कि श्रोता ठेठ शास्त्रीय भाषा न समझनेवाले हों वे आसानी से अपनी बात समझा नहीं पाते। जरा-सी बात कहने के लिए उन्हें बड़ी देर तक अंग्रेजी बोलनी पड़ती है। ऐसी ही ऊबड़-खाबड़ भाषा सब जगह बोली जाती है किन्तु श्रेष्ठिवर्ग की भाषा है और उसके बोलनेवाले पर कोई उँगली उठाने की हिम्मत नहीं कर सकता।

लेकिन अंग्रेजी की तो यह हालत होनी ही है। उसमें सोचना और बोलना जिस संस्कार से सम्भव होता है वह धीरे-धीरे क्षीण होगा ही, क्योंकि बहुलांश में नई पीढ़ी आर्थिक और राजनीतिक कारणों से अंग्रेजी पढ़ेगी और अपनी मातृभाषा में सोचेगी, फिर अंग्रेजी में जैसा-तैसा अनुवाद करके बोल लेगी—काम चल जाएगा। पर जिनकी मातृभाषा ही हिन्दी है वे उस तरह की अंग्रेजी से फिर हिन्दी में अनुवाद क्यों करें? यह समझ में नहीं आता।

दिल्ली में बहुत से साहित्यिक हैं और बहुत से साहित्य-राजनीतिज्ञ हैं। अभी तक इसका कोई प्रमाण नहीं मिला है कि ये इस आसान भाषा के मामले में क्या सोचते हैं। जो कुछ संकेत प्रत्यक्ष या अप्रत्यक्ष मिले हैं वे राजनीतिज्ञों की ओर से मिले हैं जिनकी भाषा सम्बन्धी जरूरतें स्पष्टतः राजनीतिक हैं—साहित्यिक नहीं। यह बड़े आश्चर्य की बात है कि साहित्यिकों ने—जिनका काम ही भाषा की अपूर्णता से जूझना है—इस मौलिक प्रश्न पर अपना मत, अकेले या मिलकर कैसे भी प्रकट नहीं किया है कि आसान भाषा क्या होती है। माना कि राजधानी में राजनीति साहित्य से बड़ी है पर यह सवाल तो देश का है—जैसा कि राजनीतिज्ञ खुद कहते हैं—और राजनीति देश से तो बड़ी नहीं है।

[9.7.62]

❐

उस दिन आकाशवाणी भवन के बरोठे में अकस्मात एक नवयुवक उर्दू कवि से भेंट हो गई जो बड़ी दूर, कटक से आए थे, जहाँ हिन्दी और उर्दू के सवाल पर वह हलचल नहीं है जो राजधानी में है और जो मैं समझता हूँ, हर ऐसी जगह होगी जहाँ लेखकों को लिखने से फुरसत होगी। कटक से आए हुए इन कवि के सामने हिन्दी-

उर्दू की समस्या का रूप कुछ और ही था—वह एक सृजनात्मक समस्या थी जैसी कि शायद हर उस जगह होगी, जहाँ लेखकों को लिखने की फुरसत होगी। यह आगन्तुक जो थोड़ी ही देर में मेरे अतिथि और फिर मित्र बन गए, हिन्दी के आधुनिक साहित्य के पाठक हैं और अज्ञेय, गिरिजाकुमार माथुर, धर्मवीर भारती, सर्वेश्वरदयाल सक्सेना आदि की कविताओं से प्रभावित हैं। आप जानना चाहते होंगे कि प्रभावित हैं तो ठीक है लेकिन इनकी वह समस्या क्या है जिसका अभी नाम लिया गया था।

इन्होंने कहा, मेरी ही नहीं पाकिस्तान में जहाँ उर्दू की उपेक्षा का कोई सवाल नहीं, आधुनिक लेखकों की समस्या यह है कि साहित्यिक उर्दू को बोलचाल के नजदीक कैसे लाया जाए। पुरानी शब्दावली, मय अपने प्रतीकों और उपमाओं से बोझिल हो गई है और हमें हिन्दी के उन तमाम शब्दों की जरूरत है जो नई व्यंजनाओं को आसान बना सकते हैं। कुछ मैं ही नहीं, कई नवयुवक उर्दू लेखक आधुनिक हिन्दी साहित्य से इस खातिर दिलचस्पी रखते हैं कि वह उन्हें एक नई दिशा की ओर बढ़ने में मदद देता है। उनकी यह बात अपने में कुछ इतनी विचारोत्तेजक है कि इस पृष्ठ पर उसके तमाम पहलुओं का विस्तार चाहूँ भी तो नहीं कर सकता। लेकिन इतना जरूर चाहूँगा कि यह बात हिन्दी के पक्षधरों में किसी प्रकार का मिथ्या दम्भ न उत्पन्न करे। उधर हिन्दी के विरोधियों को यह अधिक वैज्ञानिक दृष्टि दे सके तो अच्छा होगा।

[23.12.62]

❐

इस बार जब संसद का बजट अधिवेशन आरम्भ हुआ तो राष्ट्रपति ने अपना अभिभाषण पहले अंग्रेजी में पढ़ा। सोशलिस्ट पार्टी के सदस्यों ने इस पर सदन का त्याग कर दिया। उसी दिन लोकसभा में और दूसरे दिन राज्यसभा में सभी ने, विशेषतः हिन्दी के सर्वमान्य हितैषियों ने इस व्यवहार की निन्दा की, कहा कि सदन राष्ट्रपति से क्षमा चाहता है और जब कुछ एक उत्साही सदस्यों ने और भी कुछ प्रतिकार माँगा तो सदन ने कहा कि बस इतना ही यथेष्ट होगा।

पर दिल्ली में अंग्रेजी का एक अखबार इससे बिलकुल सन्तुष्ट नहीं है। इस घटना से वह इतना क्षुब्ध हुआ कि उसने लगातार तीन दिन अपने एक न एक स्तम्भ में यह माँग की कि अंग्रेजी को सहभाषा बनाने का विधेयक लाने में देर न की जाए, देर जो हो रही है वह कुछ व्यक्तियों की प्रेरणा से हो रही है और उस वायदे के खिलाफ है, जो श्री नेहरू ने दक्षिण भारत से किया था। यही नहीं, एक बार तो उसने

सोशलिस्ट सदस्यों के सदन त्याग पर एक बिलकुल नए दृष्टिकोण से—वास्तुकला के दृष्टिकोण से हँसी का मौका खोज निकाला : 'संसद के केन्द्रीय कक्ष की संवाददाता दीर्घा से देखने पर ये सदस्य रेंगते से जान पड़ रहे थे', यह लिखकर अपना दिल ठंडा किया। मुझे यह सब उतना ही उपहासास्पद लगा, जितना उन कट्टरपंथियों का व्यवहार लगता है, जो जान-बूझकर मेज को पटल और 'जोर दिया' को 'बल दिया' कहते हैं।

राजेन्द्र बाबू को श्रद्धांजलि देते हुए एक संसद सदस्य ने कहा था—हिन्दी प्रचार में उन्हें सब भाषाभाषियों का सद्भाव प्राप्त था। इसका कारण था। आजादी के बाद दक्षिण में हिन्दी क्यों सीखी जाए, ऐतिहासिक दृष्टि से वह इस विषय में भ्रममुक्त थे। आजादी के पहले हिन्दी सीखने के और कारण थे, अब और होने चाहिए, यह भी वह जानते थे। राष्ट्रपति पद छोड़कर पटना पहुँचने के दूसरे दिन उन्होंने कुछ विशेष संवाददाताओं से कहा था कि सरकार को विभिन्न भाषा बोलनेवालों में परस्पर आर्थिक सहयोग के कार्य शुरू करने चाहिए, जिससे वे केवल भाषा की नहीं, अपनी समृद्धि की भी समानता अनुभव करें। यह काम आज भी अधूरा है। एक बात तो राजेन्द्र बाबू बार-बार कहते रहे थे, यह है कि हिन्दीभाषी दक्षिण की कोई एक भाषा सीखें। यों दक्षिण में हिन्दी के प्रचार के लिए जो काम होता है, उसका एक ब्योरा भी संसद में रखा गया था, जिससे मालूम होता है कि बहुत काम हो रहा है। दक्षिण भारत हिन्दी प्रचार सभा को राष्ट्रीय महत्त्व की संस्था भी घोषित कर दिया गया है। पर एक और सूचना जो गृहमंत्री ने दी उससे स्थिति कुछ निराशाजनक ही लगने लगी है। मद्रास राज्य ने तीन भाषाएँ पढ़ाने के कार्यक्रम का उल्लंघन करके स्कूलों में हिन्दी की परीक्षा लेना बन्द कर दिया है। गृहमंत्री ने तो आश्वासन दिया है कि दक्षिण क्षेत्रीय परिषद की अगली बैठक में अन्य दक्षिणी मुख्यमंत्रियों की उपस्थिति में वह इस प्रश्न पर श्री कामराज नाडर से बात करेंगे, पर चुस्त गवाह दक्षिण भारतीयों की आड़ लेकर अंग्रेजी का रोना (गलत-सलत अंग्रेजी में) रोते हैं, उन्हें चाहिए कि इस तरह के अड़ंगों की भी आलोचना करें।

[17.3.63]

❐

'अंग्रेजी भी चले' विधेयक आखिरकार संसद में पेश हो ही गया। गृहमंत्री दुतरफी आलोचना झेल रहे थे—'आपकी वजह से विधेयक आने में देर हो रही है' और 'आप क्यों नहीं यह विधेयक स्थगित कर देते।' दोनों आरोपों के जवाब में उन्होंने

बीच का रास्ता अपनाया है जो उनकी पुरानी पद्धति है। उन्होंने विधेयक पेश कर दिया है और साथ ही उसकी तारीफ में कहा है कि प्रथम बार हिन्दी को प्रमुख स्थान दिया जा रहा है—अंग्रेजी गौण भाषा रहेगी। लेकिन इस बार लालबहादुर जी का यह मध्यम मार्ग उतना सुगम नहीं है, यह अभी ही स्पष्ट हो गया है। विधेयक पर विधिवत बहस होने के पहले ही श्री प्रकाशवीर शास्त्री और श्री फ्रैंक एंटनी दो परस्पर विरोधी कारणों से एक ही भावना—उसके पेश होने पर असन्तोष प्रकट कर चुके हैं। प्रकाशवीरजी का तर्क है कि इससे अंग्रेजी को प्रधानमंत्री द्वारा परिकल्पित सहयोगी भाषा का नहीं, प्रमुख भाषा का स्थान मिल जाएगा और हिन्दी हमेशा के लिए निकाल दी जाएगी। एंटनीजी का तर्क है कि इस विधेयक ने प्रधानमंत्री के अंग्रेजी सम्बन्धी आश्वासनों की अवज्ञा की है। अभी तक इस मसले पर जो अनिश्चित प्रकार की उत्तेजना सब ओर फैली हुई थी उसने विधेयक के सामने आने पर कुछ मूर्तरूप धारण किया है और बहुत करके ये ही दो पक्ष प्रकट हुए हैं, जिनका प्रतिनिधित्व उक्त दो सदस्यों के विचार करते हैं।

कुछ सदस्यों की प्रतिक्रियाओं में विरोध प्रदर्शन अधिक था, विचार कम। स्वामी रामेश्वरानन्द, मणिराम बागड़ी और हुकुम सिंह कछवैया—इन तीन सज्जनों को सदन से मुअत्तल करने पर सदन में मतभेद था—यद्यपि कहना न होगा कि बहुमत अत्यन्त स्पष्टतः पक्ष में था। विभिन्न विरोधी दलों में भी विधेयक रखने पर एक और सदस्य की मुअत्तली पर दूसरा मत दिखाई दिया। कम्युनिस्ट दोनों ही मसलों पर सरकार के साथ थे, प्रजासोशलिस्ट विधेयक रखने में सहमत किन्तु सदस्यों की मुअत्तली पर तटस्थ रहे; स्वतंत्र पार्टी के अन्दर स्वतंत्रता थी, कुछ उन एक दर्जन समाजवादी, जनसंघी और निर्दलीय सदस्यों के साथ गए जिन्होंने श्री बागड़ी और स्वामीजी के बलात निष्कासन पर सदन त्याग किया था, कुछ ने शेष सदन के साथ उस समय मेज बजाई जब विधेयक पेश करने की रस्म विघ्नोपरान्त पूरी हुई।

इसलिए जैसा मैंने पहले कहा, इस समय मुख्यतः दो विचार हैं। एक : इस विधेयक से हिन्दी को हमेशा के लिए गौण स्थान मिल जाएगा और दूसरा : इसमें हिन्दी को प्रमुख सरकारी भाषा माना गया है और अंग्रेजी को केवल गौण स्थान दिया है। अन्य सब तर्क इन्हीं के अन्तर्गत हैं।

विधेयक पेश होने के समय संसद के बाहर डॉक्टर राममनोहर लोहिया और डॉक्टर रघुवीर करीब 500 व्यक्तियों के साथ जो प्रदर्शन कर रहे थे उसमें कुछ बड़े-बड़े आश्वासन दिए जाते मैंने सुने। एक तो यह कि भविष्य हिन्दी का है इसलिए अभी जो रुपया अंग्रेजी जाननेवाली नौकरशाही पर खर्च हो रहा है वह हम अपने हाथ में सत्ता आते ही बन्द कर देंगे। और यह कि सत्ता प्राप्त करने के बहुत हद तक

पाँच महीने के अन्दर हिन्दी को अन्तर्राष्ट्रीय भाषा बना देंगे। इन्हें भी विचारों की श्रेणी में न रखना ही ठीक होगा।

संसद के निष्कासन-कांड और बाहर का प्रदर्शन देखकर राजधानी में बहुत प्रकार की प्रतिक्रियाएँ हुई हैं। आप आसानी से समझ सकते हैं कि इनमें परस्पर बड़ा वैषम्य होगा। कुछ लोगों ने नफरत से नाक-भौं सिकोड़ी हैं, कुछ बड़े तटस्थ भाव से मुस्कराए हैं (कौन जाने सचमुच कभी हिन्दी आ ही जाए?) कुछ चुप रह गए हैं—या तो शर्म से या पार्टी के बन्धन से। (सेठ गोविन्ददास संसद में मणिराम बागड़ी की मुअत्तली पर तटस्थ रहे; यों सुना है कि उन्होंने पार्टी से विधेयक पर अपने विवेकानुसार मत देने की आज्ञा माँगी है और उनका अनुसरण कुछ और कांग्रेसी सदस्य भी कर रहे हैं)। पर एक और प्रतिक्रिया भी है, यद्यपि वह अभी खुलकर अभिव्यक्त नहीं हुई है। कहा जा सकता है कि यह हिन्दी के उन समर्थकों की प्रतिक्रिया है जो हिन्दी के राजनीतिक प्रश्न के साथ उसके सांस्कृतिक प्रश्न की भी सत्ता मानते हैं और दोनों के दो अलग-अलग समाधानों में विश्वास नहीं करते। यहाँ के अनेक प्रबुद्ध साहित्यकारों की राय अभी प्रकाश में आई है, पर यह देखना कठिन नहीं है कि वे एक ओर अंग्रेजी को राजभाषा पद से हटाने की राजनीतिक आवश्यकता के कायल हैं तो दूसरी ओर हिन्दी की सांस्कृतिक और साहित्यिक परम्पराओं के उदार विकास में भी आसक्त हैं।

1965 के गणराज्य दिवस से जो राज्य चाहें अपनी भाषा में अपना सब काम करने लग सकते हैं—राष्ट्रपति की अनुमति कुछ कामों के लिए आवश्यक है। इस समय और प्रश्नों के साथ एक छोटा-सा प्रश्न भी मन में उदित होता है—क्या हमारी आज की हिन्दी इतनी कमजोर है कि हिन्दीभाषी राज्य 1965 से इस अधिकार का उपभोग न करने लग सकेंगे? और एक अन्य प्रश्न भी साथ में है—क्या हिन्दी की तरह दूसरी भाषाओं में भी सरकारी सहायता से इतनी तैयारी हो चुकी है कि वे भी 1965 से राजकाज सँभाल लें? यदि नहीं, तो फिर क्या इसमें उनकी नैतिक और वास्तविक—दोनों प्रकार की सहायता देना एकमात्र उपाय नहीं रह जाता?

[28.4.63]

धूप हवा धूप

अन्य ऋतुओं की भाँति पावस भी अस्थिर चित्त होकर दिल्ली में आ गया है। पहले के सात दिन झड़ी लगी रही, फिर तीन दिन के लिए आसमान खुला, मगर अगले चार दिन इतनी गर्मी पड़ी कि इलाहाबाद की मई-जून का मजा आ गया। कुछ तो पावस यों भी चंचल होता है—मेघ और चंचलता का साथ भी है—और मेघ ही कौन एक जगह टिकता है—पर यह अदा वह दिल्ली में ही दिखाता है कि मोती बाग में बरसा और शक्ति नगर की तरफ झाँका तक नहीं। अन्य ऋतुएँ यहाँ की भूमि के प्रति अधिक संवेदनशील हैं—वसंत सबसे अधिक, पर उसने अपने लिए यह विशेषता सुरक्षित रख छोड़ी है कि पकड़ में नहीं आता। कब शिशिर में से खुली बाँहों की तरह निकलकर वह इमारतों के बीच छिटके हुए वृक्षों वाली इस महानगरी के उदासीन बाबुओं को...खैर। यह सब कहने के लिए किसी आधुनिक कालिदास की जरूरत है।

यह जरूर कहा जा सकता है कि प्रकृति और मानव का सम्बन्ध नई दिल्ली में इस समय एक अर्थमय विशेषता ग्रहण कर चुका है। संसार की कम राजधानियों के लोग प्रकृति के इतने निकट रहते होंगे—यह केवल चकित कर देने के लिए नहीं लिखा है। नई दिल्ली का दक्षिण की ओर जो प्रसार हो रहा है, उसे देखने से इसका यथेष्ट प्रमाण मिलता है। रिंग रोड से धौला कुआँ की ओर जाते हुए आप देखेंगे... (सवेरे-सवेरे जाएँ तो सोकर उठने पर जैसा मन रहता है उसमें आश्चर्य अधिक प्रीतिकर हो जाएगा) कि रूखी पथरीली धरती के अनन्त दिखनेवाले विस्तार पर दूर एक शहर का शहर खड़ा हुआ है। यह एक नई बस्ती है जो सरकारी कर्मचारियों के लिए बनाई गई है। अभी इसमें किसी को बसाया नहीं गया है, सिर्फ मकान, खाली मकान सुनियोजित व्यवस्था में चुपचाप खड़े हैं और इनके और देखनेवाले के बीच अन्तर इतना यथेष्ट है कि इमारतों की इस निर्जनता को एक रहस्यमयता मिल जाती है।

पर विस्तारशीला राजधानी में कुछ नई आबादियाँ ऐसी भी हैं जो प्रकृति के निकट भी हैं और इनसान की संगत से भी रंजित हैं। उनकी खूबसूरती अपने में एक

माने रखती है। वहाँ तक आने-जाने के साधन बस इतने ही हैं कि वे दुनिया से अलग न कट जाएँ—रोजमर्रा की जरूरतें पूरी करने की भी व्यवस्था वहाँ बस वाजिबी-वाजिबी है और जहाँ पथरीली जमीन तोड़कर नींवें डालकर मकान बना दिए गए हैं, वहाँ के इर्द-गिर्द ऐसा चट्टानी प्रदेश अक्षुण्ण बच रहा है जिसे तोड़ना शायद फायदेमंद न समझा गया होगा। इस प्रकार सरकारी क्वार्टरों की एकरस एकरूपता को प्रकृति के खुदरेपन की पीठिका मिल गई है—इसका प्रभाव अद्भुत हुआ है। यह ठीक है कि उन बस्तियों में रहनेवाले दफ्तरी कर्मचारियों में से सब पर यह प्रभाव एक-सा नहीं पड़ता होगा, पर जो हलके से अनिश्चय और किंचित असुरक्षा का सौन्दर्य देख पाते हैं, उनके लिए ऐसी बस्तियाँ विशेष अर्थ रखती हैं। कालान्तर में यह सौन्दर्य मिट जाएगा—यह भी ठीक है क्योंकि विकास और निर्माण की भयंकर गति दिल्ली की लक्ष्मण रेखा—रिंग रोड को तोड़ ही चुकी है और कुछ ही वर्षों में उसके पार के ऊबड़-खाबड़ चट्टानी मैदानों में मकान ही मकान नजर आएँ, यह डर केवल कल्पना नहीं है। उस समय आधी रात को रिंग रोड का गहरा अँधेरा चीरते हुए उस पर मोटर में यात्रा करने का या सूरज ढलने के बाद तृतीया का तीखा, लाल और 'तसवीर अधिक यथार्थ कम' जैसा जमीन से उठता हुआ चाँद देखने का अनुभव अतीत की वस्तु हो जाएगा और छोटी-छोटी कोठरियों में बड़ी एहतियात से रहने का भविष्य का पता नहीं उतना सुखद होगा या नहीं।

[20.10.60]

❐

सितम्बर आ गया (और लो उसने चलने की तैयारी भी कर दी), और खुले मैदानों और खुले आकाश वाली इस विराट नगरी में सवेरे और शाम के वक्त ने एक विशेष तरह की ठंड ग्रहण कर ली है—उसे लिखकर समझाया नहीं जा सकता। पर यदि सवेरे 6 बजे बाहर लगे बिस्तर से उठकर रातभर के बन्द कमरे में आकर एक खास तरह का सुख आपको अपने शहर में भी मिलता है, तो समझ लीजिए उसी से मेरा मतलब था।

फिर सारा दिन धूप खिली रहती है और बीच-बीच में तापमान (क्या उसकी भी सुगन्धि की-सी लहरें होती हैं?) और कभी निर्गंध हवा की खुशबू (सफाई की भी एक खुशबू होती है : कुछ लोगों के लिए उसका पकड़ पाना दुष्कर है क्योंकि इत्र की सुगन्धि से वह उसे दाब देते हैं) स्मृतियों की स्मृतियाँ खोलती चली जाती हैं।

लोग कहते हैं वसंत में कोई अकेला नहीं रहना चाहता। वह वसंत के ही लिए सत्य नहीं है—इस मौसम के लिए शायद अधिक सत्य है। और सहचर या सहचरी

का उतना बड़ा अभाव राजधानी के समाज में नहीं है, यह मानते हुए भी कभी-कभी यह लगने लग सकता है कि वह साथी यहाँ नहीं मिल सकता, जिसमें कहीं कुछ है कि उसे 'उगता सूरज, मेमने, गिलहरियाँ, जंगली फूल-पत्ते, टहनियाँ, कभी-कभी का मौसम भला लगता है।' (कवि रघुवीर सहाय संशोधन के लिए क्षमा करेंगे)।

और एक नई बात देखी है। यह महीना है जिसमें कि लोग सुन्दर होने लगते हैं। सबसे आकर्षक व्यक्तियों से आजकल मिलिए—उनका भी आकर्षण निखार पर पाएँगे। नहीं कह सकता कारण क्या है, पर दिलोदिमाग और शरीर में इस मौसम में एक तरह का सन्तुलन आ जाता है शायद...या क्या होता है ईश्वर जाने...या देखनेवालों को ही सब कुछ सुन्दर दिखाई देने लगता है।

हो सकता है यही अन्तिम अनुमान सच हो। नहीं तो दिल्ली की पत्थर की इमारतें और खँडहर भी आजकल क्यों चमक उठते? जोरबाग और सुन्दर नगर के रँगे-चुंगे घरों को छोड़िए, जिसमें नंगा पत्थर या ईंट लगी है उसे देखिए...धूप ने उसको एक संजीदा चमक दे दी है और उसका घनत्व अब वैसा बोदा नहीं रह गया है जैसा बरसात में था—उसमें एक सौम्यता आ गई जैसी पके फलों से लदी डाली में होती है।

[25.9.60]

❐

क्या आपने अनुभव किया है कि धूप में कुछ हलकी-सी गरमी आ गई और दिन में कभी-कभी कोट उतारकर फेंक देने को जी चाहता है। वसंत आ गया है, और आपके शहर में गेंदे के अलावा कितने फूल हैं नहीं जानता, पर राजधानी में रंगों की बहार है—चौराहों पर बेगुनबेलिया के फव्वारे और पटरी पर फ्लाक्स की झालरें और इन दोनों के मध्य की श्रेणी में आनेवाले इनसे अधिक रक्षणीय और विशिष्ट, घरों में और चहारदीवारियों पर एक हजार किस्म के विलायती फूल। पर यह न समझा जाए कि दिल्ली का वसंत फूलों की ही देन है; वह देन बहुलांश में यहाँ के बड़े वृक्षों की है। उनमें एक तरह की विकलता आने लगी है और जो साँस वे दे रहे हैं वह वनस्पति की गन्ध से गरुआ चली है—कुछ ही दिन में वे अपने पत्ते छोड़ने लगेंगे—पहले बड़े और चौड़े पत्तोंवाले पेड़ और फिर नीम, जो यहाँ बहुत, बहुत, बहुत है। (अब तो चाणक्यपुरी में बकायन भी पनप गई है पर उसमें पतझर आ चुका, गुच्छे के गुच्छे सुनहरे फूलों से वह लदी खड़ी है) और नीम में फिर फूल आना शुरू होंगे। खुशबू से भरी हवा में एक झपक-सी होगी और हलका-सा आलस्य भी, पर नीम फूलता चला जाएगा, ठीक गरमियों के मध्य तक और तब

जैसे सारी मिठास खोकर खंखड़ हो जाएगा, परिपक्व और केवल उपयोगी वस्तुएँ देने योग्य।

तब तक दिल्ली में वसंत रहेगा।

[5.2.61]

❐

इस साल दिल्ली में आम नहीं हैं। यहाँ से निकटतम बाग सरौली में हैं, जहाँ का आम इसी नाम से बिकता है। पर दिल्ली के बड़े आदमी 'दशहरी' माँगते हैं जो लखनऊ से आता है और लखनऊ दिल्ली से काफी दूर है; कम से कम दशहरी जैसे नाजुक आम के लिए तो है ही।

यहाँ के बाजारों में एक झुर्रियोंदार, निहायत पीला, पकुसा हुआ आम दिखाई देता है, जिसे दुकानदार बड़े तपाक से दशहरी कहकर आपकी ओर बढ़ा देते हैं। ज्यादातर मौकों पर दुकानदार उस आम के बारे में उतना ही जानता है जितना खरीदार; दोनों ही सिर्फ 'दशहरी' का नाम जानते हैं। कभी-कभी दुकानदार इतना जरूर कह देता है, 'ले जाओ, बहुत मीठा होगा।'

दरअसल मीठा होना आम का गुण नहीं है। मिठास का एक खास अन्दाज आम की हर किस्म में होता है, एक सीधी-साधी लट्ठमार मिठास जिसमें हो वह आम जंगली है, कलमी नहीं। शौकीन इसी अन्दाजे चाशनी के दाम देते हैं और लखनऊ के बाजारों में जाइए तो दुकानदारों में भी आम की परख और उसके रख-रखाव का उतना ही उत्साह पाइएगा जितना खानेवालों में है।

जिस बात से सचमुच अफसोस होता है, वह यह है कि यहाँ बेचनेवालों में भी अपने फलों के लिए कोई उत्साह नहीं है। दिल्ली में किसी फलवाले के मुँह से यह सुनना कि यह फल उम्दा है, यह उससे घटिया है, यह इस मतलब का है या वह यों रखा जाएगा, एक मधुर विस्मय होगा। वह दाम बता देगा—यह महँगा है यह सस्ता है—आपकी जितने की औकात हो उतने के खरीद लीजिए और रखना तो सबको ठंडे बक्स में है ही।

खैर, बात आम की हो रही थी। 'आम तो दशहरी होता है' ऐसी सुनी-सुनाई कहनेवाले तो यहाँ बहुत हैं—काश कि ऐसे आमवाले भी होते जो उन्हें सिखा सकते कि हर आम का जायका और तर्जे तुर्शी व अन्दाजे चाशनी अलग-अलग हैं। कभी सबकी असली किस्में यहाँ आएँ तो आपको मालूम हो कि, सब आम एक नहीं एक से एक हैं।

[9.7.61]

❐

इस बार वर्षा ने इधर आने में काफी देर कर दी है। हो सकता है कि जिस समय आप ये पंक्तियाँ पढ़ रहे हों, राजधानी के जनसुंकल मोहल्लों में घुटनों-घुटनों तक बरसाती पानी भर गया हो, और वीरान मैदानों में जो कि राजधानी के इर्द-गिर्द मीलों तक फैले हुए हैं, बरसते पानी की एक चौड़ी दीवार जमीन से लेकर, जितनी दूर तक आसमान की रोशनी नीचे आ सकती है, उतनी दूर तक खड़ी हो गई हो। लेकिन अगर ऐसा हुआ भी तो काफी देर से ही हुआ समझा जाएगा।

यह दृश्य, जिसका ऊपर वर्णन है, दिल्ली के घुमक्कड़ों ने करीब-करीब हर बरसात में कई बार देखा होगा। शहर के चारों तरफ, खासकर दक्षिण की तरफ पालम गाँव की ओर बहुत बड़े और चौड़े मैदान हैं; जमीन कहीं पथरीली कहीं मटियर; कहीं झाड़ियाँ, कहीं सिर्फ चटखते हुए पत्थर—इस तरह की है। मकान वगैरह नहीं हैं। जो इमारतें हैं, वे जमीन से बड़े समझौते के साथ खड़ी-सी जान पड़ती हैं। इस विस्तार में से पक्की सड़क पर जाते हुए एकाएक मूसलाधार वर्षा के बीच कोई रुक जाए तो उसे सारे व्यक्तित्व को प्लावित कर देनेवाला एक अनुभव प्राप्त होगा। विराट के इतने समीप और उसके पास इतना सुरक्षित अपने को अनुभव करना शहर में सामान्यत: और जगह सम्भव नहीं।

यह क्षेत्र, जिसकी बात मैं कर रहा हूँ, प्रकृति के बहुत निकट है। शहर के भी उतने ही निकट है। इसमें कोई पौध या वनस्पति रोपित नहीं की गई है कि यह प्राकृतिक दीखें। बल्कि इसको कुछ मानव निर्मित-सा बनाने का ही प्रयत्न किया गया है और अगर सिर्फ मैदान को ही देखें तो इस प्रयत्न के परिणाम में वह न इधर का रह गया है न उधर का—बहुत लगता है तो घोर लापरवाही से रखा गया एक चरागाह-सा लगता है। लेकिन मैदान से ज्यादा सुन्दर और अर्थमय है वह आकाश, जो इस मैदान पर छाया रहता है और जिसमें रात के चौथे पहर का चाँद या दिन के अन्तिम पहर के फूटते हुए रंग या जाड़ों की दोपहर की पारदर्शी दीप्ति सब अपने-अपने ढंग से साकार हुआ करते हैं।

एक महानगर में रहनेवाले मामूली आदमियों के लिए, जो जीवन की दैनिक घटिया मजबूरियों से रोज उलझते-उलझते कुंद हो चुके हैं, इस तरह का दृश्य शायद केवल कैलेंडर की तसवीर की याद दिलाकर रह जाए, उसे कहीं पर भी झकझोरे नहीं। पर केवल वैसा ही होता तो भी आशाजनक है। कम से कम इतना तो विश्वास रहेगा कि अभी सब कैलेंडरों पर औरतों की तसवीरें नहीं आ गई हैं।

यों तो मैं भी कबूल करना चाहता हूँ कि अक्सर मुझे भी नीची चट्टानों के फैले विस्तार पर से उठता हुआ पूर्णप्राय चाँद इतना पार्थिव मालूम हुआ है कि जैसे प्रकृति के नाम से मन में जो कुछ जागृत होता रहा था वह इस दर्शन में कहीं है ही नहीं।

कुछ है, तो एक घोर वास्तविक, अत्यन्त पहचाना हुआ (शायद तसवीरों से ही) दृश्य, जिसे देखकर पहला खयाल यह आता है कि वह असली चाँद का नहीं है।

[30.7.61]

❒

जिस वक्त आप ये पंक्तियाँ पढ़ रहे होंगे, दिल्ली में जाड़े का मौसम उठान पर होगा—इस समय भी शाम के बाद से शहर के खुले इलाकों में अँधेरे का वह जादू भरा ठंडा सलोनापन असर करने लगा है, जो सिर्फ दिल्ली जैसे खुले और धुएँ-धक्कड़ से मुक्त शहर में मिल सकता है। शहर के बीचोबीच जरूर इनसानी आबादी और रोशनी की गरमी मौसम के असल बदन को ढक देती है। कभी-कभी तो घने बाजार में लगता है कि उसे कपड़ों से तोप ही दिया गया है।

इस साल शाम की रौनक नई दिल्ली से खिंचकर पुरानी दिल्ली में चली जाए तो ताज्जुब नहीं। नई दिल्ली का सारा बाजार, कनॉट प्लेस समेत, शाम को सात बजे बन्द हो जाया करेगा—ऐसा ऑर्डर निकला है। तो फिर रेस्त्राँ में अड्डा मारनेवाले और सिनेमाघर में वक्त काटनेवाले ही सात बजे के बाद वहाँ दिखाई देंगे। मुफ्त में टहल-टहलकर वक्त काटनेवाले तमाम नौजवानों को इससे बड़ा घाटा होगा। मुश्किल तो यह है कि आज की जिन्दगी में घर पर भी तो कुछ नहीं रखा जो आदमी वहाँ अपना जी बहलाए...वही मुसीबतें, जिन्हें गरीब आदमी काम करते वक्त भूला रहता है...

[2.10.61]

❒

सारे देश में बरसात हुई है और सारे देश में बाढ़ें आई हैं—मगर इसका मतलब यह तो नहीं कि कोई पूछे ही न कि जमुना का वह पुश्ता क्यों टूटा जिसके टूटने का खतरा अधिकारियों को पिछले तीन-चार साल से थोड़ा बहुत दिखाई दे ही रहा होना चाहिए था।

यही सवाल दिल्ली के लोगों में पूछा जा रहा है—खासकर उनमें जो नदी पार कुछ कम घनी बस्तियों में जाकर रहने को चाँदनी चौक की उन गलियों में रहने से बेहतर समझते हैं जिनकी आधी चौड़ाई दोनों तरफ की नालियाँ घेरे हुए हैं।

खैर, पहले से होशियार रहने में चाहे चूक हो गई हो लेकिन खतरा सामने आ जाने पर काम में ढील नहीं की गई। हमेशा की तरह सेना ने ही इस बार भी काम किया और बुलन्दशहर जिले के 13 और दिल्ली के 3 गाँवों से लोगों को निकाल लाया गया।

इधर शहर के अन्दर श्मशान घाट बिलकुल डूब गया था और सूखी जगह ढूँढ़ते हुए लोगों को सड़क के काफी पास तक आने को मजबूर होना पड़ा था। उन्हीं दिनों कुछ झोंपड़ियाँ मुख्य सड़क में बीच की पटरी पर खड़ी देखकर जानना चाहा कि यहाँ कौन है तो मालूम हुआ कि 'कमेटी ने (नगर पालिका ने) एहतियात के तौर पर इन्हें यहाँ बसने का हुक्म दिया है।' 'तुम्हारी अपनी झोंपड़ी कहाँ है?' मैंने पूछा। 'वह सामने'...और उसका नया घर पहले वाले से कहीं मजबूत था। पता नहीं वह लौटकर पुराने में जाएगा भी कि नहीं। 'काम क्या करते हो?'...काम वह कुछ नहीं करता था—कभी मजदूरी; कभी खोंचा; साल में कुछ दिन अपना असली काम—खस के परदे बिनना। 'पहले क्यों नहीं हटे?'...उत्तर नहीं मिला, पर उसके बेकार जवाब से ज्यादा माने उसके चेहरे पर था; वह मेरा सवाल समझा ही न था। वह क्यों डरता और क्यों हटकर जाता सिवाय अपनी जान के उसका क्या जानेवाला था?

बड़ी प्रसिद्ध सड़कों के नाम दिल्ली में बदल डाले गए हैं—भारतीय रूप उन्हें दे दिया गया है। जनता कभी-कभी अब भी उन्हें पुराने नामों से ही याद करती है।

लेकिन एक चौराहा यहाँ ऐसा है जिसे सारी दुनिया तीन मूर्ति के नाम से जानती है। उसका नाम सरकारी तौर पर अभी भी बर्डवुड प्लेस है। यह चौराहा प्रधानमंत्री के घर के ठीक सामने है।

[7.10.61]

❑

पार्लियामेंट स्ट्रीट को जिन्होंने दस बरस पहले देखा था वे अब भूल ही गए होंगे कि उसकी शक्ल तब क्या थी। जहाँ आज रिजर्व बैंक की चट्टानी इमारत खड़ी है वहाँ एक टीन की छतवाली बेडौल बैरक थी, जिसमें भारतीय शिल्पकला सभा (एफैक्स) का दफ्तर और चित्रागार था। जहाँ पंजाब बैंक है वहाँ दरअसल भूल गया हूँ कि क्या था और उसके सामने डाक तार निदेशालय की अट्टालिका की जगह याद नहीं आता पेड़ थे कि सरकारी बंगला था। लेकिन इसी चौराहे पर गोल बगीचे में गुलमुहर के चार पेड़ दस साल पहले भी थे, अब भी हैं और इन वर्षों की निरन्तरता बनाए हुए हैं। जो लोग दिल्ली को सुन्दर मानते हैं वे बहुत करके उसके हरे-भरे तरु समाज के प्रेमी हैं—जनसमाज के हैं या नहीं, नहीं जानता—और जानते हैं कि वहाँ के कुछ वृक्षों की अपनी एक सौन्दर्य परम्परा है। तभी मुझे कहीं पढ़ी हुई ये पंक्तियाँ याद आती हैं :

दूसरे तीसरे जब इधर से गुजरता हूँ
देखता हूँ, अरे इस वर्ष गुलमुहर में अभी तक
फूल नहीं आया

इसी तरह आशा करते रहना कितना अच्छा है
विश्वास रहता है कि वह प्रज्वलित रूप मैं भूल नहीं आया

[15.7.62]

❐

घन घमंड नभ गरजत घोरा : दूसरी पंक्ति लिखने की जरूरत नहीं। जिनके मन में उस तरह की अनुभूति के लिए स्थान है उन्हें याद होगा कि तुलसीदास ने क्या लिखा था और जिनके मन में नहीं है उनके लिए पहली पंक्ति ही काफी अर्थमय है। वास्तव में इस समय केवल गरजते हुए बादलों से ही मतलब है। सुनते हैं कि जो गरजते हैं, वो बरसते नहीं, पर यह शायद बादलों के लिए नहीं कहा गया है। जिस समय ये पंक्तियाँ लिखी जा रही हैं आसमान घिरा हुआ है, पर इसका कोई आश्वासन नहीं है कि घिरकर निकल नहीं जाएगा या फिर बरसा भी तो दिल्ली में बरसेगा—कौन जाने फरीदाबाद में बरसे—या फिर दिल्ली में भी बरसा तो चाँदनी चौक में भी बरसेगा और कनॉट प्लेस में भी बरसेगा। यहाँ के लोगों के लिए यह कोई नई बात नहीं है कि दिन भर दफ्तर में खिड़की से बरसात देखते रहें और जब घर आए तो लोगों ने कहा, 'वाह कैसी बरसात? यहाँ तो बूँदें भी नहीं आईं।' बहरहाल बरसात आ गई है और यह पत्रिका खरीदकर घर आते हुए आप इसे पानी से बचाते हुए लाए हैं।

जहाँ तक दिल्ली का सवाल है बरसात का वैभव यहाँ एक खास तरह का होता है। शहर दूर-दूर तक फैलता जा रहा है और उसके छोरों पर बड़े-बड़े खुले मैदान आपस में मिलते जा रहे हैं। बहुत बड़े खुले आकाश के नीचे नई बस्तियों में रहनेवाले इस अर्थ में प्रकृति के इतने निकट रहते हैं जितने शायद और बड़े शहरों में नहीं रहते। मूसलाधार वर्षा में और उसके बाद शाम को सूरज डूबने के समय एकाएक मालूम होता है कि हमारे और मुक्त प्रकृति के बीच कोई बाधा नहीं है—कई स्थल तो ऐसे हैं जहाँ खड़े होकर चारों ओर कुछ नहीं केवल रंगारंग आकाश का विराट आकार ही दीख पड़ता है। राजधानी के उस नागरिक के लिए जो समाज में दिनोदिन अपने को और अकेला अनुभव करता जा रहा है—यह देखना करीब-करीब ईश्वर को देखने के बराबर है।

[15.8.62]

संस्कृति की झुरझुरी

अगले महीने से राजधानी का मियादी सांस्कृतिक बुखार शुरू होगा। लेकिन स्वस्थ मानसिक दशा में उसने पिछले महीने जो एक अकेला अनुभव किया, वह अनेक छोटे-छोटे अनुभवों को एक तरफ रखने पर भी भारी पड़ेगा। वह था मार्सेल मार्सो का प्रदर्शन : बल्कि प्रदर्शन से अधिक मूल्यवान थी चुने हुए लोगों के सामने उनकी व्याख्या। मार्सो संसार के सर्वश्रेष्ठ 'माइम' माने जाते हैं। आंगिक अभिनय को किसी विद्या का पूरक न बनाकर उसे स्वयंसिद्ध बनाने में मार्सो ने महान कार्य किया है। उन्होंने अपने शरीर को एक ऐसा साधन बना लिया है कि कलात्मक अभिव्यक्ति के सारे ज्ञात साधन उसके आगे हेय हैं। हालाँकि खुद वह इतना ही कहते हैं कि 'माइम' हृदय की भाषा है, लेकिन उनकी कला देखने के बाद लगता है कि हृदय से भी अधिक वह सम्पूर्ण तन-मन आत्मा की भाषा है।

साधारण नकलों से लेकर 'मास्क मेकर' जैसे आन्दोलित कर डालनेवाले कृत्य तक में एक गहरी करुणामयी व्यंजना है। 'मास्क मेकर' में एक के बाद दूसरा चेहरा लगाते हुए (कोई मुखौटा नहीं होता) वह अनुभव वैविध्य में छिपी हुई एकान्त मानव करुणा का संचारीभाव उत्पन्न कर देते हैं—फिर जब हँसता हुआ चेहरा उतारकर, रोता हुआ चेहरा पहनते और इसी क्रिया को बार-बार दोहराते हैं, तो मन पर लगभग वही प्रभाव पड़ता है, जो राग विस्तार के चरम क्षण में तानों और पलटों से उत्पन्न होता है; अन्त में जब निराशा और आशा दोनों से युक्त एक चेहरा बच रहता है तो दर्शक के मथे हुए मन का 'कथार्सिस' पूर्ण हो चुका होता है।

मार्सो ने अपने आंगिक अभिनय की व्याख्या दिल्ली के कलाकारों और कलाविदों के सामने गैर रस्मी तौर पर भी प्रस्तुत की थी। उन्हें बिना मेकअप के (यद्यपि उनका मेकअप भी एकदम विशिष्ट है) देखना एक विशेष मार्सो को देखना था। साफ सुन्दर अंग्रेजी में (मार्सो फ्रांसीसी हैं) उन्होंने माइम के सब पहलुओं पर रोशनी डाली—पर सबसे अधिक सच्चाई उनके इस कथन में मालूम हुई कि मनुष्य की क्रियाएँ जब प्रकृति के प्रतिकूल होती हैं, तब अभिनेता स्वयं ही मनुष्य और स्वयं ही प्रकृति बन

जाता है। आँधी के खिलाफ चलकर उन्होंने दिखाया—जो अज्ञात आँधी उनके चलने में बाधा दे रही थी, वह भी उनके जोर लगाते हुए शरीर में जैसे अवतरित हो गई।

इसी व्याख्या के साथ पता नहीं क्या सोचकर कथकली के आचार्य गुरु गोपीनाथ के आंगिक अभिनय का भी आयोजन किया गया था। दोनों में क्या तुलना थी या देखी गई थी—समझ नहीं आया। एक सहज स्फुरित आशु अभिनय है—दूसरा एक बृहत्तर नृत्य विधान का केवल एक अंग है—शैली दोनों में है—पर एक में वह शैली ही साधना है, दूसरे में शैली का अक्षुण्ण अनुवाद ही अभीष्ट है। आयोजकों की यह तुलनाप्रियता कुछ बेवक्त की शहनाई ही रही।

[21.8.60]

❐

यहाँ का सांस्कृतिक चौमासा शुरू हो गया है। समारम्भ भी अच्छा ही हुआ। राजधानी में अनेक राज्यों के निवासियों ने अपने-अपने समारोह किए—आन्ध्र समाज की रजत जयन्ती और मलयाली समाज का कलापर्व उल्लेखनीय है।

जिस वैविध्य में एकता की बात भारतीय संघ के सन्दर्भ में अक्सर कही जाती है, उसका एक दर्शनीय—कभी-कभी केवल प्रदर्शनीय रूप यहाँ एक ही स्थान पर उपलब्ध है—लेकिन एक दूसरे को समझने का जितना बड़ा मौका इस प्रदर्शनप्रियता के बावजूद यहाँ मिल सकता है, उतना शायद ही किसी नगर में मिले। उत्तर प्रदेश में जाइए तो वहाँ भी एक तरह की सार्वदेशिकता है पर उसमें आपस में खिंचाव की आशंका ही अधिक है—साथ ही खास उत्तर प्रदेश के रहनेवालों की विशाल हृदयता कुछ इतनी विशाल है कि उदासीनता की सीमा तक पहुँची जान पड़ती है। लेकिन जरा उत्तर प्रदेश के किसी वाशिंदे को दिल्ली भेज दीजिए और कुछ साल उसे यहाँ की हवा खाने दीजिए; वह आदर्श भारतीय का छोटा-मोटा नमूना बन जाएगा।...इसलिए कि अनेक पक्के, ठोस सांस्कृतिक तत्त्वों से उसे टकराने का मौका मिलेगा और ये सब तत्त्व अपने-अपने प्रदेश के प्रति संकीर्ण मोह से आक्रान्त नहीं होंगे—यह मैं विश्वासपूर्वक कह सकता हूँ।

[25.12.60]

❐

1960 तोल्सतोय की 50वीं बरसी का साल था। भारत में भी तोल्सतोय के प्रेमियों ने समारोहों का आयोजन किया और जैसा कि बिलकुल प्रत्याशित था, जो दो

समारोह पिछले दो पखवारों में राजधानी में हुए उनमें शुभाशंसा प्रकट करने में सिद्ध भारतीय वाणी के कुछ अच्छे समसामयिक नमूने सुनने को मिले।

यह व्यंग्य में नहीं कहा गया है। भारतीय वक्ताओं के भाषण सुनकर कातर हृदय से निकली हुई पुकार ही यह है। मैक्समूलर भवन की तोल्सतोय विचारगोष्ठी में अपने देश से जिन विद्वानों ने भाग लिया उनके तोल्सतोय सम्बन्धी विचारों की दृढ़ता, अखंडता और निश्चयात्मकता प्रशंसनीय थी। जिज्ञासा या संशय की उनके यहाँ गुंजाइश ही नहीं थी। उनके लिए तोल्सतोय मानो भारत की खातिर जन्मे और जिए और भारत की जो भी मान्यताएँ परम्परा से चली आ रही थीं वे सब तोल्सतोय में जाकर प्रतिबिम्बित हो गईं। उसके बाद केवल इतना ही शेष रह गया कि मानव के गौरव, मानव के प्रेम, मानव के भाईचारे और संक्षेप में मानव मात्र के मूलतः भारतीय होने में एक बार फिर से आज के भारतीय चिन्तक विश्वास प्रकट करें : यानी वे चिन्तक जिन्हें इस प्रकार के उत्सवों में बोलने के लिए बुलाया जाता है।

विदेश से भी कुछ वक्ता इस गोष्ठी में बोलने आए थे। उनके मन में कुछ जीवित प्रश्न करवटें ले रहे थे और उनके यहाँ किसी की बरसी मनाने का अर्थ उसकी प्रशस्ति पढ़ना नहीं था। जब समारोह के अन्तिम दिन अंग्रेजी कवि जान वेन ने स्वाभाविक ब्रिटिश कमबयानी के साथ कहा कि इस प्रकार की विचारगोष्ठियों में विचार के लिए विषय कुछ और स्पष्ट रखे जाएँ तो अच्छा हो, तो उनका मतलब यही था कि लोग कुछ और स्पष्ट बोलें तो अच्छा हो।

लेकिन शायद बहुत अधिक बोलना ही हमारे देश की समकालीन बौद्धिक समस्या है। जो थोड़े बहुत लोग सवालों के रूप में सोचते और देखते हैं वे बहुत बोलते नहीं और जो बोलते हैं, वे बहुत बोलते हैं, और बहुत बोलते हैं। उन्हें नीति, आदर्श और भारतीय गौरव इन तीनों का जाला बुनने की अद्‌भुत क्षमता प्राप्त होती है और यह तार अपने में से वे निकालते जाते हैं और जाला बुनता जाता है। अन्त में जब उनकी अपनी चिन्तन शक्ति इस जाल में बँधकर हिलने-डुलने से बिलकुल मजबूर हो जाती है, तब...तब...दूसरा वक्ता आ जाता है।

[25.12.60]

❒

दिल्ली में यह महीना नए मौसम के पाँव जमाने का महीना है, पर शायद वही एक चीज है जिसके पाँव अब जमे रहेंगे बाकी सब कुछ अब एक खास तरह की रफ्तार पकड़ लेगा—जाड़े के छोटे-छोटे दिन, शरीर में रक्त का प्रफुल्ल (और पहले से अधिक गतिवान?) संचार, बाहर से आए हुए लोगों की स्वाभाविक जल्दी, और

यहाँ रहनेवालों का इसको प्रतिदान...विदेशियों को भारत के इसी धूप भरे जाड़े के लिए इतनी ललक होती है, जो अब यहाँ आ रहा है।

इस साल पिछले साल की तरह तमाम राजकीय विदेशी अतिथि नहीं आनेवाले हैं, पर उससे अगले कुछ महीनों की दौड़भाग में कुछ कमी नहीं होने की। खुद दिल्ली के लोग ऊब जाएँगे अगर वह हड़बड़ी इस साल न हुई जिसे शिष्टाचारपूर्वक लोग हलचल कहते हैं।

श्रीपतराय कुछ वर्षों से स्वांतः सुखाय चित्रकारी कर रहे हैं। जहाँ वह रहते और काम करते हैं वहाँ इलाहाबाद में उनके परिचितों के लिए यह थोड़े कौतूहल का विषय भी रहा है, पर यहाँ दिल्ली में उनकी पहली प्रदर्शनी ने कुछ अधिक स्वीकारात्मक प्रतिक्रियाएँ दी हैं। चकित उसने नहीं ही किया है; कुछ सहृदयों को मोहित और कुछ नकचढ़ों को निराश किया है; दो-एक अखबारी आलोचकों को अपने कलासंरक्षकत्व का गर्व दिखाने का बहाना भी दिया है।

पिछले सप्ताह श्रीपतराय की जो प्रदर्शनी समाप्त हुई, वह अखिल भारत ललित कला शिल्प भवन के ऊपरी एक कमरे में आ गई थी—चित्र बहुत न थे, वैविध्य भी बहुत न था, पर आत्मीयता का एक वातावरण निश्चय ही वहाँ था और वही आत्मीयता श्रीपतराय के काम की जान है। चित्रों में कुछ फूलों के और बाकी दृश्यालेख थे, पर प्रज्वलित रंगों का सभी में प्रयोग हुआ था।

रंगों का चुनाव और उसका संपुजन ही इन चित्रों को सार्थक करने के लिए यथेष्ट है : श्रीपतराय के चित्रकार्य का प्रतिफलन मूलतः दृष्टि को सुख देने में ही जान पड़ता है या हो सकता है उन्होंने चित्रकला की उस परम्परा से अधिकतम प्रभाव लिया है जो आधुनिक दर्शक के लिए पुरानी और इसलिए बुद्धि से अधिक हृदय को तोप देनेवाली बन चुकी है। जो हो, इनके फूलों के चित्र एक परिपक्व मानस के तृप्तिकर अनुभवों के सहज स्फुरित नमूने हैं; जिनमें वान गाग के प्रभाव के साथ-साथ आलंकारिता का भी पुट है वे और भी सच्चे नमूने हैं। रंग चटख हैं और उनका संपुजन अचूक है। उन्होंने इस माध्यम का प्रयोग हाल में शुरू किया है पर शायद उनका उद्देश्य इससे अपने व्यक्तित्व की खोज करना या अपनी आत्मा का सम्पूर्णत्व ढूँढ़ना नहीं है : यदि वह उस व्यक्तित्व के अन्वेषण में लगे भी हों जो भोक्ता से अलग रचयिता का होता है, तो उनके कार्य में उसका कोई लक्षण नहीं है : लगता है वह अपने प्रौढ़ मानस के एक आनन्दमय पक्ष का थोड़ा परिचय अपने चित्रों में देना चाहते हैं और यहाँ तक वह पूर्ण रूप से सफल हैं। जहाँ तक उनकी निजी अनुभूति का प्रश्न है, 'दो बहनें' और 'म्यूराबाद का गिरिजाघर' जैसे चित्र दिखाते हैं कि उसमें कभी उनके खुद के लिए और महत्त्व आना बाकी है। पर अन्यत्र श्रीपतराय एक ऐसे चित्रकार हैं जिनकी कृतियों के साथ आप एक ही कमरे

में रह सकते हैं—निरन्तर परिचय के बावजूद उन चित्रों से सौहार्द्र बढ़ाते हुए—और यह काफी होना चाहिए। उनके चित्रों की आत्मीयता का एक दूसरा पहलू यह है कि उनके अपने घर में लगे हुए वे और अधिक प्रभावशाली हो जाते हैं जैसे चित्रकार की उपस्थिति उनका आनुषंगिक हो। जिन्होंने इलाहाबाद में भी इन चित्रों को देखा है, इससे सहमत होंगे।

इसी ललितकला शिल्प भवन के नीचे के कमरे में तीन नवोदित चित्रकारों का काम प्रदर्शित हुआ था। स्वामीनाथन, राजदान और दीक्षित, ये तीनों अपनी-अपनी जगह विशिष्ट हैं—उनका काम एक-दूसरे से इतना भिन्न है कि उनकी विशेषताओं से एक साथ साक्षात होना एक प्रीतिकर अनुभव है—स्वामीनाथन सशक्त बिम्बों के प्रयोग करते हैं—उनके बड़े आकार के गहरे लेकिन तीखे रंगोंवाले चित्रों में वेदना प्रधान है। अपने अन्य समकालीनों की अपेक्षा इस वेदना में उन्होंने शक्ति का अधिक अनुभव किया जान पड़ता है। कहीं एक हल्की-सी छटा गुजराल के प्रभाव की-सी दीखती है, पर वह गौण रही है। मुख्य तो उनकी प्रयोगशीलता है। उन्होंने केवल तैल रंगों के प्रयोग से ही कहीं-कहीं एनामेल का-सा जड़ीभूत करनेवाला प्रभाव उत्पन्न किया है और वह प्रभाव 'अश्वारोही' जैसे चित्रों में केवल शिल्पगत न रहकर गहरा भावनात्मक हो गया है। नीले-काले और बीच-बीच में सिन्दूरी और पीले उनके रंग हैं और चौड़े भारी घुमावों में उनकी व्यंजना और भी उभर आई है।

[16.10.60]

❐

उत्तर प्रदेश से लेकर सुमात्रा और बाली द्वीपों तक के लोकनाट्य में रामलीला की एक सशक्त परम्परा है। गाँवों में जहाँ अभिनेता दर्शकों के अपेक्षया अधिक निकट होते हैं, इसका आज क्या रूप है यह देखना शहरवालों को सम्भव नहीं है, पर शहरवाले हर साल जो रामलीला देखते हैं उनमें अभिनय और विधि दर्शक समाज से कितनी दूर रह गई है, यह स्पष्ट हुए बिना नहीं रहता। इस वर्ष भी हमेशा की तरह दिल्ली और नई दिल्ली की 20 से अधिक रामलीलाओं से सबसे ज्यादा भीड़ 'रामलीला मैदान' में हुई और लाखों ने रावण संहार का दृश्य देखा।

सवारी में कुछ चौकियाँ देवी-देवताओं की भी थीं; उनमें से कुछ के साथ विदूषक भी थे। दुर्गाजी लाल हरी झालरदार लहँगा पहने, पाँव में मोजा और किरमिच का जूता चढ़ाए आईं। उनके आगे-आगे 'मधुर फिल्मी बैंड' था जिसमें एक गाड़ी पर उन्नीसवीं सदी के बाजे बजानेवाले यूरोपीय साज थे—उन्हें जिस उद्वेग से वर्दीधारी वादक पीट रहा था वह संगीत की सार्वभौमिक सत्ता को ही सिद्ध करता

था। पीछे अनेक बाँसुरी दल निकले—सब विजयदशमी के उस दिन के लिए निर्धारित धुन 'जो कुछ भी हो खुदा की कसम लाजवाब हो' बजा रहे थे। वादकों में सात-आठ साल से लेकर जवान उम्र तक के थे। पोशाक सबकी कुर्ता-धोती थी—मैली होने की विभिन्न अवस्थाओं में। और पाँव में बूट जूता था, जो निश्चय ही कई मील पैदल चलने के लिए पहना गया था।

पर सवारी के इस अंश को देखते-देखते, कुछ ऐसा हुआ कि उसकी ताल और गति ने भले ही वह सस्ते संगीत में बँधी थी कानों के माध्यम से धीरे-धीरे सारी चेतना को सम्मोहित कर दिया और चौकियों की कुरूपताएँ आँखों में से मिट गईं—पास ही विदेशी दर्शकों के कभी-कभी न छिप सकनेवाले प्रच्छन्न उपहास पर से भी ध्यान हट गया और जब एक टोली के पीछे एक ठेले पर दो छोटे-छोटे बच्चे थककर सोए हुए दिखाई दिए तो जाने क्यों आँखों में आँसू आ गए। यह हमारे लोग हैं, मन ने कहा और हममें से वे जो अपने राष्ट्रीय स्वरूप का एक अधिक भारतीय चित्र देखना चाहते हैं देखें कि यह फिल्मी संगीत, यह मैले कपड़े और किरमिच का यह जूता आज के ही लोकनाट्य से निकले हैं। इस अवसर पर लेकिन एक और भी चीज देखने की है—ये सब जुलूसवाले और ये लाखों दर्शक एक ईमानदारी और भोलेपन से यह यहाँ आए हैं जिसकी शक्ति दिल को एक बार चाहे तो दहला दे।

[16.10.60]

❒

जिस समय तक यह पृष्ठ छपकर आपके सामने आएगा, दीवाली का धूम-धड़क्का चुप हो गया होगा और जो त्योहार को त्योहार की तरह मानते हैं वे तथा जो बैठे सोचते रह जाते हैं कि त्योहार क्यों मनाएँ, वे भी अपने-अपने काम पर बाकायदा वापस जा चुके होंगे। लेकिन एक खयाल जो राजधानी की दीवाली देखकर मन में उठा है, शायद आपके सम्मुख रखने योग्य तब भी रहेगा। वह यह है कि शहरों की सभ्यता अपनी एक संस्कृति बनाने की कोशिश जोरों से कर रही है और आधुनिक भारतीय संस्कृति का एक नया रूप विकसित हो रहा है।

यह नहीं कि तालकटोरा बाग में इंडियन नेशनल थियेटर के दीवाली मेले से नई भारतीय संस्कृति का वह रूप किसी खास शक्ल में दिखाई पड़ा, लेकिन इतना जरूर प्रकट हो गया कि राजधानी का वह समाज जो गाँव से बहुत दूर आ पड़ा है, एक बार अपनी जड़ें किसी भारतीय जमीन में जमाना चाहता है। अंग्रेजों से उसने एक अधकचरी सभ्यता सीखी थी। उनके जाने के साथ उसकी सभ्यता का मूल स्रोत भी चला गया—जो संस्कार रह गए उनको उस प्रबुद्ध समाज ने पिछले दस एक वर्षों

में बहुत कुछ भारतीयता की खाद दी है। लेकिन होली-दीवाली के मौके पर आज भी वह अचानक जागकर देखता है कि खाद तो है, पुष्पित वृक्ष भी है, पर जमीन नहीं है या जहाँ है वहाँ जड़ से हाथ भर नीचे सरककर रह गई है।

टाट, बाँस और मिट्टी के चबूतरों पर सरपत के छादन डालकर दुकानें बनाईं और उनमें दीये दीवट, चौघड़े, गुड़ियाँ बिक्री के लिए सजाए, चटकीले घाघरे पहनकर लाल-पीली ओढ़नियाँ लेकर दिल्ली की कुछ सबसे सुन्दर लड़कियाँ इन्हें बेचने के लिए बैठीं। जो मिट्टी का सामान इन दुकानों पर था, आसपास के कुम्हारों से कोरा ही खरीद लिया गया था। तीन दिन से तालकटोरा बाग के एक तम्बू में चार-पाँच फुरसत शुदा स्त्रियाँ फुरसत के कुल वक्त में इनकी रँगाई करती रही थीं—इनके पास धूमीमल धरमदास के यहाँ से खरीदे लम्बे ब्रश और पोस्टर रंग थे। जरा दूर पर कुछ लड़कियाँ मालिनों का भेस बनाए गीत गा रही थीं और माला गूँथ रही थीं। 'हाउ इंटरेस्टिंग' इनकी सहेलियाँ उनके गिर्द भीड़ लगाकर कह रही थीं।

एक तरफ कतार की कतार भारतीय जलपान की दुकानें थीं : चाट, पकौड़ी, मिठाइयाँ वगैरह और दूसरी ओर भारतीय 'तमाशा', हाथी की सवारी का इन्तजाम था। भारतीय संस्कृति का सार्वभौम प्रतीक पान बिक रहा था—जिसकी पीक आधुनिक वास्तुकला के नमूनों पर शिखाधारी भारतीय भी फेंकते चलते हैं—और एक कुटिया में हाथ देखनेवाले ज्योतिषीजी भी बैठे थे।

हर दुकान पर एक सुन्दरी दुकानदार थी। उसकी अंग्रेजी का व्याकरण त्रुटिहीन और उच्चारण अभिजात था।

रात होते-होते राजधानी के विदेशी निवासियों के परिवारों से मेले में रौनक आ गई, सबसे ज्यादा उत्सुक वे ही थे और पटाखों और मुखौटों से दुकान पर उनके बच्चों ने सबसे ज्यादा ऊधम मचाया। बाकी भारतीय भीड़ बहुत शान्ति से चाट की दुकानों पर चली गई और सबसे ज्यादा देर तक वहीं रही।

फिर भी, जैसा मैंने कहा, यह आयोजन प्रमाण है कि वह भारतीय वर्ग जिसने अपने देश के इतिहास से अपने को काट दिया था, फिर उससे जुड़ने की बड़ी कोशिश कर रहा है—वह कोशिश सच्ची है, इसके लिए प्रमाण की जरूरत नहीं। कौन जाति है जो अपनी पूरी अभिव्यक्ति किए बिना हमेशा रह सकती है। और अब वह वक्त आ गया है कि भारतीय परम्पराओं से अधटूटे और विदेशी परम्पराओं से अधजुड़े भारतीय अपने अन्दर बहुत बेचैन हो उठे हैं। इस दीवाली मेले में कुछ ऐसे सैलानी भी थे जिन्होंने थोड़ी बहुत विदेशी शिक्षा, जो अपने देश में मिली, ली थी लेकिन घर पर जो सीखा था उसको भी सँवार लिया था। ये दर्शक निश्चय ही उस दूसरे दीवाली मेले में नहीं गए होंगे जो गांधी मैदान में हुआ था और जिसमें सन्तों के जीवन पर विचार गोष्ठियाँ होती थीं। तालकटोरा ही जाना उन्होंने पसन्द किया

होगा। और अगर सचमुच ऐसे लोग कहीं मिलें और उनसे पूछा जाए कि वहाँ क्या किया तो आदर्श जवाब एक ही हो सकता है : 'एक जगह समुद्र से आया हुआ हरा नारियल (असली पेड़ से उतारा हुआ) बिक रहा था। (एक रुपया देकर) वही डाभ मैंने पिया।'

[30.10.75]

❐

'सांस्कृतिक कार्यक्रम' से आप क्या समझते हैं। नाच, गाना, (नहीं; नृत्य, गायन) केले के पत्तों का तोरण और रँगे हुए घड़े? (जो हमेशा खाली रखे जाते हैं—और यह असगुन है) या किसी केन्द्रीय मंत्री का प्रवचन? या एक साथ तीनों?

राजधानी में पिछले दो-एक वर्ष से एक नए सांस्कृतिक सामाजिक उत्थान की लहर चली है, जिसमें जनता पर जोर है। संस्कृति को जनता तक पहुँचाया जाए और भारत के विभिन्न प्रान्तों में सद्भाव बढ़ाया जाए—यह सांस्कृतिक संगठन की नई दलील दी जाने लगी है। 'लोककला' और 'राष्ट्रीय संस्कृति' के साइनबोर्ड लगाकर दो-तीन संगठन तुरत-फुरत पैदा हो गए हैं और लगता है कि जल्दी मरनेवाले भी नहीं हैं, क्योंकि जैसे प्रदर्शन इन्होंने किए हैं, वैसे करके भी अगर कोई सांस्कृतिक संस्था स्वेच्छा से प्राण न त्याग दे तो दीर्घायु मानना ही पड़ेगा।

लोकतंत्र में संस्कृति को साधन बनाकर राजनीतिक लक्ष्य सिद्ध करने का प्रयोग भारत भूमि पर बहुत अच्छा हो सकता है। अभी गुलामी से छूटे हैं, इसलिए मैदान साफ है। लोकतांत्रिक पद्धतियों की हमारी अपनी परम्परा अब बन सकती है। सर्व सत्तावादी हमें नहीं बनना है कम से कम राजनीतिक क्षेत्र में—इतना हम जानते हैं। पर बाकी क्षेत्रों में किसी भी पद्धति और राजनीतिक क्षेत्र में समाजवादी पद्धति से हम सत्ता का केन्द्रीयकरण कर सकते हैं। और बहुत कुछ इसी कार्य में ये नई सांस्कृतिक संस्थाएँ हाथ बँटाने चली हैं।

इनमें से लगभग सबमें कुछ पुराने कांग्रेसी कार्यकर्ताओं के नाम प्रधान और अध्यक्ष पदों पर दिखाई देंगे। सारी उम्र राजनीतिक संघर्ष में, दलबन्दी और नेतागिरी की मारामारी में गुजारने के बाद अब जब सकून की जिन्दगी बसर करने का वक्त आया है तो देश के सांस्कृतिक वैभव की थाह लेने की इच्छा अनुचित नहीं की जा सकती। पर खुर्राट लोग छिछले पानी में पैठकर ही तल तक का हाल जान लेते हैं। इसलिए ये तुरन्त जान गए हैं कि सांस्कृतिक संगठन तो सांस्कृतिक संगठन, स्वयं संस्कृति का उद्देश्य देश की राजनीतिक एकता है। देश की राजनीतिक एकता के लिए किसी और आधुनिक लोकतंत्रीय देश में संस्कृति की दुहाई दी जाती है, यह

मैं नहीं जानता (जानने पर भी प्रस्तुत प्रश्न के सम्बन्ध में राय न बदलेगी) पर हमारे यहाँ यह नारा इस वर्ष दिल्ली में दो नई सांस्कृतिक संस्थाओं में नए जोशोखरोश से बुलन्द हुआ है। एक बात स्पष्ट है। दिल्ली ने स्वाधीनता के बाद देश के सांस्कृतिक जीवन में महत्त्वपूर्ण भूमिका अदा की है। केवल इसलिए कि कोई राजनीतिक पार्टी दो-चार सांस्कृतिक मंच खड़े कर रही है—उन तमाम कलाकारों की निष्ठा बेकार नहीं हो जा सकती जो कला को राजनीतिक उद्देश्य से हमेशा अलग रखते आए हैं, पर संकट में अवश्य पड़ जा सकती है और राजधानी में रहकर काम करनेवाले या बीच-बीच में यहाँ अपना काम लेकर आनेवाले स्वतंत्रचेता कलाकार इस संकट के खिलाफ आवाज उठाने की जरूरत समझ रहे हैं। सवाल सिर्फ यह है कि यह आवाज किसी दूसरी राजनीतिक पार्टी के मंच पर गए बगैर कैसे उठाई जाए?

[13.11.60]

❐

जापानी चित्रकार वारो वाकाओ का कहना है कि वह आध्यात्मिक खोज में भारत आए हैं। अखिल भारत शिल्पकला के भवन में उनके 23 चित्रों की प्रदर्शनी इसी महीने हुई।

सिन्दूरी रंग उनका प्रिय है। शायद उसी में उनकी कोई आत्मानुभूति होती है, पर कुछ कौतूहल की बात यह है कि उनके सभी प्रदर्शित चित्र इसी रंग में ही नहीं बल्कि एक, चौखूटे आकार में भी है। डर है कि इससे उनकी आध्यात्मिक खोज कुछ पिष्टपेष्टित-सी न हो जाए।

जिन्होंने दिल्ली में गतवर्ष 'रुडोल्फ रे' नामक भारत प्रवासी आस्ट्रियाई कलाकार के चित्र देखे होंगे, उन्हें याद आएगा कि रे अपने चित्रों को चित्र नहीं 'लोकोत्तर आनन्द से साक्षात्कार' कहते थे और उनके काम में कितने गजब का वैविध्य देखने को मिला था (करीब-करीब आसमान जैसा जिसमें कोई एक रंग स्थिर नहीं रहता)।

वाकाओ अभी कुछ महीने भारत में रहेंगे। बड़ा अच्छा हो कि उन्हें कुछ अच्छे भारतीय कलाकारों से मिलने का मौका मिले—दिल्ली में वह जरूर कुछ से मिले हैं, पर उनसे कुछ विशेष प्रभावित हुए वह नहीं जान पड़े।

वाकाओ से बात करने में भाषा की अड़चन जरूर पड़ती है—उनके सिख दुभाषिए कला सम्बन्धी बहुत-सी सूक्ष्मताएँ स्पष्टता की खातिर छोड़ जाते हैं। पर वाकाओ का जो लिखित परिचय मिलता है, वह काफी प्रभावशाली है। जापान के एक पत्र ने लिखा है 'वाकाओ जीवन को कुछ बुनियादी नजर से देखकर उसमें एक नया गौरव भर रहे हैं। उनके चित्रों में ईश्वर की-सी झलक है।'

जो हो, ये चित्र एकदम नए जरूर हैं और ताजगी का यह प्रभाव पैदा करने के लिए वाकाओ ने तैल रंगों में रेत मिलाकर इस्तेमाल किया है। किस चीज से रंग लगाते हैं ? ब्रश से या हाथ से या समूचे शरीर से ? (यह भी एक आधुनिक विधि है) इसका उत्तर उन्होंने नहीं दिया। कहा : 'यह ट्रेड सीक्रेट है।'

[30.10.60]

❐

नवम्बर की एक रसीली दोपहर को नई दिल्ली में अखिल भारत शिल्पकला भवन के पुस्तकालय में एक दुबली, साँवली स्त्री कुछ थोड़े से पत्रकारों के बीच खड़ी यह बताने के लिए शब्द खोज रही थीं कि उनकी भावी योजनाएँ क्या हैं। उनके लिए यह बता पानी जरूरी था क्योंकि अब उन पर और उनके साथियों पर कुछ महत्त्वपूर्ण जिम्मेदारियाँ आ पड़ी हैं।

वह थीं गुल (गुल बर्द्धन) जिनका लिटिल बैले ट्रूप अभी हाल में यूरोप और दक्षिण अमरीका का दौरा करके लौटा है, और उन पर जिम्मेदारियाँ ये हैं कि उन्हें भारतीय नृत्य नाट्य को एक जीवित यथार्थ के रूप में वहाँ से आगे विकसित करना है, जहाँ उनके पति, शान्ति बर्द्धन उसे छोड़ गए हैं।

लेकिन सच्चे कलाकार की जिस सहज विनम्रता से वह मुस्करा रही थीं, उससे यह स्पष्ट था कि शब्द मिलें या न मिलें, अपनी इस जिम्मेदारी को वह शान्तिपूर्वक निबाह ले जाएँगी—और वास्तव में घोषणाएँ नहीं कुछ ठोस काम ही सामने आएगा।

दूसरे दिन ट्रूप ने विदेश से लौटने के बाद अपना पहला प्रदर्शन रामायण का नई दिल्ली में किया। किसी भी प्रदर्शन के बाद मंच पर जाकर अभिनेताओं से मिलने का एक सुख होता है, पर इस मंडली के खेल के बाद मंच पर जाकर खोज-पड़ताल करने में हमेशा एक नई तृप्ति मिलती है। अभिनेताओं में से किसी को आपसे बात करने का वक्त नहीं होता—वे सब, मंच सज्जा को चुटकी बजाते बटोरकर रख देने की कोशिश में लगे होते हैं। उपकरणों के उस फैलाव को समेटे जाते देखना मंडली के व्यक्तित्व को थोड़े में समझने का अच्छा तरीका है—इसके 23 सदस्यों में से प्रत्येक व्यक्ति प्रत्येक दूसरा काम ले सकता है, जिसमें पोशाक का डिजाइन बनाने से लेकर सामान से भरा बक्स लादना तक शामिल है।

यह तो एक बात हुई, अभिनय में एक पात्र जितने अनेक और विविध चरित्रों की भूमिका में उतरता है, वह अलग आश्चर्यजनक है। उदाहरण के लिए रामायण में शर्मिष्ठा बर्द्धन, सैलानी, कौशल्या, मन्थरा, रावण की राजनर्तकी, बानर, राक्षसी आदि एक के बाद एक ग्यारह भूमिकाओं में उतरती हैं। इसी तरह वादन में, एक-

एक वादक चार-चार, पाँच-पाँच वाद्यों को सँभालता है और जो ध्वनि-प्रभाव दिए जाते हैं उनकी संख्या को जोड़ें तो भूल ही जाएँ।

पश्चिम में शायद पहला मौका था कि भारत की ओर से उसके समकालीन नृत्य नाट्य का परिचय देने के लिए कोई मंडली आई थी। वहाँ लोगों ने भारतीय शास्त्रीय नृत्य और राधाकृष्ण की कुल 'भारतीय' नृत्यकथाएँ जरूर देखी थीं, पर लोकनाट्य का आधार लेकर सम्पूर्ण भारतीय बैले वहाँ अभी तक नहीं गया था। भारत में तो इस दृष्टि से लिटिल बैले ट्रूप का काम अनूठा है ही। रामायण में शान्ति बर्द्धन ने मानव शरीर को कठपुतली का संचालन देने का जो प्रयोग किया है—पश्चिम में उसने भी लोगों को बहुत प्रभावित किया। उनके यहाँ कठपुतली मूलतः अनुकरणवादी है—मानवीय व्यवहार की अनुकृति करती है। भारतीय और जापानी कठपुतली एक शैलीबद्ध व्यवहार को लेकर चलती है जो मानव व्यवहार की अनुकृति कदापित नहीं होता। इसलिए जहाँ हमारे लिए शान्ति बर्द्धन का प्रयोग, प्रभावोत्पादक होते हुए भी विस्मयकारक नहीं था—हम उसे कठपुतली में देख चुके हैं वहाँ पश्चिम में उसने कला-प्रेमियों को आलोड़ित कर दिया। ट्रूप का संगीत भी उनके लिए एक नया अनुभव था। हमें इसकी ताल और लय कहीं खटकती नहीं जैसे कि और भारतीय संगीत में होता है। इस तादात्म्य का मुख्य कारण शायद यह है कि 'रामायण' और 'पंचतंत्र' में संगीत मूलतः ध्वनिप्रभाव है—अपने में उसकी सत्ता नहीं है, और दूसरा यह कि सभी वाद्य भारतीय लोकवाद्य हैं। विदेशी को उसी का वाद्य बजाकर, सुनाकर रिझाने की मूर्खता इन लोगों ने नहीं की थी।

यूरोप में इस मंडली ने जिन थिएटरों में प्रदर्शन किया, वहाँ आमतौर से बहुत बड़ी-बड़ी कम्पनियाँ ही जाती हैं और उनके नायक-नायिकाओं की शान और उनके प्रदर्शन के बहुविध रंगमंचीय साधनों के मुकाबले ट्रूप की सादगी ने वहाँ के थिएटर जगत को एकदम विस्मित कर दिया। 'ऐसा तो आज तक न देखा न सुना कि आपके यहाँ कोई मुख्य नायिका है ही नहीं जिसका काम एकान्त और प्रवेशनिषिद्ध सज्जागृह से कम में नहीं चलता।' यह तो है ही कि रामायण और पंचतंत्र दोनों में ऐसे चरित्र का स्थान ही नहीं है—यह भी है कि यह तथ्य ट्रूप के आन्तरिक संगठन और कार्यप्रणाली से उद्‌भुत है। उनके यहाँ जो समभाव है वह उनके लोकधर्मी नाट्य से बहुत अच्छा मेल खाता है, और कामना करनी चाहिए कि यह स्वस्थ भाव ट्रूप का बहुत दूर तक साथ दे।

उसे अभी बहुत दूर जाना भी है। शान्ति बर्द्धन जो बना गए थे, उसको माँजकर और सुरक्षित रखकर ट्रूप ने बहुत बड़ी देन भारतीय नृत्य नाट्य को दी है सही, पर उसे खुद अपनी रचनात्मक प्रतिभा के पैरों पर खड़ा होना अभी बाकी है। शान्ति बर्द्धन के निधन के बाद अधूरे 'पंचतंत्र' को पूरा करने में ट्रूप ने जिस रचनात्मकता

का परिचय दिया था, और अपने नए बैले 'मेघदूत' में जिसे वह सँवार रहा है, उसका श्रेष्ठतम प्रसाद अभी मिलना बाकी है। और यही वह जिम्मेदारी है जिसे गुल बर्द्धन को उठाना है।

नए बैले तैयार करने के अलावा ट्रूप के सामने 'रंगश्री' नाम से एक नृत्य नाट्य संस्थान खोलने की भी योजना है। इसमें लोकनाट्य में शोध और संग्रह का काम तथा बैले अभिनेताओं और शिक्षकों की तैयारी होगी। श्रीमती इन्दिरा गांधी के नेतृत्व में एक संगठन समिति बनाई जा रही है और स्थान चुना गया है सुरम्य देहरादून में, जहाँ करीब साढ़े ग्यारह एकड़ जमीन भी ली जा चुकी है।

[30.10.60]

❐

राष्ट्रपति भवन में बहुत दिनों के बाद फिर साहित्यिकों और कलाकारों की एक गोष्ठी हुई। डॉ. राजेन्द्र प्रसाद का साहित्य प्रेम बीच-बीच में उन्हें आग्रहपूर्वक ऐसी गोष्ठियों में ले आया करता है। अभिनन्दन ग्रन्थों का समर्पण हो या विचार-विनिमय का समारम्भ हो, राष्ट्रपति को उसका प्रमुख बनाकर छोटे-बड़े सभी साहित्यकारों को सुख मिलता है। लेकिन पिछले वर्ष की अपनी दारुण अस्वस्थता से मुक्ति पाकर और पूर्ण स्वास्थ्य लाभ कर राजेन्द्र बाबू ने पहली बार किसी साहित्यिक समारोह में उपस्थित होना स्वीकार किया था, इसलिए इस अवसर का एक रागात्मक महत्त्व भी था। यह अवसर था 'सरस्वती' मासिक पत्रिका की षष्ठिपूर्ति। स्वर्गीय चिंतामणि घोष के उत्तराधिकारी और 'सरस्वती' के वर्तमान प्रकाशक ने साठ वर्षों की प्रतियों में से चुनी हुई सामग्री लेकर निर्मित एक विशेषांक राष्ट्रपति को समर्पित किया और उसकी एक प्रति उनके हस्ताक्षर कराकर स्मृति के लिए रख ली।

'सरस्वती' को कौन नहीं जानता? यह सच है कि आज उसके पाठकों की संख्या सुप्रचलित हिन्दी पत्रों के मुकाबले लगभग कुछ नहीं है, तो भी जिन्होंने आज से 20 साल पहले हिन्दी पढ़ना-लिखना सीखा होगा, उन्हें 'सरस्वती' का नाम तो मालूम ही होगा। यही नहीं, जब तक हिन्दी में पढ़ना-लिखना जारी रहेगा, तब तक, भले ही प्रकारान्तर से 'सरस्वती' का नाम ज्ञापित होता ही रहेगा, क्योंकि महावीर प्रसाद द्विवेदी के उल्लेख के बिना हिन्दी की कोई पढ़ाई पूरी नहीं हो सकती। (या कि भविष्य में होने लगेगी? भ्रष्ट अनुवाद पर जो जोर दिया जा रहा है उससे सम्भव है कि कुछ वर्ष बाद अच्छा गद्य पढ़कर ही लोग बिदकने लगें) दिल्ली में हिन्दी के प्रेमी बहुत हैं और उनके लिए 'सरस्वती' पढ़ना आनन्ददायक कर्तव्य हो या न हो, 'सरस्वती' के प्रति श्रद्धा रखना उनका स्वभाव है। यों तो दिल्ली के साहित्य

प्रेमियों में खरीदकर पत्रिका पढ़नेवालों की संख्या के बारे में अनेक विवादास्पद मत प्रचलित हैं, पर यह मानकर ही क्यों न चला जाए कि खरीदकर पढ़नेवाली पत्रिका से जो आशाएँ की जाती हैं, वे 'सरस्वती' से न की जानी चाहिए, लेकिन हिन्दी पाठकों में एक बहुत बड़ा वर्ग अब ऐसे लोगों का बन चला है, जो प्रेमवश हिन्दी नहीं पढ़ते, आवश्यकता समझकर पढ़ते हैं या फिर इसलिए पढ़ते हैं कि और भाषाएँ नहीं जानते। इस वर्ग को अब हिन्दी के प्रति कर्तव्य की भावना से प्रेरित करना निरर्थक है। इसे तो केवल समुचित वस्तु देकर ही सन्तुष्ट किया जा सकता है। नई पीढ़ी के साहित्य ने यह काम इन पाठकों के लिए करना आरम्भ किया है और राजधानी में दिन-ब-दिन ऐसे नवयुवक पाठकों की संख्या बढ़ती जाती है जो नए साहित्य से सन्तोष और तृप्ति पाते हैं। इन्हीं पाठकों के प्रिय दिल्ली के कुछ नए लेखकों से बातचीत करने पर मुझे एक रोचक प्रश्न का जवाब देना पड़ा। जवाब दे सका, ऐसा नहीं कह सकता। लेकिन सवाल उनके मन में है और उसका उत्तर किसी न किसी को देना ही है। उन्होंने मुझसे पूछा कि 'सरस्वती' सम्पादक का जो भाषण राष्ट्रपति के सम्मुख हुआ था, वह आपने सुना कि नहीं? उसमें उन्होंने अपने सम्पादन काल से पहले की गरिमा का उल्लेख करते हुए कहा था कि हिन्दी की पहली आधुनिक कहानी 'इन्दुमती' सरस्वती में प्रथम वर्ष में ही प्रकाशित हुई। बंग महिला, 'पार्वतीनन्दन' ने आधुनिक हिन्दी कहानी को सरस्वती ही में आगे बढ़ाया। वृन्दावन लाल शर्मा की पहली कहानी 1906 में 'सरस्वती' में प्रकाशित हुई। प्रेमचन्द की पहली हिन्दी कहानी प्रकाशित करने का सौभाग्य भी 'सरस्वती' को ही है। छायावाद का प्रवर्तन श्री सुमित्रानन्दन पंत ने इसी के द्वारा किया। महादेवी वर्मा और बच्चन जी की आरम्भिक कविताएँ इसी में प्रकाशित हुईं। तब फिर (यह असली सवाल था) आज के किसी प्रसिद्ध लेखक की अर्थात आज के पाठकों में प्रसिद्ध लेखक की कोई पहली रचना इस पत्रिका में क्यों नहीं छपी?

[28.1.61]

❐

पिछले दिनों यहाँ एक प्रदर्शनी हुई थी जो सुन्दर वस्तुओं को निकट से देखने का एक नया अनुभव देती थी—वह सुन्दर वस्तु थी, वस्त्र और एकदम बेलाग वस्त्र यानी किसी के तन पर पहना हुआ नहीं बल्कि अपनी बिनाई और तागे के सम्पूर्ण चरित्र के सहित अपने में यथेष्ट, कपड़ा। और वह कपड़ा करघे का था। करघे का कपड़ा खुद एक बहुत सुन्दर चीज तो है ही, पहननेवाले को भी एक खास तरह की सुन्दरता देता है; कौतूहलप्रद नहीं, एक मधुर वैशिष्ट्य उस व्यक्ति में

ला देता है। इसलिए सम्भव है कि प्रदर्शनी के जिस सौन्दर्य की चर्चा कर रहा हूँ वह इतना बेलाग न हो; उसमें दिल्ली की सुन्दर स्त्रियों की काल्पनिक छवि भी कहीं शामिल हो।

आज मिल के कपड़े ने भले ही गाँव-गाँव में मारकीन और पापलिन चलवा दी हो लेकिन देश के विस्तार में आज भी सैकड़ों तरह के कपड़े हाथ से बुने और स्थानिक खरीदारों के यहाँ इस्तेमाल किए जाते हैं। इन सबको आधुनिक भारत की अर्थव्यवस्था में—यहाँ केवल औद्योगिक पहलू को ही लें एक नया स्थान जरूरी है—यह सौन्दर्य के पहलू से भी उनके लिए अच्छा होगा।

करघे का कपड़ा अपने देश के समस्त जनजीवन की एक संक्षिप्त तसवीर है : धरती का खुरदरापन, धूप में फूलों के रंग, और पुराणों की कहानियों का अलंकार उनमें यह सब मिलता है। इस नुमाइश में एक बार घूम आना देश के प्रान्त-प्रान्त के निवासी मनुष्य से मिल आने जैसा था। इस अनुभव ने मन में सहसा अपने देश की विभिन्न संस्कृतियों के लिए एक सहज स्वीकार जगा दिया जैसे आन्ध्र की भाषा, उसका उच्चाारण, उसकी लिपि, वहाँ का स्थापत्य, वहाँ का नृत्य और वहाँ का वस्त्र सब एक शृंखला में बँधा हो—पोचमपल्ली की बुंदुकट्ट नामक शैली, जिसमें तागे को बाँधकर उनके खुले भागों पर रंग चढ़ाया जाता है, जिनसे बुनाई के समय आप ही एक डिजाइन खिल आए, जैसे आन्ध्र में ही होनी चाहिए थी और बिने कपड़े को बाँधकर रँगाई करने की बाँधणी शैली जैसे राजस्थान में ही होनी चाहिए थी। इन शैलियों का उद्‌गम खोजना भी ज्ञानप्रद हो सकता है, पर इसका सम्पूर्णत्व देख पाना भी अपने में एक सुखद अनुभव है।

इस नुमाइश को देखकर और करघामंडल के प्रयोगों के बारे में जानकर एक उपलब्धि होती है, वह यह कि नई भारतीय संस्कृति के विकास के लिए जो लोग सचेष्ट हैं उन्हें उस सांस्कृतिक प्रक्रिया का प्रभाव भारतीय करघे पर भी डालते चलना चाहिए, ताकि सर्वग्रासी मशीनीकरण के पहले, करघे का वस्त्र अपने सौन्दर्य को उस नई संस्कृति में अर्पित कर सके।

[19.2.61]

❐

हर साल राष्ट्रीय कला प्रदर्शनी होती है और हर साल उसमें कुछ न कुछ झलक देश की कला प्रवृत्तियों की मिलती है। इस वर्ष की प्रदर्शनी लेकिन अद्‌भुत रूप से विशेषणहीन है : उसमें क्या-क्या प्रवृत्तियाँ स्पष्ट हैं यह तो दूर उसकी कौन-कौन-सी चीजें एकदम आकर्षित करनेवाली या जबर्दस्त असर डालनेवाली हैं, यह भी

कहना बड़ा मुश्किल है। यह सच है कि इस बार अधिकांश में पहले से भी तरुण कलाकारों ने भाग लिया है और पुरस्कार विजेताओं में भी 1937 की पैदाइश के लोग हैं पर जब वह राष्ट्रीय प्रदर्शनी है तो देश के सिद्ध और अनुभववृद्ध कृति लोगों को उससे अलग रहने का क्या प्रयोजन है? जिन दो-चार ने, 'प्रतियोगिता के लिए नहीं' इस शर्त पर अपनी चीजें भेजी हैं उनका योग प्रदर्शनी को सार्वदेशिक बनाने के लिए काफी नहीं है।

क्या यह उचित न होगा कि नवोदित चित्रकारों को प्रोत्साहित करने का रियासती मोह छोड़कर ललितकला अकादमी सिर्फ प्रतिनिधिक प्रदर्शनी पर जोर दे—तब शायद ज्यादा बड़ी संख्या में मँजे कलाकार उसे सहयोग दें। अभी तो उनमें से बहुत से अकादमी की कार्यकारिणी में और निर्णायक मंडलों में कैद हैं।

[17.2.61]

❒

पिछले दिनों राजधानी के सांस्कृतिक जीवन में जो तमाम छोटी-बड़ी घटनाएँ हुईं, उनमें एक घटना ऐसी थी जिसे चाहें तो पूर्व और पश्चिम का मिलन कह सकते हैं और बड़े-बड़े विशेषणों से उसका आन्तरिक सौन्दर्य ढँक सकते हैं। पर मुझे उसमें दो मित्रों की भेंट से कुछ अधिक नहीं दिखाई दिया। यदि दिया होता तो केवल इतना कि कलाकार के बारे में जो कहा जाता है कि वह एकान्तप्रिय वगैरह कुछ होता है, सब झूठ है।

चतुरलाल तबलावादक और यहूदी मेनुइन, वायलिन सम्राट की भेंट का जिक्र है। चतुरलाल अपनी अनेक विदेशी यात्राओं में यहूदी मेनुइन के दोस्त बन चुके थे, भारत में मेनुइन कई बार आकर भी कभी उनसे मिलने न आ सके थे। इस बार उन्होंने किसी और के यहाँ का निमंत्रण रद्द करके चतुरलाल के घर कुछ और मित्रों के साथ चाय पीना स्वीकार किया।

दरअसल कुछ और मित्रों की संख्या 60-70 तक पहुँच गई थी और इनमें नारायण मेनन, ठाकुर जयदेवसिंह जैसे संगीतशास्त्रियों के अतिरिक्त चतुरलाल के छोटे भाई रामनारायण जो सारंगी बजाते हैं और इन्द्राणी रहमान भी थीं।

इसी गोष्ठी में बातचीत करते-करते चतुरलाल ने अपनी अमरीका यात्रा का एक किस्सा सुनाया। न्यूयार्क में ओमनीबस टेलीविजन कम्पनी ने 'जो जान' नामक ड्रमर के साथ इस भारतीय ड्रमर का एक कार्यक्रम रखा, जिसे 85 टेलीविजन कम्पनियाँ रिले करनेवाली थीं। जो जान अमरीका का मशहूर अवनद्धवादक है और पन्द्रह-बीस ड्रमों और झाँझों को एकसाथ बजाता है—हाथ से, लकड़ियों से, पैर से, सभी से काम लेता है। चतुरलाल हैं, रविशंकर, अली अकबर खाँ, इन्द्राणी रहमान,

पंडित ओंकारनाथ ठाकुर आदि के साथ संगत करनेवाले तबले पर दोनों हाथ की उँगलियों से खेलनेवाले सीधे–सादे भारतीय।

दोनों का मुकाबला यों हुआ कि 4–5 मिनट जो जान ने कुछ ताल बजाई फिर उसी छन्द को लेकर चतुरलाल ने कुछ तोड़े बजाए। फिर जो जान, फिर चतुरलाल फिर जो जान...चतुरलाल कहने लगे भइया, शुरू के 12 मिनट तक तो जो जान ने भयंकर रूप धारण किया कि मेरे छक्के छूट गए। मैंने कहा अब मेरी और भारतीय संगीत की खैर नहीं। फिर आखिर का हिस्सा मेरा था। उसमें मैंने अपने गुरु का नाम लेकर उन्नीस मात्रा की अप्रचलित चीज जिसे 'लक्ष्मी' कहते हैं निकाली और फिर तीन ताल बजाते–बजाते उसमें खंड और मिश्र तोड़े बजाए। नतीजा और कुछ नहीं यह हुआ कि जो जान यह बिलकुल भूल गया कि उसकी ताल पहले क्या थी और मेरी ताल को वह समझ ही न सका। जब कैमरे ने दिखाया कि वह हक्का–बक्का खड़ा है तो मैंने फिर तीन ताल पर आकर हाथ के इशारे से उसे बताया कि यह है मेरी ताल। यह आखिरी शाट था।

[25.2.61]

❒

इस वर्ष की राष्ट्रीय चित्रकला प्रदर्शनी के उद्‌घाटन के दिन डॉक्टर राधाकृष्ण ने चित्रकारों से जो दो बातें कही थीं, उनको लेकर बहुत से दर्शक चित्रों में उलझे रहे। ये बातें थीं, एक 'संसार को समसामयिक भारतीय चित्रकला के जीवन्त नमूने दें' और दो 'जनरुचि के पीछे न दौड़ें, जनरुचि को उठाएँ।'

इस प्रदर्शनी में जहाँ एक ओर तरुण कलाकारों की बड़ी संख्या ने भाग लिया, उन कलाकारों ने जो अभी बहुत वृद्ध नहीं हुए पर प्रसिद्धि पा चुके हैं, केवल सम्मान्य अतिथियों के रूप में योग देना स्वीकार किया है। यह यदि कुछ दर्शाता है तो सत्ता के प्रति उनका मोह दर्शाता है, कला के प्रति नहीं। शायद ऐसा अलग अस्तित्व बनाकर वे निर्णायकों की, और कालान्तर में अकादमी के प्रभुओं की श्रेणी में पहुँच सकते हैं पर कला के ऊँचे और सजीव मानदंड नहीं दे सकते। यदि वे भी अभी प्रतियोगिता के क्षेत्र में रहते तो नवागंतुकों को स्वस्थ स्पर्द्धा का प्रोत्साहन मिलता। लेकिन नहीं, चित्रकला के क्षेत्र में, राजधानी में खासकर, तुरन्त प्रसिद्धि का रोग घर कर गया है और तुरन्त प्रसिद्धि पाकर प्रसिद्धि बाँटनेवाले की हैसियत बनाकर लोग दूसरों के भी थोड़े ही गुन पर रीझने लगे हैं।

इस प्रदर्शनी में आप गौर करें तो पश्चिम और अमरीका की गत 100 वर्ष की चित्रकला के इतिहास का प्रत्येक चरण देख सकते हैं। किस तरह नया चित्रकार रूपाकारों की ओर दौड़ रहा है और रंगों का प्रयोग ही किस तरह उसकी अभिव्यक्ति

का सर्वस्व होता जा रहा है—यह स्पष्ट हो जाता है। पर यही स्पष्ट नहीं होता है कि इन सब चित्रकारों में उद्वेग का, तीक्ष्णता का, पागलपन का अभाव क्यों है, क्यों इनकी निरंकुशता भी बनावटी है और क्यों इन्हें अपनी रचनाओं से अतृप्ति नहीं होती। जीवन की विरक्ति को व्यक्त करने के लिए खुद उस विरक्ति में रस लेना होता है, यह हमारे कलाकार क्यों नहीं जानते?

यह ठीक है कि इस समय साहित्य और रंगमच सहित सभी कलाओं के क्षेत्र में विश्व में अनुभव का आदान-प्रदान इतना अधिक हो रहा है कि भारतीय क्या है, यह कहना असम्भव-सा हो चला है। तब फिर कलाकार के पास अपने पाँव जमाने के लिए कुछ जमीन तो होनी चाहिए। वह जमीन विश्वमानस ही हो सकती है पर उस पर जुताई-बुवाई करने के लिए जरा पैनी धार का और लम्बे फाल का हल होना चाहिए। खुरपी से काम न चलेगा। लेकिन डॉ. राधाकृष्णन के उपदेश को लेकर जो दर्शक चित्रों में उलझ रहे थे उनकी कहानी और ही है। उनमें से एक पूछ रहे थे भाई ये क्या है—पेड़ है कि आदमी का मूड़। दूसरे कह रहे थे एक जानवर के अन्दर इतने जानवर बना देने से क्या मिला, तीसरे हैरान थे कि जिस चित्र का शीर्षक 'रात में सैर' है उसमें सैर करनेवाला कौन है और रात कहाँ है।

इस तरह के दर्शकों की समस्या भी बड़ी है। राजधानी चित्र खरीदारों के लिए लाए जाते हैं माना, (प्रदर्शनी में एक-एक चित्र 10,000 रु. तक का है) और खरीदार के लिए जरूरी नहीं है कि वह चित्रकला का मर्मज्ञ हो, यह भी माना, पर जो चीज रंग और रूप के माध्यम से रची गई है उसे समझने के लिए साधारण जन परिश्रम करने से क्यों घबराते हैं, यह समझ में नहीं आता। किताब पढ़ने के लिए उन्होंने कभी न कभी भाषा तो पढ़ी ही होगी। चित्र भी वे ही पढ़ सकते हैं, जो चित्र देखते रहे हैं और जिन्होंने इस माध्यम से अपना संस्कार किया है। और अगर चित्र में आदमी या घोड़े की प्रतिच्छाया खोजना जरूरी हो तो इसी प्रदर्शनी में दो-चार चित्र उनके लिए भी हैं, हालाँकि मैं आपको बता दूँ कि जो आधुनिक चित्रकला का मजाक बना रहे थे, वे ही सज्जन जब एक ऐसे चित्र के सामने खड़े हुए जिसमें एक साफ-सुथरी औरत का मुँह बना हुआ था, तो दो मिनट सोचते रहे कि यह तो समझ में आ गया, अब इसकी तारीफ करें या नहीं; फिर बोले, 'इसमें थोड़ा इम्प्रूवमेंट किया जा सकता था।'

[25.2.61]

❑

दिल्ली के हलचल भरे राजनीतिक जीवन में उस शाम एक छोटी-सी घटना हुई, जिसका अपना एक अलग महत्त्व है।

दक्षिण नई दिल्ली में हजरत निजामुद्दीन की दरगाह से सटा हुआ एक अहाता है जिस पर एक छोटी-सी कब्र है : हाली के दो शेर (शब्द ठीक याद नहीं)उस पर अंकित हैं और चार-पाँच वर्ष हुए कुछ सहृदयों के प्रयास से उस पर एक सादा-सा छोटा-सा मकबरा बनवा दिया गया है। यह मजार गालिब का है और पिछले महीने एक सलोनी दोपहर को यह एकाएक अपने पड़ोस की जिन्दगी में शामिल हो गया था।

पहले तो भीड़ ज्यादा न थी, पर जैसे-जैसे कव्वालों की सधी हुई लय में 'कोई उम्मीद बर नहीं आती' के बोल सँकरी गलियों और धूल भरे अहातों पर से होते हुए कच्चे और अधगिरे मकानों तक पहुँचने लगे, लोग एक-एक करके आते गए और दरी पर दोजानूँ बैठते गए। थोड़ी देर में केन्द्रीय मंत्रियों और अंजुमनएतरक्किए उर्दू के कार्यकर्ताओं की संख्या उनसे कहीं कम रह गई और गालिब दिवस के इस कार्यक्रम को अखबार में या टेप पर दर्ज करने के लिए मौजूद कर्मचारी जैसे दीखनेवालों की टोली एक तरह से नगण्य नहीं बल्कि निरर्थक हो गई : गालिब का जनता से सीधा सम्बन्ध प्रतिष्ठित हो गया।

साथ ही साथ एक चीज हुई, वह तब, जब मैंने उपस्थित लोगों पर नजर डाली और देखा कि वे कौन हैं। उस समय अतीत में से निकलकर परम्परा की वह शक्ल आँखों के सामने आ गई जो किताबों में से उभारे नहीं उभरती और विचारों में ढूँढ़िए तो बहुधा अमूर्त यानी विकृत हो जाया करती है। यह शक्ल एक मुट्ठी भर लोगों की थी। फटी शेरवानी, सिकुड़ा चेहरा और डूबी हुई-सी दृष्टिवाले कुछेक लोग, जिनके लिए काव्य आज भी जिज्ञासा और संशय का साधन नहीं है, न जिन्हें अपने अतीत में से कुछ खोजकर अपना बनाने के लिए प्रयत्न करना पड़ता है जैसे खड़ीबोली के हिन्दी पक्ष के लोगों को करना जरूरी है : वे लोग उस मुस्लिम समाज के अवशेष थे, जो एक शहरी सभ्यता के विकास में शामिल होने के लिए उपयुक्त भाषा और जीवन पद्धति में दीक्षित हैं; उनकी संस्कृति को आज भी पूर्णतः आत्मसात करने से भारतीय जीवन की श्रीवृद्धि होगी।

[19.3.61]

❐

एक बड़े आदमी की पत्नी ने कुछ दिन हुए कुछ संवाददाताओं को अपने यहाँ बुलाया था—चाय पीने के लिए। वहाँ पहुँचकर लोगों ने पूछा आप खबर क्या दे रही हैं। मालूम हुआ खबर दे नहीं रहीं, सलाह माँग रही हैं कि उनकी समिति ने अश्लील पोस्टरों से जनता की—विशेषतः स्त्रियों और बच्चों की—रक्षा करने के लिए जो

आन्दोलन शुरू कर रखा है, उसे आगे कैसे बढ़ाया जाए। आप लोग हमारे इस आन्दोलन की कुछ पब्लिसिटी कर दीजिए, उन्होंने कहा। विज्ञापनों से लड़ने के लिए विज्ञापन का सहारा लेना, सुनने में अजब सा लगा।

समाज-सेवी संस्थाएँ आजकल किसी न किसी नैतिक मसले पर आन्दोलन उठाती रहती हैं, पर उनकी विडम्बना यही है कि यदि वे व्यक्तियों को अपने अन्दर देखने और अपना सुधार करने की सीख दें तो उनका संगठन ही समाप्त हो जाए।

खैर, एक संवाददाता ने कहा कि आप स्त्रियों और बच्चों को स्वस्थ मनोरंजन के साधन जुटाइए तो उनका ध्यान विकृत मनोरंजनों से हटे और अश्लील पोस्टर अपने आप कम हो जाएँ। इस पर जो प्रतिक्रिया हुई वह यह थी कि उस क्षेत्र में तो और समाज-सेवियों ने कब्जा कर रखा है, उसमें हमारा घुसना भी मुश्किल है।

स्पष्टतः अश्लील पोस्टरवाले आन्दोलन में ही घुसना आसान था। इसमें यह भी गुंजाइश है कि अश्लीलता क्या है, इसके बारे में काफी भ्रम रहते हुए भी आन्दोलन किया जा सकता है। उदाहरणतः अधनंगी औरतों की तस्वीरें अश्लील हैं, पर जिस कमरे में यह गोष्ठी हो रही थी उसमें नन्दलाल बोस का 'सिद्धार्थ का गृहत्याग' शीर्षक जो चित्र लगा हुआ है, उसमें यशोधरा का वेश पता नहीं अश्लील है या नहीं। इसी तरह सिनेमा में देवी-देवताओं को अर्धनग्न दिखाकर मर्यादा भंग हो रही है, पर जर्मनी में छपी चीरहरण की जो तसवीरें पचास साल से मध्यवर्ग हिन्दू घरों में टँगी हुई हैं, वे आध्यात्मिक प्रतीकों का चित्रण करती हैं, गौरांग गोरियों का नहीं, इत्यादि।

[4.6.61]

❐

जून की इस चिलचिलाती धूप में, आगरे की गरमी से निकलकर, दो भले आदमी दिल्ली की गरमी में आएँ तो उन्हें क्या कहा जाएगा?

लेकिन लगन सब कुछ कराती है और सूर स्मारक मंडल के प्रधानमंत्री श्रीयुत श्रीवास्तव जी और उनके विश्वासपात्र कार्यकर्ता श्रीयुत 'नीरव' जी को विश्वास है कि दिल्ली में अधिकारियों से मिलना, उनका स्वप्न साकार होने में अवश्य सहायक होगा।

संकेत भी कुछ ऐसा ही मिलता है कि होगा। आगरे से 11 मील दूर रुनकुता गाँव में यमुना के किनारे सूरदास जी की जो कुटी है, उसके चारों ओर, सब ठीक रहा तो, अगले वर्ष तक एक ऐसी संस्था की स्थापना होने लगेगी जो सारे भारत में हिन्दी के प्रचार के सचमुच कुछ ठोस कार्य करती है। पर अभी यह बात केवल

प्रस्ताव की हद तक ही है। सम्बद्ध अधिकारियों से बात की जा रही है और सफलता उनके पूर्णतः सन्तुष्ट होने पर ही निर्भर होगी।

प्रस्ताव यह है कि अखिल भारतीय हिन्दी महाविद्यालय, जो इस समय किराए के मकान में आगरा शहर के अन्दर है और हिन्दीतर प्रदेशों के हिन्दीतर भाषाभाषी अध्यापकों को अपने-अपने प्रदेश में हिन्दी सिखाने का प्रशिक्षण देता है, सूरकुटी के स्थल पर अपना निजी भवन बनवाने और इस प्रकार सूरकुटी को एक नई प्रतिष्ठा देने में सहायक हो।

सूरकुटी पर श्रीवास्तव जी ने गत अप्रैल में जिस मेले का आयोजन किया था, उसमें समस्त आगरे के विद्वद्जनों ने वहाँ पर एक स्मारक बनाने की माँग की थी। अगर स्मारक का कोई महत्त्व आज के युग में है, तो वह लोकहित होना चाहिए, यह मानकर मंडल ने कुटी के निकट एक उच्च माध्यमिक विद्यालय खोलना निश्चित कर ही लिया है—यह जुलाई में खुल जाएगा और रुनकुता और कीथम, निकटवर्ती तहसीलों के 25 गाँवों से लड़के नवाँ दर्जा पढ़ने के लिए आगरा शहर जाने को मजबूर न होंगे।

सूरकुटी के इर्द-गिर्द करील और कीकर का वम है—और शिकार खेलना वहाँ मना है। यमुना पास में बहती है और जब पिछली बार मैं वहाँ गया था तो कमर-कमर तक गहरी थी उसमें नहाकर घंटों बाद तक पानी की धार जैसे रग-रग में आन्दोलित होती रही थी।

पर वही पानी पीना भी पड़ा था। साफ पानी की वहाँ अभी तक कोई व्यवस्था नहीं है। दो मील पर 'कीथम जलाशय' नामक एक विशाल झील है, जिसमें मछलियों का अगाध भंडार है। पर झील खुद छिछली है और पीने योग्य उसका भी पानी नहीं है। बिजली का एक कुआँ खुद जाने से ही सब तकलीफ दूर हो सकती है और स्कूल खुलने के साथ यह काम भी हो जाने की आशा है।

अगर सूरकुटी के स्थल पर एक अच्छा स्मारक बन जाए, 52 हजार रुपए की एक योजना उत्तर प्रदेश सरकार के यहाँ विचाराधीन है तो सारे संसार से आगरा जानेवाले सैलानियों को ताज के अलावा एक और सचमुच अच्छी चीज देखने को मिल सकती है।

[2.5.61]

❒

पिछले साल इन्हीं दिनों यह स्तम्भ लिखा जाना शुरू हुआ था। तब से सुन्दरलाल ने दिल्ली की हलचल के अनेक रूप आपके सामने रखे हैं, जिनमें भूकम्प जैसी शुद्ध

भौतिक हलचल से लेकर रवीन्द्र जयन्ती जैसी सांस्कृतिक हलचल तक शामिल हैं। लेकिन इन सबके पीछे जो दिमागी हलचल दिल्ली के लोगों में होती या नहीं होती रही है, उसको प्रकाशित करना ही सुन्दरलाल का मुख्य उद्देश्य रहा है।

वास्तव में वही हलचल किसी समूह को उसकी शक्ल और शहर को उसका चरित्र देती है। अगर दिल्ली को इस नजर से देखा जाए तो मालूम होगा कि उसकी शक्ल अगर कुछ है तो गीली मिट्टी के लोंदे की है। उसे जिधर से दबाइए, उधर हाथ का निशान ले लेता है और छोड़ दीजिए तो वैसे ही रह जाता है...जब तक कोई दूसरा हाथ आकर उस पर जोर न आजमाए। इस तरह हर वक्त कुछ बनने की उम्मीद में यह शहर रहता है—कूटा-पीटा और रूँधा जाता हुआ। और मिट्टी इतनी अस्थिर रहती है कि कोई बीज भी धारण नहीं कर सकती। खैर, रूपक उठाएँ तो उसे बहुत लम्बा खींच सकते हैं : वह आपको उबाए बगैर न रहेगा। संक्षेप में यहाँ का हाल यह है कि...मगर इतने संक्षेप में यहाँ का हाल कहा ही नहीं जा सकता।

एक चीज जो कि कुछ समय से स्पष्ट होती चली आ रही है, वह यह है कि यहाँ स्वतंत्रचेता व्यक्तियों का परस्पर सम्पर्क शिथिल होता जा रहा है। उनके संगठन अब वह नहीं रहे, जो दस साल पहले थे और जो संगठन आजकल बहुतायत से मिलते हैं, वे बिलकुल और ही तरह के हैं—उनमें व्यावहारिक काम पर जोर है, सैद्धान्तिक आत्मज्ञान पर नहीं, और व्यावहारिक काम करते-करते लगे हाथों राजधानी की सामाजिक सीढ़ी पर जितने बन पड़े, उतने जीने चढ़ जाने को सफलता की सीढ़ी पर चढ़ना माना जाता है। जो पहले अपने को इस तरह के संगठनों से अलग रखते थे, अब और अलग हो गए हैं यहाँ तक कि अपने जैसे औरों से भी उनका सम्पर्क नहीं रहा। जो एक जमाने में अपने काम के लिए जाने जाते थे, संस्थाएँ बनने के दौर में उनके शीर्षस्थ होकर काम से अलग हो चुके हैं। जो हमेशा से संगठनबाजी में थे, वे विविध क्षेत्रों में रेंगकर राजनीति में पहुँच गए हैं।

नतीजा यह है कि नए संगठनों में ज्यादातर लोग ऐसे शामिल हो जाते हैं, जिन्हें अपने क्षेत्र के ऊँचे प्रतिमानों के लिए श्रद्धा होना तो दूर, अपनी कमजोरियों तक का पता नहीं होता।

उस दिन एक ऐसे ही साहित्यिक संगठन की साप्ताहिक गोष्ठी में मौजूद था। एक के बाद एक नवोदित कवि अपनी सूचनाएँ पढ़ रहे थे, गा रहे थे, या भिनभिना रहे थे। शिल्प में और वस्तु में ये एक साथ पिछले दशक की सब बंबइया फिल्मी गीतों की श्रेष्ठतम उपलब्धि थे।

और ये साहित्यिक कृतियाँ एक ऐसे व्यक्ति के सम्मुख पढ़ी जा रही थीं, जिसने आधुनिक हिन्दी कविता को पिछले 20 वर्षों में कहाँ से कहाँ लाकर खड़ा कर दिया

है और जिसके कृतित्व का जोड़ आज भारत की किसी भाषा में मुश्किल से ही मिलेगा। दस वर्ष पहले, उस व्यक्ति के सामने कोई नवोदित कवि उसी वक्त कुछ पढ़ने का साहस कर सकता था, जब वह आश्वस्त हो कि कहीं न कहीं वह उसकी गहराइयों के पास तक पहुँचता है।

[2.5.61]

❐

दिल्ली में गर्मियाँ आ गई हैं और अगले एक महीने तक इस बारे में किसी को धोखे में नहीं रखा जा सकता। कूलर लगाइए या खस की टट्टी या फिर बेहिसाब ठंडे कहवाघरों में जाकर बैठिए—गरमी आ गई है और यह तथ्य जरा-जरा देर में सिर पर चढ़कर बोलता है। उसके सामने पड़ने पर सिर्फ एक रास्ता रह जाता है उसका मजा लीजिए पर कई साल यहाँ की गर्मियाँ देखकर मैं जिस नतीजे पर आया हूँ, वह यह है कि दिल्लीवाले गर्मियों के मजे नहीं जानते, बहुत से तो जान सकते नहीं क्योंकि वे रात को तपती हुई कोठरियों में रहते हैं और दिन भर धूप में काम करते हैं पर बहुत बड़ा एक वर्ग है जो हरियाली के बीच रहता है और एयरकंडीशनी कमरों में काम करता है असल मजे से जान-बूझकर वंचित रह जाता है।

इसके कारणों में एक पोशाक है और दूसरा गर्मी के मौसम के खानपान के प्रति अज्ञान।

पुरुषों को खासतौर से इसका दोषी ठहराया जाना चाहिए। उनमें से अभी तक किसी ने इतना साहस नहीं दिखाया कि गर्मियों के लायक एक ऐसी पोशाक ईजाद करें, जो दफ्तर में काम करने के लिए भी ठीक हो और शरीर को आराम भी दे। बन्द गले का कोट, या टाई से बन्द गला, और मोजा-जूता तमाम लोग पहनते हैं और आशा करते हैं कि उनका सामाजिक स्तर गर्मियों के कारण गिरेगा नहीं।

स्त्रियाँ अपेक्षया अधिक अच्छी हालत में हैं। बिना बाँह की चोलियों और सूती साड़ियों को उन्होंने बड़ी खूबसूरती से एक ऊँचा दरजा दे दिया है और जिन्हें काम करना पड़ता है और जिन्हें नहीं करना पड़ता, दोनों ने अपने लिए किसी कदर आरामदेह कपड़े ढूँढ़ निकाले हैं। पर पुरुषों को कनॉट प्लेस में शाम के वक्त भी नाकबन्द रेयन या डेक्रन से ताए हुए घूमते देखा जा सकता है। मलमल का इस्तेमाल वे नहीं जानते और जब जानते हैं तो इस तरह कि उसकी बुश्शर्ट बनवा लेते हैं।

[4.6.61]

❐

प्रधानमंत्री के घर के सामने पेड़ के नीचे तख्त डाले एक क्लिष्ट से दीखनेवाले सज्जन पालथी मारे बैठे थे। चार नौजवान सेवा में खड़े, कोई पंखा झल रहा है, कोई पानी पिला रहा है। लू का झोंका आता तो लड़के म्लान हो जाते कि क्या करें, उस पर उनका बस न था।

कवि नियाज हैदर दिल्ली के हिन्दुस्तानी थिएटर से सम्बद्ध एक बहुत बड़े मसले पर अनशन कर रहे थे। उनका सवाल था थिएटर को बन्द न किया जाए, और न उसे किसी संस्था में विलीन किया जाए।

जब तीन एक साल पहले हिन्दुस्तानी थिएटर बना था, तो उसके बनानेवालों का खयाल था कि व्यावसायिक रंगमंच की बड़ी भारी जरूरत को पूरा करने के लिए एक भरे-पूरे थिएटर की स्थापना से ही शुरुआत करना ठीक होगा। इसके बाद व्यावसायिक स्तर पर दर्शकों से निबटना और उस सिलसिले में उठनेवाली मुश्किलों को सुलझाना होगा। इसी दृष्टि से आगे देखते हुए हिन्दुस्तानी थिएटर ने प्राचीन संस्कृत नाटकों के हिन्दुस्तानी रूपान्तर तैयार किए और उन्हें दिल्ली में पेश किया।

नतीजा यह हुआ कि इन नाटकों में ग्रीक ट्रेजेडी के शिल्प से प्रेरित जो प्रयोग किए गए थे, वे चर्चा का विषय बने। उस चर्चा से उत्सुक होकर जो लोग नाटक देखने गए, वे उसी वर्ग के थे, जिस वर्ग को रंगमंच के भविष्य की चिन्ता रहती है। उस वर्ग को जिसे 'लोक' कहा जाता है और जिस पर कलाओं के अन्तत: निर्भर होने की बात जनवादी हमेशा करते हैं, इन नाटकों के लिए बहुत बेकली न हुई।

एक और नतीजा यह हुआ कि संचालकों ने पहले नतीजे से असन्तुष्ट होकर और करीब 7500 रु. मासिक घाटे से सशंक होकर थिएटर को बन्द कर देने का फैसला कर लिया। इसी के साथ दिल्ली की कुछ व्यावसायिक मनोरंजन मंडलियाँ, जिनका काम पिछले कुछ बरसों से चल निकला है, इस अधबने थिएटर को आत्मसात कर लेने के लिए तत्पर हो गईं।

इस तरफ मुझे लगा कि नियाज हैदर जिस अन्याय के प्रतिकार में अनशन कर रहे थे, वह व्यावसायिक रंगमंच के विकास में सामने आनेवाली समस्याओं का ही दूसरा नाम है। जमी-जमाई, पैसेवाली संस्थाओं के मुकाबले में खड़े होना तभी सम्भव हो सकेगा जब नाटकों और नाट्यशिल्प की शैलियों में काफी तगड़ी स्पर्धा हो सके। एक कमजोर नाटक का दूसरे कमजोर नाटक से मुकाबला हो तो असली कशमकश लोकप्रियता की न रहकर पैसे और साधन-सम्पन्न की हो जाएगी। पहले प्रकार की स्पर्धा जनरुचि के प्रति पिटी-पिटाई धारणाएँ छोड़कर ही कारगर हो सकती है मगर अफसोस यह है कि दिल्ली के नाट्य निर्माताओं को अभी तक ऐसे

नाटक नहीं मिल सके हैं, जो एक बार में उनकी पुरानी अवधारणाओं को बदल दें। इसीलिए 'हिन्दुस्तानी' भाषा में अनुवाद किए हुए नाटकों से वे काम ले रहे हैं। एक बार चोट पड़ने की देर है—जिस तरह की चीज नाटक देखने पर पैसा खर्च करनेवाले दर्शकों को बाँध सकती है, उसका एक नमूना लिखे जाने की देर है—उसके बाद जनरुचि और लोकप्रियता के सम्बन्ध में उन लोगों के सारे भ्रम खुल जाएँगे, जो नाटक लिखना नहीं जानते, लेकिन उसके खेले जाने पर अपने पैसे और संगठनों से पूरा नियंत्रण रखते हैं। आज का नाटक शायद राजनीतिक व्यंग्य का नाटक होगा, लेकिन उसे कोई पहले लिखे तो।

'हिन्दुस्तानी थिएटर' की असफलता सिर्फ इतना ही नहीं सिखाती। वह यह भी बताती है कि विश्व थिएटर की प्रगति के जिस दौर में हमने भारत में आधुनिक रंगमंच का उत्थान शुरू किया है, उसमें निरन्तर प्रयोग और समन्वय की बड़ी जरूरत है। एक और शिल्प हमने बहुत सीख लिया है वह सबका सब हमारी आवश्यकताओं से उद्भुत नहीं है, दूसरी ओर बहुत सा शिल्प जो हमारी जरूरतों के मुआफिक है, हमें अपने यहाँ के लोकनाट्य से ही सीखना शेष है।

दिल्ली में जहाँ इतने रंगमंच प्रेमी और दर्जन से अधिक नाट्य संस्थाएँ हैं, नाट्य प्रयोगशालाओं की ओर इतना कम ध्यान क्यों दिया गया है, समझ में नहीं आता। इस तरह की प्रयोगशालाएँ होनी चाहिए जहाँ प्रदर्शन शैलियों और नाटकों के प्रतिनिधिक प्रयोग करके देखे जाएँ और नतीजों को सबके हित के लिए प्रकाशित कर दिया जाए। उसके बाद जब ये प्रयोग रंगमंच पर दर्शकों के सामने आएँगे तो आशा है, उनमें असफलता की उतनी आशंका न रहेगी जितनी हिन्दुस्तानी थिएटर के प्रयोगों में थी।

[9.7.61]

❐

सांस्कृतिक सम्बन्ध की भारतीय परिषद नामक संस्था ने दिल्ली के निवासियों के प्रति एक विज्ञप्ति में कहा है कि जो लोग चाहें, वे विदेशी विद्यार्थी या अध्येता लोगों को दिल्ली में भारतीय जीवन को निकट से परखने का अवसर दे सकते हैं। यह इस प्रकार से सम्भव होगा कि विदेशी अतिथि भारतीय घरों में टिकें और उनकी रोजमर्रा की जिन्दगी में हिस्सा लें। कहा जाता है कि कुछ भारतीय परिवारों ने यह सुविधा देने की इच्छा प्रकट की है, लेकिन उनकी संख्या इतनी कम है कि विदेशियों की माँग पूरी करना आसान साबित नहीं हो रहा है। इससे भारत सरकार को स्वल्प रूप से लज्जित होना पड़ेगा—ऐसी आशंका व्यक्त की जा रही है।

परिषद की विज्ञप्ति पढ़कर और दिल्ली के भारतीयों को देखकर एकसाथ बहुत-सी बातें मन में उठती हैं। जो विदेशियों को मेहमान बनाने को तैयार हैं, वे अपने सामान्य जीवन में किस तरह रहते हैं? उनका रहन-सहन कितना भारतीय है? और इस दूसरे सवाल के पहले एक और सवाल यह कि भारतीय रहन-सहन है क्या चीज? आशा है कि कुछ दिन बाद सांस्कृतिक सम्बन्ध परिषद की विज्ञप्ति पर दिल्ली के परिवारों की प्रतिक्रिया का पूरा चित्र उभरेगा और तब इस अत्यन्त रोचक एवं गम्भीर मसले पर इस स्तम्भ में और भी कुछ लिखा जा सकेगा। तब तक यही मानना चाहिए कि अन्ततः जिन परिवारों को भारतीय संस्कृति का प्रतिनिधित्व करने के लिए चुना जाएगा वे 'भारतीय' हों या न हों, वृथा संकोच और दिखावे, दोनों से इतने मुक्त हों कि किसी बाहरी के सामने अपनी असली शक्ल छिपा न लें।

[27.8.61]

❑

उस दिन विज्ञान भवन के दीवाने आम में जो रस्म अदा की जा रही थी उसको देखकर सहसा विश्वास नहीं होता था कि वह संगीत नाटक अकादमी का वार्षिक पुरस्कार वितरण समारोह है।

अपने जीवन का सबसे जीवित अंश कला साधन में समर्पित कर देनेवाले कृशकाय पंडितों को, बन्द गले के काले कोटवाला एक व्यक्ति पीछे से धकेलता और एक आगे से खींचता हुआ मंच पर लाता था और एक तीसरा उनके गले में एक हार डालकर उन्हें राष्ट्रपति के सम्मुख ला खड़ा करता था। यदि खड़े होने के नियत स्थान पर पुरस्कार लेनेवाला न खड़ा हो सका तो फिर खींचने और धकेलने का सहारा लिया जाता था और अगर लौटते समय भी किसी ने भूल की तो उसको भी ठीक करने का यही उपाय था।

हार पहनाने का अपना भारतीय संस्कार कितना मधुर और महिमामय है पर उसका नया रूप जो अकादमी के सरकारी संचालक ने (आजकल, अकादमी के मंत्री के अभाव में उनका काम सचिवालय के कोई अफसर देखते हैं) स्थिर किया और उस दिन अपने हाथ से प्रदर्शित करके दिखाया वह इस प्रकार है : सब मालाओं को एक कोने में ढेर कर दो। जब माला पहनाने योग्य व्यक्ति दिखाई पड़े बड़े-बड़े डग भरते हुए जाओ, एक माला उठाकर उसे दोनों हाथों में लेकर पहनाने योग्य व्यक्ति के गले की ऊँचाई का अनुमान करके ऊपर उठाओ। इसके बाद लम्बे-लम्बे डग भरते हुए उस व्यक्ति की ओर बढ़ो। जब उसके पास पहुँचोष्ट तो माला हाथ से छोड़ दो। पहले से इस रस्म का अभ्यास किया हुआ हो तो माला गले में ही

गिरेगी। तब फिर रुको नहीं, उसे प्रणाम तो करो ही मत, और उसी प्रकार कदम बढ़ाते हुए निकलते चले जाओ। थोड़ी देर में तुम मंच के दूसरे कोने में, पुरस्कार लेने आए हुए उस बेकार से दिखनेवाले व्यक्ति से दूर पहुँच जाओगे जिसके लिए तुम्हें एक सरकारी अफसर को इतनी मेहनत आज करनी पड़ी।

यदि यह चित्र स्पष्ट न हुआ हो पाठक कृपया छोटे स्टेशनों पर से गुजरती रेल के ड्राइवर द्वारा 'गोला' देने की क्रिया की कल्पना कर लें।

इतना असंस्कृत व्यवहार दिल्ली में कोई नई बात नहीं है—देश में भी नहीं है, पर तिलमिलाहट यह सोचकर होती है कि ऐसे उथले लोगों को अपना प्रदर्शन और किसी के नहीं राष्ट्रपति के सामने करने की हिम्मत हो सकती है। और राष्ट्रपति भी वह जिनका सन्तोचित समभाव प्रसिद्ध है।

शायद अकादमी को यह याद दिलाना जरूरी है कि जो पुरस्कार प्रतिवर्ष कलाकारों को दिए जाते हैं, दिए अवश्य उसके द्वारा जाते हैं, पर प्रदान उन्हें राष्ट्रपति अपने हाथ से करते हैं। अकादमी के व्यवहार में उसी भाव का अनुकरण होना चाहिए जिस भाव से राष्ट्रपति जी कलाकारों को पुरस्कार देते हैं। वह भावना राष्ट्रपति की एक-एक बात में प्रकाशित होती है—उनका अपने हाथ में अंगवस्त्रम शृंखला का उपहार कलाविद को अर्पित करना स्नेह और आदर से सिंचा हुआ होता है। उसका दसवाँ हिस्सा भी अकादमी के जिम्मेदार कर्मचारी सीख सकें तो धन्य हो जाएँ।

शुरू में नगर निगम के स्वागत समारोह का जिक्र किया था इस सिलसिले में एक गाना याद आता है जो दिल्ली के नागरिकों की ओर से जापान के प्रधानमंत्री श्री हायातो इकेडा को सुनाया गया था। कवि कहता है :

'लहरते गीत स्वर पर...' इत्यादि (पहली पंक्ति इससे अधिक याद नहीं)
'इकेडा जी, हृदय से कर रहे स्वागत तुम्हारा हैं...'

यदि इकेडा जी हिन्दी समझते होते तो शायद दिल्ली की हिन्दी में कहते : 'हंजी, हंजी।'

सोचकर देखिए। एक देश का प्रधानमंत्री आपके यहाँ आया हुआ है। आप एक महान देश की राजधानी के नागरिक हैं। जो संगीत आप उसके सामने पेश कर रहे हैं वह, और जो काव्य आपने उस संगीत में बाँधा है वह, इतना घटिया तो न हो कि तुकबन्दी से भी गया-बीता हो। क्या जरूरत है पद्य में यह कहने की इकेडा जी, सुनो तुम्हारा स्वागत कर रहे हैं। यह स्कूल के बच्चे करें तो समझ में आता है कि उन्होंने इस पद्य रचना के साथ कुछ सीखा भी। पर राजधानी के नागरिकों में हजारों सुसंस्कृत लोग भी शामिल हैं, जो इस तरह की पद्यरचना का अभ्यास बरसों पहले स्कूल में करके भूल चुके हैं। यदि संगीत सुनाना है तो अच्छा होगा कि शुद्ध संगीत

(जिसमें काव्य न हो) प्रस्तुत किया जाए। भारतीय वाद्ययंत्रों का माधुर्य आपके अतिथि को कर्कश आवाज में सिनेमाई धुन पर गाई गई तुकबन्दी से अधिक प्रिय लगेगा, इसमें क्या कोई सन्देह है?

[24.12.61]

❑

दिसम्बर (14-21) में होनेवाली पुरातत्व जयन्ती की तैयारियाँ शुरू हो चकी हैं। उनके बारे में जानने के लिए जब मैं सम्बद्ध व्यक्तियों से मिला तो प्रसंगवश एक नए रहस्य का उद्घाटन हुआ, जिसे इस समय यहाँ लिखने का मोह पुरातत्व सम्बन्धी कर्तव्य से भारी पड़ रहा है। वह है, मोहेनजोदरो और हरप्पा की (जो अब पाकिस्तान में हैं) संस्कृति की एक और कड़ी जिसका भारतवर्ष में पता चला है। और कहाँ? राजस्थान के मरुप्रदेश में। गंगानगर जिले में पीलीबंगल स्टेशन से थोड़ी दूर कालीबंगन नामक एक कस्बा है। वहाँ पहले घघ्घर नदी बहती थी जो अब सूख गई है। (पुराकाल में इसका नाम सरस्वती था) इसी के तटों पर कुछ बड़े कुछ छोटे ढूह हैं जिनके नीचे ईसा के चार सहस्र वर्ष पहले की सभ्यता दबी पड़ी है।

राजधानी के पुरातत्व विद्यालय के संचालक, श्री ब्रजवासी लाल अपने विद्यार्थियों को उत्खनन कला की शिक्षा देने के लिए इन्हीं में से एक ढूह की खुदाई करा रहे थे। तभी उन्हें एक चबूतरा और उसके पास कई मकानों की नींवें मिलीं। फिर खुदाई के सिलसिले में मुद्राएँ, बरतन, औजार, खिलौने आदि जो कुछ मिला उसी प्रकार का था जैसा मोहेनजोदरो और हरप्पा में मिला था। इस संग्रह में मुद्राओं का महत्त्व सबसे अधिक है क्योंकि उनसे कालनिर्धारण में सबसे अधिक सहायता मिली है।

श्री ब्रजवासीलाल ने बताया कि ठीक इसी तरह की मुद्राओं के छापे, पश्चिम एशिया में पाए गए हैं। वहाँ मिट्टी के ऐसे खंड मिले हैं, जिनके एक ओर किसी मुद्रा का ठप्पा लगा है और दूसरी ओर सन, सुतली या सिरकी का निशान पड़ा है। क्या यह हो सकता है कि भारत से प्राचीन समय में माल की पिटारियाँ या गाँठें पश्चिम एशिया जाती हों? व्यापारी अपने-अपने माल को मुहरबन्द करके भेजते रहे होंगे ताकि रास्ते में मिलावट या चोरी न हो जाए। इसी तरह का एक खंड मैंने दिल्ली के पुरातत्व विद्यालय में भी देखा। यह कालीबंगन में मिला था।

इस नए आविष्कार से प्राप्त एक मुद्रा के छापे को लेकर इस वर्ष पुरातत्व जयन्ती के अवसर पर एक विशेष डाक टिकट जारी किया जानेवाला है। इस मुद्रा में छोटे सींगवाला एक वृषभ खचित है, उसके सामने नाँद है, ऊपर सिन्धु लिपि में कुछ लिखा है। जब मैंने पूछा कि क्या उसे पढ़ा जा सका है तो संचालक महोदय

ने कुछ अपनी असफलता पर, कुछ मेरे अज्ञान पर हँसकर जवाब दिया, 'जिस दिन वह लिपि हममें से कोई भी पढ़ पाएगा, उस दिन इस खुशी में पुरातत्व विभाग में एक दिन की छुट्टी होगी, जनाब।' इस लिपि को पढ़कर बड़े-बड़े हार चुके हैं, हाँ, लाल साहब उन लोगों में से हैं, जो अक्षरों की आकृति से मानते हैं कि वह दाएँ से बाएँ लिखी जाती रही होगी।

ज्ञात हुआ है कि भारतीय पुरातत्व विभाग की शताब्दी के अवसर पर एक स्वर्ण पदक भी जारी किया जाएगा जो कि दिल्ली के पुरातत्व विद्यालय से पुरातत्व डिप्लोमा परीक्षा में सर्वप्रथम आनेवाले छात्र को हर वर्ष दिया जाया करेगा। इस स्वर्ण पदक का नामकरण मौलाना आजाद की स्मृति में किया गया है।

इसी अवसर पर पुरातत्व विभाग की अपनी निजी मुद्रा भी स्वीकृत की जाएगी। भारत सरकार के अन्य सार्वजनिक विभागों एवं निगमों की अपनी-अपनी मुद्राएँ हैं। जीवन बीमा निगम की मुद्रा पर जैसे, 'योगक्षेमं वहाम्यहम्' अंकित है और डाक-तार की मुद्रा पर जैसे, 'अहर्निशं सेवामहे' लिखा हुआ है, वैसे ही पुरातत्व विभाग की मुद्रा पर लिखा होगा 'प्रत्नकीर्तिमपावुणु' जिसका अर्थ है, 'छिपी हुई कीर्ति को निरावरण करता है।'

[9.10.61]

❒

गए पखवारे में दिल्ली के सांस्कृतिक चौमासे का श्रीगणेश हो गया। आगामी महीनों में सदा की भाँति नाटकों, संगीत सभाओं और सम्मेलनों की धूम रहेगी। अन्तर्राष्ट्रीय फिल्म समारोह इसी मास के अन्त में आरम्भ होगा जिसमें भारत के वास्तुशिल्प का इतिहास दर्शाया जाएगा। इसी बीच रवीन्द्र शतवार्षिकी समारोह का सबसे बड़ा उत्सव, अन्तर्राष्ट्रीय लेखक सम्मेलन भी होगा—इसमें विदेशों से जो विद्वान आएँगे उनमें आल्डस हक्सले भी होंगे।

श्रीगणेश, सत्यजित राय की चार फिल्मों के प्रदर्शन से हुआ, जिसका आयोजन भारतीय नाट्यसंघ और फेडरेशन ऑफ सोसाइटीज ने मिलकर किया था। 'पारस पाथर', 'रवीन्द्रनाथ ठाकुर', 'जलसा घर' और 'देवी' इन फिल्मों को दिल्ली में पहले भी दिखाया जा चुका है, पर इस बार भी सप्रू हाउस भरा रहा और दर्शकों में हमेशा की तरह सत्यजित राय के लिए वही उत्साह अन्त तक बना रहा। यह उत्साह दिल्ली की कलाप्रेमी जनता की विशेषता है। चाहे वह बंगला समझती हो चाहे न समझती हो, चाहे उसकी सामान्य रुचि उत्कृष्ट कला में हो या न हो, वह अपने को श्रेष्ठ कलाकृतियों से सम्बद्ध करने का एक सक्रिय प्रयत्न अवश्य करती है। इसके

कुछ पहलू हास्यास्पद भले ही हों, अन्ततः यह एक जागरूक रसिक समाज के विकास में निश्चय ही सहायक होगा।

एक सवाल जो बार-बार मन में उठता है, वह यह है कि कौन-सा रसिक समाज है, जो दिल्ली में विकसित हो रहा है। उसका संस्कार क्या है, उसकी जड़ें कहाँ हैं—उसकी भाषा क्या है? भाषा का प्रश्न इसलिए उठता है कि अन्ततः जो भी परम्परा बनेगी वह भाषा पर ही आधारित होगी क्योंकि भाषा ही सर्वसुलभ साधन है।

सत्यजित राय की फिल्मों की जो परिचय पुस्तिका प्रकाशित की गई थी उसके छपे कथा सारांशों का उल्लेख यहाँ अप्रासंगिक नहीं है। वे अंग्रेजी में थे और भाषा प्रभावोत्पादक थी, इसमें शक नहीं, पर कथानक एक से अधिक स्थलों में गलत लिखे गए थे, क्योंकि गलत समझे गए थे।

प्रश्न यह है कि क्या भाषाओं में अब ऐसे मर्मज्ञ नहीं रह गए हैं, जो अंग्रेजी के माध्यम से अपने को आधुनिक दृष्टि देते अवश्य हों, पर उस दृष्टि को दूसरों तक अपनी मातृभाषा में पहुँचाने की क्षमता रखते हों। यदि ऐसे लोग कहीं हैं और उन्हें अपने को प्रकट करने के पूरे अवसर नहीं मिल रहे हैं, तो शीघ्र ही एक ऐसी स्थिति व्याप्त हो जाने का खतरा है जिसमें हमारी संस्कृति का परिचय हमें एक ऐसी भाषा से ही मिल सकेगा जो हद से हद दफ्तरी काम के लिए हम जानते हैं।

जो थोड़ी बहुत भी अंग्रेजी जानते हैं, वे जानते हैं कि अंग्रेजी बहुत कठिन भाषा है—जो बहुत अच्छी अंग्रेजी जानते हैं वे बहुत कम हैं। बहुत अधिक आज वे ही लोग दिखाई देते हैं जो न अच्छी अंग्रेजी जानते हैं न अच्छी मातृभाषा जानते हैं। इस तरह के लोग राष्ट्र के आन्तरिक उन्मेषों को किस भाषा में वाणी देंगे?

[8.10.61]

❐

इस साल गणतंत्र दिवस के समारोहों के बारे में पहली बार लोगों में मतभेद दिखाई दिया है। कुछ लोगों की राय में पिछले सालों से कहीं अच्छी परेड और झाँकियाँ निकलीं, कुछ लोगों की राय में इस साल, पिछले दो-तीन वर्षों से धीरे-धीरे प्रकट होनेवाली वह चीज और अधिक खुलकर सामने आ गई जिसे 'ढर्रा' और ढर्रे पर चलनेवाली वस्तुओं में निहित 'जड़ता' कहा जाता है। सैनिक टुकड़ियों की तैयारी जरूर देखने के काबिल थी, लेकिन झाँकियों में बनानेवालों की कल्पना की पिट चुकने की झाँकी मिलती थी—राजस्थान और मद्रास—दो ही ऐसे राज्य थे, जिन्होंने क्रमशः गाड़ियालोहार और बच्चों के स्कूल में दिन के भोजन की झाँकियाँ देकर

कुछ जिन्दा मसलों को उठाया था। लोकनर्तकों की टोलियों में ताल और लय की कोई कमी न थी लेकिन तालकटोरा बाग में, जहाँ वे ठहरे हुए थे, उनसे मिलकर जो बातें मालूम हुईं उनसे लोकनृत्य की दुनिया में होनेवाली एक बहुत दर्दभरी घटना का पता चला। वह घटना है, सामाजिक जीवन से लोकनर्तकों का दिन-प्रतिदिन अलग-थलग होते जाना। सभी जगह यह घटना एक-सी तेजी से घट रही हो, ऐसा नहीं है, पर हर साल लोकनृत्य टोलियों को राजधानी लाने की सरकारी प्रक्रिया ही कुछ ऐसी है कि उसमें न तो लोकनृत्य के स्वरूप को सुरक्षित रखा जा पा रहा है, न लोक जीवन में नृत्य और संगीत के नए परिवर्तनों को प्रतिबिम्बित ही किया जा पा रहा है। ये ही दो उद्‌देश्य हो सकते हैं जिनके कारण लोकनृत्य हमारी राष्ट्रीय परेड में शामिल किए जाएँ और इनमें से कोई भी सिद्ध न हो तो पूछना स्वाभाविक है कि क्या आयोजक लोकनृत्य को केवल एक अजूबा समझते हैं ? एक ऐसी चीज जो हमारे यहाँ के देहातों और पिछड़े लोगों में पाई जाती है और जिसे हम विदेशियों को दिखाकर उनके सामने दाँत निपोरकर अंग्रेजी में हँसते हैं ? अब वक्त आ गया है कि समारोह के इस अंश का आयोजन करनेवालों को लोकसंस्कृति के विकास एवं समाजशास्त्र के बारे में कुछ किताबें पढ़ने को दे दी जाएँ।

तालकटोरा बाग में ठहरी हुई नर्तक टोलियों के बीच दो-एक दिन घूमने से पहली बात जो मालूम हुई वह यह कि हर टोली में अधिकांश ऐसे लोग थे जो हर साल दिल्ली आते हैं और परेड में, नेशनल स्टेडियम में और आकाशवाणी में अपना प्रदर्शन करते हैं। ये लोग अपने-अपने राज्य में प्रचार विभाग के यहाँ रजिस्टरदर्ज हैं। जब पार्टी भेजने का समय आता है तो इनके मैनेजर को (जो लोकवर्ग के मुखिया इसी नाते होते हैं—खेती में या सामाजिक जीवन में प्रधान होने के नाते नहीं) बुलाया जाता है और पार्टी लाने का ठेका दे दिया जाता है। इन मुखिया महोदय के ऊपर भी दो-एक राज्याधिकारी रख दिए जाते हैं जो 'लीडर' कहलाते हैं। पर इन लीडर जी से पूछिए कि आपकी टोली में अमुक ने गले में क्या जेवर पहन रखा है तो वे कहेंगे वह मैं नहीं जानता, वह तो जो वहाँ उराव जाति का आदमी खड़ा है, वही बता सकता है। ये लीडर महोदय अपनी पार्टी से अलग एक तम्बू में ठहराए जाते हैं, जहाँ निवाड़ के पलंग और आदमकद शीशे रखे जाते हैं। इनको क्राकरी में खाना परसा जाता है, इनकी पार्टी को पिटीपिटाई कलई उखड़ी थालियों में। गनीमत यही है कि खाना शायद एक ही सा होता है। जिस दिन मैं इनके डेरों पर गया हुआ था इनमें से चार-पाँच सज्जन ट्रांजिस्टर रेडियो पर रेडियो सीलोन सुन रहे थे। लोक संगीत के विकास के लिए प्रेरणा ले रहे होंगे।

उधर कुछ बड़े तम्बुओं के अन्दर से मादल और वंशी की गूँज आ रही थी। वहाँ जाकर देखा ताङगुल नगा लोग यों ही बैठे-बैठे मन बहला रहे थे। उनसे एक

गीत गाने के लिए कहा तो उन्होंने तुरन्त रचकर एक गीत सुना दिया। मतलब बताया कि 'भारत के वासी ने हमसे गीत गाने को कहा है इसलिए हम उसको सुनाने के लिए गा रहे हैं,' दूसरे खेमे में नगादेश के कचारी जाति के वादक बाँस का एक तालवाद्य सुधार रहे थे। इस पर बोल निकलते हैं, 'दुंग बा दुंगादुंग' और बाजे का नाम है, 'बादुंगदुंग'। इनके पास एक और तालवाद्य था : एक लम्बी छड़ी पर बैठाई हुई काठ की तीन चिड़ियाँ, जो डोर खींचने से छड़ी पर चोट देती थीं। आगे वाली चिड़िया का नाम था, मांछलिका और पीछेवाली दोनों का तन्दुलिका। यानी एक आमिष भोजी (माछ=मछली) और बाकी निरामिष भोजी (तन्दुल=चावल)। पर आपको यह सब बताना केवल व्यतिक्रम है। असल बात तो यह बतानी है कि केरल और मद्रास के 'कन्नियार कली' और 'करगम' नर्तकों ने पापलिन और साटिन के सलूके और लहँगे पहनना शुरू कर दिया है। इन टोलियों का प्रबन्ध करनेवाले मुखिया शायद सोचते हैं कि दिल्ली में बड़े-बड़े लोग नाच देखेंगे, हमारा हाथ का बुना पुरानी चाल का कपड़ा उनको क्या दिखाएँ या कि ऐसा है कि टोली के सदस्य असली लोक नहीं हैं, तिरुवेन्द्रम या मद्रास शहर से चुनकर मँगाए गए हैं जो वहाँ राजकीय अवसरों पर लोकनृत्य दिखाने का व्यवसाय करते हैं।

इन सभी टोलियों के 'लीडरों' से बात करने के लिए अंग्रेजी का सहारा लेना पड़ता था यानी उन्हें छोड़कर जो हिन्दीभाषी थे—पर नर्तकों से—नयादेश के एक हाईस्कूल पास खेतिहर और बिहारवासी उराँव जाति के एक बी.ए. भी उनमें थे, बिना अवरोध हिन्दी में बात होती थी। हिन्दी, मतलब थोड़ी खींचतान कर, कहीं-कहीं बंगला के शब्द डालकर और भी अलंकृत की हुई एक भाषा जो सब समझा देती थी और यही नहीं, मेरे और उनके बीच विस्मय की एक रंगीन जाली डाल जाती थी जिसके पार हम दोनों एक-दूसरे को अपने जैसा पहचान सकते थे, साथ ही उस अन्तर को भी स्वीकार कर सकते थे जो हम दोनों में होना स्वाभाविक था।

इसी तालकटोरा में 'उर्वशी' भी थी। अभी साल भर की नहीं हुई शायद। अँगूठा चूसती है—अपना नहीं, महावत का। जिस महावत ने देहरादून के जंगल से पकड़ी हुई इस गजसुन्दरी को सभ्य बनाकर नेहरूजी को भेंट किया था, वह उर्वशी से बिछड़ चुका था पर देहरादून के वनविभाग के दो पालतू हाथी लेकर आया हुआ था। मोह के मारे वह उर्वशी के पास बार-बार आता था। दोनों में बातचीत केवल 'धच्चे धच्चै' और...(हाथी की चिंघाड़ को कैसे लिखा जाए?) तक सीमित थी पर जिस तरह उर्वशी एक कदम आगे बढ़ाकर झूमती थी और सूँड़ महावत अब्दुल मजीद की खसखसी दाढ़ी पर फेरती थी, वह उसी की समझ में आ सकता है, जिसने ननिहाल से लौटे हुए बच्चे को बाप से मिलते देखा हो। (उर्वशी आजकल दिल्ली के चिड़ियाघर में है) इसी दुलराती हुई हथिनी को जब परेड में देखा तो कैसे सिर

झुकाए, कान दबाए चल रही थी। उसे विजय चौक से केवल इंडिया गेट तक ही चलाया गया—थक न जाती?

[15.2.63]

❐

घोड़ा खूबसूरत जानवर है। तन्दुरुस्त घोड़े का चमचमाता हुआ रंग और सधे कदमों (या कि टापों) से चलते हुए उसका इतराकर गर्दन मोड़कर देखना मन में उछाह भरता है। प्रकृति से जिन पशुओं को लेकर मनुष्य ने अपनी सेवा में प्रवृत्त किया है, उनमें सबसे शानदार और स्वाभिमानी शायद घोड़ा ही है : हाथी से बराबरी का वह नाता नहीं जुड़ पाता, जो घुड़सवार घोड़े से जोड़ता है, दोस्ती का माद्दा घोड़े में ज्यादा है।

सेना के दसवें वार्षिक अश्वारोहण पर्व में (1952 में यह पर्व दुबारा शुरू किया गया था) करीब 800 जानवरों के नाम प्रतियोगिता में दाखिए किए गए थे। सूची पढ़कर देखा। जिस तरह आदमियों में होता है, घोड़ों के नाम भी, जिसका नाम है उसी का परिचय नहीं देते, नाम रखनेवाले के हृदय की भी झलक देते हैं। 'चेटक' तो खैर घोड़ों के सरताज का नाम है पर जिन्हें अपने जानवर पर घमंड से ज्यादा प्यार है, वे उसे 'खरगोश' नाम दें तो कुछ अजब नहीं। इस सूची में 'खरगोश', 'हिरन', 'कबूतरी' और 'मोरनी' तो हैं ही, किसी ने अपने अश्व के अश्वत्व को अयथेष्ट समझकर उसका नाम 'टट्टू' रख लिया है। दूसरे एक सैनिक हिनहिनाहट के पारखी हैं, घोड़ी का नाम दिया है 'कोयल'। 'बादल', 'बिजली' जैसे पुराने नाम होना स्वाभाविक ही है पर एक ओर 'ब्रुश' और 'बजरबट्टू' और दूसरी ओर 'मुनिदेव' और 'राजगुरु' जैसे नाम अश्वचालन साहित्य में एक नई साठोत्तरी चेतना का संकेत देते हैं।

इस प्रतियोगिता में कम से कम दो अभिजात्यवर्गीय जानवर भी थे—एक का नाम 'गम्भीर' था दूसरे का नाम 'शहरी'। अनुमान लगाया जा सकता है कि इन दोनों ने बहुत नाक-भौं चढ़ाकर अश्वसाधारण के साथ दौड़ना कबूल किया होगा। पर चिन्ता तो उस प्रतियोगी के लिए हुई, जिसका नाम है 'अंगद'। प्रतियोगिता में बाड़ा कूदना, फलाँग मारना, खूँटी चुगना और चाल दिखाना तो शामिल था लेकिन पाँव जमाकर खड़े हो जाना नहीं था।

इस बसन्त में उस दिन पहली दो स्त्रियों को बिना बाँह की सफेद चोली और सफेद साड़ी पहने देखा। दोनों का रंग गोरा था और अभी भी गरम कपड़े लपेटे हुए नर-नारियों के बीच से वे एक शीतल धारा की तरह गुजरती चली जा रही थीं।

दिल्ली में मौसम बदल गया है, बल्कि ठीक-ठीक कहें तो उसने आनेवाले मौसम को आवाज दे दी है और किसी भी दिन वह दिन आ सकता है, जिस दिन निश्चयपूर्वक कहा जा सके कि गर्मियाँ आ गईं। धूप पक चली है, जैसे अनाज पक चला होगा लेकिन राजधानी में जाड़ों के कपड़ों ने अभी तक कोई संकेत नहीं दिया है कि इस साल गर्मियों में आदर्श कपड़े किस तरह के होंगे।

अपने देश में, कम से कम सम्पूर्ण उत्तर भारत में जाड़ा अधिक और गर्मी अधिक पड़ने का एक स्वाभाविक परिणाम यह है कि दोनों मौसमों की पोशाकों में भारी अन्तर होता है—यानी होना चाहिए। जिस जमाने में साफ कपड़े पहननेवाले मध्यवर्ग का काम दफ्तर जाने तक सीमित था, उसमें अंग्रेज साहब की पोशाक की नकल हुई और गर्मियों में भी विलायती कोट के कपड़े पहनने का रिवाज चला। अब का मध्यवर्ग सिर्फ दफ्तर जानेवाला नहीं है, तरह-तरह के व्यवसाय उसे बाहर यात्रा पर ले जाते हैं, शहर में दौड़ाते हैं और घर पर भी मुस्तैद रखते हैं। उसके लिए अंग्रेजी कोट के अन्दर ही एक ऐसी पोशाक जरूरी है जो कार्यकुशलता में सहायक हो और बहुत भारी न हो। यह कहना कि अपने भारतीय वस्त्र सब समय अच्छे हैं, जिद है, भारतीयता नहीं।

भारतीय स्त्रियाँ इस मामले में पुरुषों से ज्यादा अक्लमन्द हैं या शायद उनका क्षेत्र बहुत ज्यादा चौड़ा नहीं है, इसलिए आविष्कार की जरूरत नई तरह की पोशाकें निकालने में नहीं, प्रचलित पोशाकों को और सुन्दर बनाने में है। पिछली गर्मियों की चुस्त कमीज और तंग सलवार इस बार भी रहेगी लेकिन दिल्ली के मौसम में उसमें जो असुविधा होती है, उससे तंग आकर बहुत-सी स्त्रियाँ उसे छोड़ने का निश्चय अपने व्यवहार से प्रकट कर ही चुकी हैं। शौक के लिए एक साल पहन लिया, अब नहीं। उम्मीद है कि इस बार हल्के सूती कपड़ों पर फिर से ध्यान दिया जाएगा : मलमल हाथ की बुनी एक बार फिर लोकप्रिय हो उठेगी। इसके साथ ही शारीरिक सौन्दर्य का प्रसाधन भी निश्चय ही बदलना चाहिए : बदन को चुस्त कपड़ों से ढककर उसका सौष्ठव प्रकाशित करना ही एक साधन नहीं है। उसे यथोचित रूप से अनावृत रखना भी एक कला है। कहना न होगा कि दिल्ली की स्त्रियों ने इसे बड़ी सुरुचि से अपनाया है, और भारतीय साड़ी और चोली के पहनावे में उन्होंने एक नई ताजगी पैदा की है। वह अपने को बिना वजह तोप लेने का फूहड़पन भी नहीं है और बदन को उघारकर दिखाने की बेशर्मी भी नहीं है। वह एक ऐसा स्वाभाविक अन्दाज है, जो सुन्दर शरीर का आनुषंगिक बन जाता है और ऐसे सुन्दर शरीरों की इस नगर में कमी नहीं है।

जहाँ तक पुरुषों का सवाल है, पतलून के ऊपर पहनी जानेवाली चीज कमीज या बुश्शर्ट में सुधार की तमाम गुंजाइश है। पुरुषों का एक ऐसा सलूका होना

चाहिए जो जेबों में बोझ भी उठा सके, लू से रक्षा भी कर सके और साथ ही बहुत भारी न हो, पूरे सूट का रिवाज जो पिछले साल पूरा जोर नहीं पकड़ पाया था, इस साल जरूर बढ़ेगा। नए किस्म के वस्त्रों की बढ़ती हुई खपत इसका संकेत देती है। पर उनके रंग इतने गहरे हैं कि सिर्फ बहुत ज्यादा ठस लोग उन्हें खरीदेंगे। बहुत ठस यानी वे जिनको गर्मियों में काला या कत्थई अखरेगा नहीं।

[21.3.62]

❐

श्रीपतराय की दूसरी प्रदर्शनी जो अभी दिल्ली में हुई थी, उनकी कला साधना में एक महत्त्वपूर्ण अवसर का प्रमाण है। लगभग एक स्वर से आलोचकों ने माना है कि उन्होंने धीरे-धीरे अपने अन्तर में चित्र रचना का अपना प्रेय पा लिया है—या पा रहे हैं। इन आलोचकों में अखबारी आलोचकों को शामिल नहीं कर रहा हूँ जो इस तरह के चलताऊ वाक्यों के सहारे जीते हैं, जैसे 'अमुक कलाकार के चित्रों में शैली और उद्देश्य का समुचित सामंजस्य पाया जाता है' या 'रंगों का निर्वाह सुरुचिपूर्ण ढंग से हुआ है' वगैरह। दरअसल इस तरह की आलोचना का कोई खास मतलब नहीं होता। वह वैसी ही आलोचना है, जैसी अध्यापकगण बहुधा साहित्य की करते हैं। 'कोमल भावों का मनोवैज्ञानिक चित्रण सुन्दर बन पड़ा है' इत्यादि।

श्रीपतराय की कला को समीक्षक की दृष्टि से देखने के लिए पहले उन्हीं के चित्रों का इतिहास समझना जरूरी है। 1958 में जब उन्होंने इस माध्यम को काफी हद तक बरतकर देख लिया था, उनके चित्रों में दृश्य पर ही जोर था—कभी-कभी कथानक का आग्रह भी झलकता था। इस प्रदर्शनी में देखा कि इन दोनों से धीरे-धीरे मुक्त होकर रंग और रूपाकार को ही आत्मतुष्टि का साधन बनाया है। उनके कलाकार के लिए यह निश्चय ही निर्भीक निर्णय है : केवल रंगों के चुनाव और उनके संपुजन से वह उतना ही कुछ कहना चाहते हैं, जितना कुछ समय पहले वस्तुओं के पुनःसृजन से कहते थे। इस प्रकार उद्देश्यपूर्ण अर्थ वास्तविक रचना से उबरकर वह नितान्त स्वयंभू, और स्वयंसत्य रचना की ओर बढ़े हैं। जैसा कि एक आलोचक का कहना है एक पीढ़ी (प्रेमचन्द) से दूसरी पीढ़ी तक की यह यात्रा, भारतीय मानस के विकास का एक रोचक उदाहरण है।

[8.4.62]

❐

होली में रंग से जो लोग डरते हैं उन सबको पकड़कर उनका मनोविश्लेषण किया जाए तो राष्ट्र के नवोत्कर्ष में बहुत योग मिलेगा। हर बड़े शहर में ऐसे लोग हैं—राजधानी में तो बहुत हैं। ये लोग न तो यह जानते हैं कि वे होली क्यों नहीं खेलना चाहते न यह समझते हैं कि उन्हें होली क्यों खेलनी चाहिए।

होली के दिन मैंने तमाम लोगों को, जिन्हें सरकारी काम से घर से बाहर निकलना जरूरी था, पुराने, बिगड़ जाएँ तो कोई बात नहीं, इस तरह के सूती कपड़े पहने देखा। साथ ही यह भी देखा कि उनको बचाने के लिए वे हर तरह की पैंतरेबाजी भी कर रहे हैं। जैसे—'मैं इधर से न जाकर हुमायूँ रोड पंडारा रोड और वहाँ से वेल्जली रोड पहुँचा। वहाँ से एक गली पुराने किले को जाती है, उसमें घुसकर मथुरा रोड...' और फिर गर्वभरी हँसी कि इस होशियारी से मैंने अपने कपड़े बचा लिए।

इस तरह के सब लोगों को यों कितना भी खरा क्यों न माना जाए, वे एक जगह से चटखे हुए हैं और बजाने पर टन से नहीं बोलते। टन से बोलनेवाला आदमी उसको कहते हैं जो या तो सीधे-सीधे होली खेले या सीधे-सीधे होली न खेले—उसको नहीं जो होली सीधे-सीधे न खेले।

पर क्या होली कभी सीधे-सीधे खेली भी जाती है ? इस साल यहाँ पिछले कई सालों के मुकाबले बहुत ज्यादा हुड़दंग मचा। रास्ता रोककर खुले आम सराबोर करनेवाले लड़के कुछ अधिक जबर्दस्ती से काम ले रहे थे और रास्ता चलतों को छिपकर छीपनेवाले कुछ अधिक काइयाँपन दिखा रहे थे। कच्चे रबर का एक गुब्बारा बहुत चला, (आठ आने का एक गुरुस मिलता था; बेचनेवाले लड़के ने बताया खास होली के लिए बम्बई से मँगाया है) जिसमें रंग भरकर दूर से फेंककर मारा जाता है : चोट भी लगती है, रंग भी पड़ता है और एक खोखली-सी, उजड़ी-सी अनुभूति भी होती है कि हमसे किसी ने होली खेली।

दिल्ली के अखबारों में इस तरह की हरकत करनेवाले बच्चों को काफी डाँटा गया है। एक क्षण ठहरकर अगर कोई सोचे कि यह हरकत उन्होंने क्यों की तो उनसे सहानुभूति ही होगी। होली मूलत: सामाजिक त्योहार है। दीवाली तो आप अकेले भी मना सकते हैं पर होली अकेले किस तरह मनाएँगे ? दिल्ली की पुरानी बस्तियों में आबादी घनी है, वहाँ ऊँचे-नीचे हर तरह के सांस्कृतिक स्तर के लोगों का घनिष्ट सम्पर्क हो सकता है लेकिन नई दिल्ली की हाहाहूती सड़कों पर कोई बहुत होली खेलना चाहे तो भी होली के दिन जब सार्वजनिक यातायात बन्द रहता है मीलों तक अपने को अकेला पाता है। नई दिल्ली की सरकारी बस्तियों में लोग सटे-सटे रहते हैं पर शायद इसी वजह से अपने को समेटे भी रहते हैं—दूसरे से ज्यादा छू न जाएँ,

नतीजा यह है कि होली खेलने के लिए जिस तरह के दल की आवश्यकता प्राथमिक है वह नहीं ही बन पाता (पास-पास रहनेवालों, मित्रों या कुटुम्बियों की बात और है) और अजनबियों पर रंग डालते, गले मिलते चलने का दृश्य यहाँ नहीं दिखाई दे सकता। जिसको जानते हैं उसी से खुलकर मिलने में मन का संकोच झट से तोड़ना पड़ता है, फिर जिसको नहीं जानते हैं, उनसे होली मिलने के लिए दिल्ली के आत्मलीन नागरिक अपनी आत्मा पर इतना बोझ क्यों डालें?

रंग से डरनेवाले जिन लोगों का जिक्र ऊपर किया गया है, उस प्रकार के अनेक लोगों को होली के दिन भी काम करना पड़ता है। नेहरू जी ने खास होली के दिन अपना संवाददाता सम्मेलन कर डाला। कपड़े बचाए और संवाददाता सम्मेलन की गरिमा के उपयुक्त चेहरा बनाए हुए पत्रकार विज्ञान भवन पहुँचे।

जब नेहरू जी कमरे में दाखिल हुए तो सबने देखा कि उनकी सफेद अचकन पर गुलाल बिखरा हुआ है। मुँह पर से निश्चय ही पोंछकर आए होंगे। साफ-सुथरे सभ्य लोगों को लज्जित करने के लिए शायद इतना काफी नहीं था। इसलिए नेहरूजी ने बैठते ही कहा—'होली मुबारक'।

लेकिन इस सम्मेलन में सब अंग्रेज नहीं थे। सम्मेलन समाप्त होने पर बाहर मैदान में पहुँचते ही एक तरफ से 'होली है' का नारा बुलन्द हुआ और एक बड़ी सी पुड़िया गुलाल की निकल आई। जो भाग सके सो भाग निकले लेकिन दस-पाँच को रँगा मुँह लेकर ही अपने कार्यालय खबर लिखने वापस जाना पड़ा।

[8.4.62]

❑

भारत के विकास की चर्चा सब देशों में सुनी जाती है और कहीं-कहीं तो मुक्त कंठ से उसकी प्रशंसा भी लोग करते हैं। लाखों विदेशी हर साल नए भारत को देखने भी आते हैं। इनमें से जो राजधानी दिल्ली पहुँचते हैं उनकी संख्या बहुत कम है। इन्हें दिल्ली दिखाने का एक नया धन्धा राजधानी में चल निकला है। तमाम लोग विदेशियों को अपने घर अतिथि बनाकर ठहराते हैं और शहर घुमाने के अतिरिक्त भारत के सम्बन्ध में उनके सवालों का जवाब भी देते हैं।

लगभग साल भर हुआ भारत सरकार ने एक पड़ताल यह जानने के लिए शुरू की थी कि दिल्ली में कौन-कौन से परिवार ऐसे हैं, जहाँ विदेशियों को आदर्श भारतीय जीवन से परिचित कराया जा सकता है। इस पड़ताल का नतीजा अभी मालूम नहीं हुआ है, लेकिन यह अनुमान करना अनुचित नहीं है कि इस प्रकार के परिवार कम ही होंगे जिनमें भारतीय तौर-तरीकों के आधार पर एक आधुनिक

जीवन पद्धति विकसित करने की चेतना हो। 'शुद्ध' भारतीयता की दोहाई देनेवाले तो बहुत मिल जाएँगे और पश्चिम की ठेठ नकल करनेवालों को ढूँढ़ना न पड़ेगा, पर ये दोनों वास्तव में भारतीय नहीं हैं, क्योंकि अत्यन्त दकियानूसी परिभाषा के अनुसार भी भारतीय वही है, जो नए और पुराने का समन्वय करता चलता है।

जो हो, विदेशियों के सामने भारत का नमूना रखने को जो लोग तैयार रहते हैं उनकी दशा विचारणीय है। 'अज्ञेय' की यात्रा-कथा 'एक बूँद सहसा उछली' में पढ़ा था कि भारत के कोई एक राजदूत विलायत में बड़ी शान से घोषणा करते थे कि भारत का सौन्दर्य यूरोप के एक पहाड़ी बँगले से भी तुच्छ है। नई दिल्ली में उस दिन एक दृश्य देखा जिससे निर्विवाद रूप से मुझे स्पष्ट हो गया कि उन राजनयिक प्रतिनिधि महोदय का भारत ज्ञान कहाँ से आया है।

कनॉट प्लेस के पार्श्व में जनपथ का जिक्र है। (जनपथ, जिसे पहले 'क्वींसवे' कहा जाता था) रोज की तरह खरीदारों की रंगीन भीड़ मौज ले रही है। एकाएक देखता हूँ कि एक बैलगाड़ी न जाने कहाँ से सड़क पर आ गई है। उसके पहियों में रबर के टायर लगे हैं (जनपथ पर बैलगाड़ियाँ मना हैं; इसी को लेकर सोशलिस्ट पार्टी के एक उम्मीदवार ने 1957 के चुनाव में कहा था, 'वह सरकार जनता की नहीं, जो राजधानी में किसान को घुसने नहीं देती' पर शायद आजकल रबरवाली बैलगाड़ी आने दी जाने लगी है।) बैलगाड़ी पर रखा है एक सोफा। सोफे पर बैठे हैं—चारखानेदार कमीज, सँकरी पतलून, गले में कैमरा और चेहरे पर कौतूहल वाले एक वृद्ध अमरीकी सज्जन। वह अकेले नहीं हैं साथ में उनकी अनतिवृद्धा सहधर्मिणी भी चमचमाती नई पोशाक धारण किए सिगरेट फूँकती बैठी हैं। इस सवारी के पीछे एक लम्बी काली नीची छतवाली मोटर जिसमें बन्द गले के कोटवाले ड्राइवर को छोड़कर और कोई नहीं है। कहना न होगा कि वह मोटर बैलगाड़ी की ही चाल से उसके पीछे चल रही है। पर जुलूस इतना छोटा नहीं है। सबसे आगे सफेद कमीज और दिल्ली के मई महीने में काली पतलून डाटे पट्टे चिकनाए एक भद्र पुरुष भी हारमोनियम बजाते चल रहे हैं। पीछे कोई भीड़ नहीं है। जो है वह सड़क के दोनों किनारे जमा होकर मेरी तरह यह पहेली बूझने की कोशिश कर रही है।

मोटरकार के ड्राइवर के पास इस अचम्भे का रहस्य होगा यह सोचकर मैंने उससे पूछा। वह बहुत खुश हुआ। बोला, 'आप अखबार के आदमी हैं?' उत्तर में 'हाँ' पाकर कहने लगा, 'आइए, गाड़ी में बैठ जाइए लेकिन आपका फोटोग्राफर कहाँ है?' 'यहाँ नहीं है,' सुनकर उसका मुँह लटक गया पर जो मिलती है उतनी ही पब्लिसिटी क्या बुरी है, शायद उस खयाल से उसने अंग्रेजी में सारा किस्सा सुना डाला जिसका सारांश यह है कि वह किसी विदेशी दूतावास में नौकर है। वहाँ के एक बड़े अफसर के कोई सम्बन्धी भारत देखने आ रहे थे। अफसर ने अपने विश्वासपात्र भारतीय नौकर को

बुलाकर कहा, 'देखो, वे लोग बड़े-बड़े शहर तो घूमेंगे ही, लेकिन, ग्रामीण भारत का भी अनुभव करना चाहेंगे, तुम इसका प्रबन्ध कर दो। तब फिर मैंने यह इन्तजाम कर दिया', ड्राइवर महोदय ने कहा, 'देखिए यह सब मेरा ही 'आर्गनाइज' किया हुआ है। मेरा नाम आप खबर में तो देंगे ही बस फोटो की कसर रह गई।'

उसी समय मन ही मन मैंने उससे वायदा किया था कि नाम तो तुम्हारा शायद न छपे, क्योंकि तुम कोई खास आम लोगों में से हो जो विदेश के सामने अपनी ही तस्वीर रखने को तैयार हैं, जो विदेशियों की कल्पना अनुसार भारतीय हो। पर फोटो की कसर मैं इस दृश्य का खाका खींचकर पूरी कर दूँगा।

[3.6.62]

❒

पिछले दिनों कांस्टिट्यूशन क्लब के भवन में भारत और अफगानिस्तान की मैत्री के पक्ष में एक आयोजन हुआ। हिन्द अफगान मैत्री संघ ने इसे किया था और सौभाग्य से इसमें बड़े-बड़े भाषण नहीं थे—बल्कि आमंत्रितों में ही कम से कम एक ऐसा व्यक्ति था जिसने उपराष्ट्रपति बनने के बाद अपने पहले सार्वजनिक वक्तव्य में कहा था कि हम लोगों को जरूरत से ज्यादा बोलने की आदत छोड़नी चाहिए। डॉक्टर जाकिर हुसैन इस समारोह में आदि से अन्त तक रहे और खुद तो नहीं बोले, लेकिन शुरू में एक खासा लम्बा और पिटा-पिटाया भाषण उन्होंने धैर्यपूर्वक सुना, गनीमत हुई कि वही अन्तिम भाषण था गाना-बजाना अलबत्ता हुआ और खूब महफिली अन्दाज से हुआ।

आयोजक लोग दो कलाकार लाए थे—दोनों अच्छे गले वाले और सच्चे दिल वाले इनसान थे लेकिन लाख कोशिश करने पर भी वे कमरे से वह वातावरण न हटा सके जो स्कूलों के वार्षिकोत्सवों में होता है जहाँ वर्ष में एक बार विद्यार्थियों के अभिभावकों को भी सांस्कृतिक कार्यक्रम देखने को मिलता है। यहाँ भी श्रोता कुछ इसी तरह भौंचक बैठे थे। सिर्फ पहली पंक्ति में कुछ कनरसिया मालूम हुए। इनमें से एक साहब तो इतने मस्त हुए कि जब गायिका ने कहा कि हारमोनियम साथ नहीं दे रहा है तो उनसे चहके बगैर न रहा गया और बोले, 'अजी बाजा साथ नहीं दे रहा है तो क्या, हम तो आपका साथ दे रहे हैं।' इस पर भौंचक श्रोतावर्ग में जोर का ठहाका पड़ा क्योंकि मजाक समझना मुश्किल हो मगर फिकरेबाजी समझना आसान होता है और गाना समझने से तो ज्यादा ही आसान होता है। बाद में मालूम हुआ कि यह गुणग्राहक महोदय दिल्ली के एक मशहूर नेता हैं और सरकार में भी कुछ दखल रखते हैं। शायद वह भूल गए थे कि महफिल में नहीं, सार्वजनिक सभा में बैठे हैं और

उपराष्ट्रपति के सामने बैठे हैं। तो भी आशा है, उपराष्ट्रपति ने उन्हें क्षमा कर दिया होगा क्योंकि भूल इनसान से ही होती है चाहे वह राजनीतिक आदमी ही क्यों न हो।

एक और तरह की भूल उस दिन बहुत से इनसानों ने की, यह भूल कहीं ज्यादा मानवीय भूल थी। जिस कमरे में मैत्री संघ का आयोजन था उससे सटे हुए एक दूसरे कमरे में चाय की मेजें लगी हुई थीं और खानसामे तैयार खड़े थे। मैत्री संघ की सभा शुरू होने में देर थी इसलिए बहुत से अतिथि बेचारे यह निर्णय न कर सके कि चाय सभा के पहले है या बाद में और अन्त में यह सोचकर कि पहले होने में क्या हर्ज है, उस कमरे में चले गए। लोगों को आता देखकर खानसामों ने गरम-गरम पकौड़े निकालने शुरू कर दिए।

थोड़ी देर में एक मोटे-ताजे प्रबन्धकनुमा भाईजी कमरे में आए और जो सामने पड़ा उससे पूछने लगे, 'आप किसके मेहमान हैं? मैत्री संघ के।'

बहुत से लोगों ने कहा, 'हाँ जी, हाँ जी'—(दिल्ली में जी हाँ, को हाँ जी कहते हैं, यह तो आप जानते ही होंगे)।

'तो फिर यह आपकी पार्टी नहीं है।' प्रबन्धकनुमा भाईजी बोले।

यह पार्टी किन्हीं प्रकाशक महोदय की थी जो एक फिल्मी पत्रिका निकालते हैं और एक स्थानीय कांग्रेसी नेता के सम्मान में की गई थी जिनका फिल्म प्रेम प्रसिद्ध है। कांस्टिट्यूशन क्लब में एक साथ तीन-चार सभाएँ होना कोई बात नहीं है, लेकिन समझदार लोग अपनी चाय पार्टियाँ आमतौर से दूसरों की भाषण गोष्ठियों से इतने पास नहीं रखते हैं।

खैर, बाद में मालूम हुआ कि जो लोग सम्मान पार्टी की चाय पी आए उनमें से अधिकांश दोनों ओर के अतिथि थे। ऐसे अतिथियों के लिए यह तो सम्भव नहीं ही था कि वे एक समय में दो कमरों में मौजूद रहें इसलिए बाद में जब दोनों जगह के कार्यक्रम चालू हो गए तो दोनों कमरों में एक दूसरे कमरे की जो आवाजें आ रही थीं उन्हीं को वे सुनते रहे। जैसे यहाँ एक गाना गाया जा रहा है, वहाँ किसी के भाषण पर तालियाँ बज रही हैं या वहाँ किसी वक्ता का नाम पुकारा गया तो यहाँ किसी गाने पर तालियाँ बज रही हैं या वहाँ कोई भाषण खत्म हुआ और यहाँ कोई गाना खत्म हुआ और दोनों जगह तालियाँ बज रही हैं।

[1.7.62]

❐

दिल्ली में पिछले बारह वर्ष से रंगमंच का काम लगकर हो रहा है। कोई आशा कर सकता है कि नाटक देखनेवालों की रुचि का बड़ा परिष्कार हो गया होगा। पर यह समीकरण सहज नहीं है।

नेशनल स्कूल ऑफ ड्रामा ने 'एंटिगनी' की कहानी हिन्दी में प्रस्तुत करके जितने आत्मविश्वास का परिचय दिया था उतने संस्कार का परिचय दर्शकों ने नहीं दिया। इस पर कहाँ तक दर्शकों से नाराज हुआ जा सकता है, यह अलग बात है पर इतना पूरी जिम्मेदारी से अभी ही कहा जा सकता है कि उन्हें साहित्य और भाषा दोनों में बहुत सीखना बाकी है। यदि यही नाटक अंग्रेजी में खेला गया होता तो दर्शकों की प्रतिक्रिया का पता ही न चलता और अखबारी 'नाट्य समीक्षक' की राय से ही काम चल जाता लेकिन अपनी घरेलू भाषा को एक गहरे विचार की अभिव्यक्ति में प्रयुक्त होते सुनना और बात है। वह उस भाषा के लिखनेवाले और सुननेवाले दोनों की परीक्षा है जिससे वह जाहिर हुए बिना रह ही नहीं सकता कि जीवन की गहराई का साहित्य के माध्यम से उन्होंने पहले से कितना अनुभव कर रखा है। जिस वक्त एंटिगनी अपने प्रेमी को पत्र लिखने के लिए पहरेदार को सोने की अँगूठी का लालच देती है, पहरेदार का यह पूछना कि 'सोने की है न?' एंटिगनी के भविष्य की अनिवार्यता को और तीव्र करता है। पर गणमान्य अतिथियों से भरी हुई फाइन आर्ट्स की रंगशाला में उस वक्त बड़े जोर का कहकहा सुनाई पड़ता है।

यह हरकत सिर्फ इसी स्थल पर नहीं हुई—कम से कम दस मर्तबा सिद्ध हुआ कि लेखक और दर्शक के बीच जो लेन-देन चल रहा था वह बिलकुल गलत था क्योंकि हर बार जब वे स्थल आए जहाँ दर्शक के अन्दर कुछ और होना चाहिए था तो वह हँसा। अगर रोता तो और भी गजब होता क्योंकि वे स्थल न रोने के थे न हँसने के, समझने के थे।

पर सारा दोष दर्शकों पर न डालना ही ठीक रहेगा। आखिर उन्होंने किस तरह के नाटक अभी तक देखे हैं? और लेखक (अर्थात् ज्याँ आनुई के अनुवादक) ने भी मूल के प्रति या कहें कि अपने प्रति कितना न्याय किया है? उनका अनुवाद जगह-जगह ठिठककर जैसे खड़ा हो जाता है और जब एक भरती का शब्द आकर उसे धक्का देता है तो फिर चल निकलता है। यह तो ऐसी तकलीफ है जो रफा की जा सकती है।

[1.7.63]

लघुमानव : शिशु

बच्चों की जरूरतों पर आज का समाज पहले से ज्यादा ध्यान देता है इसमें शक नहीं, लेकिन सोचने की बात यह है कि बच्चों की जरूरतें बड़े कहाँ तक ठीक-ठीक समझ पाते हैं।

शंकर के प्रयत्नों से बच्चों की एक चित्रकारी प्रतियोगिता अन्तर्राष्ट्रीय पैमाने पर होने लगी है—1959 की प्रतियोगिता में 60000 चित्र दाखिल किए गए—अभी हाल में इनमें से चुने हुए चित्रों की नुमाइश गृहमंत्री श्री पंत ने नई दिल्ली के शिल्पकला भवन में खोली।

नुमाइश बहुत शानदार थी। दोनों कमरे ऊपर और तहखाने में सभी प्राप्य स्थान नीचे, पाँच से भी कम से लेकर सोलह वर्ष तक के बालक-बालिकाओं की कारीगरी से लबालब भरे हुए थे और अगर और भी कुछ उतना ही लबालब था तो वह आयोजकों का उत्साह और उसके लिए गृहमंत्री के प्रशंसात्मक उद्‌गार। इतना बड़ा आयोजन कर पाना—'दुनिया के विरोधी विचारधाराओं वाले देशों को एकत्र कर सकना'—जैसा श्री पंत ने कहा—और इस आयोजन को एक वार्षिक स्थायित्व दे सकना बड़ी बात है जिसके लिए आयोजक बधाई के पात्र हैं।

पर अन्दर चित्रों को देखकर आयोजकों पर से ध्यान हटकर निश्चय ही ज्यादा गहरी बातों पर जाना चाहिए : जैसे अधिकांश चित्रों में बड़ों के असर की छाप इतनी स्पष्ट क्यों है ? मानो वह शुद्ध 'छाप' हो, ऊपर से दाबी गई जो शिशु के शिशुमानस को सचमुच छापे हुए हो। और फिर यह लक्षण सभी देशों की शिशु कृतियों में रहते हुए भी अपने देश की चीजों में क्यों सबसे अधिक मुखर है ? और यह भी कि इस प्रवृत्ति को विश्वव्यापी मान लेने से क्या इसका विरोध अनावश्यक हो जाता है ? बल्कि तब क्या उसे आयोजन के विराटत्व से पोषण मिलने का खतरा दीख नहीं जाना चाहिए ?

शंकर की अन्तर्राष्ट्रीय शिशुकला प्रतियोगिता के अन्तर्गत इस विशाल शिशुकार्य को देखते हुए कौतूहल-तृप्ति-सन्देह और कभी-कभी एक अद्‌भुत विस्मय के—शायद वह अपने अन्दर की किसी गुत्थी को शिशु के हाथों सुलझा देख पाने से होता

है—अनुभव होते हैं पर यह अनुभव कभी ही कभी होता है; ज्यादातर तो यही लगता है कि ये वे चित्र हैं जो बड़े बनाते तो ज्यादा अच्छे बनते। यह अनुभव बच्चों की चित्रकारी देखने पर हो तो बहुत निराशा की बात है—यही चीज तो बच्चों की अभिव्यक्ति को दाबे रखनेवाली वह परम्परा हमें देती रही है जिसमें इन पंक्तियों के लेखक ने भी बचपन में बुन्दीदार लाइन पर पेंसिल फेरकर ड्राइंग सीखी थी। शिशु के हाथ में रंग और कूँची देने का प्रयोजन उसे रंग का अनुभव कराना होना चाहिए। मैं इस रंग को क्यों इस्तेमाल कर सकता हूँ यह उसे जानने को मिले तो वही अभीष्ट है—कुछ बड़े बच्चे अपनी आँखों से दुनिया की चीजों की जो शक्ल देखते हैं उसकी अनुकृति भी कर सकते हैं—यानी वे शक्लें खींच सकते हैं जो उन्हें दिखाई देती हैं : हमें नहीं। कुछ और बड़े बच्चे थोड़ा-थोड़ा हम लोगों का भी दृष्टि वैचित्र्य समझने लगते हैं। और जब हूबहू वही तसवीरें बनाने लगते हैं जो हमें दिखाई देती हैं तो बच्चे नहीं रह जाते। प्रतियोगिता की नुमाइश में पाँच वर्ष से कम आयु के बच्चों में भी बड़ों की दृष्टि के प्रति घनी सहानुभूति दिखाई दी—शायद यह बड़ों की अत्यधिक ममता का प्रतिपादन रहा हो पर यह शिशु के विकास के लिए हजार बार बुरा है चाहे कोई उसे देखकर अपने बच्चों पर (सच तो है कि मन ही मन अपने पर) कितना ही गर्व क्यों न कर ले।

शंकर की विराट प्रतियोगिता में और उसके द्वारा जरूर इस प्रवृत्ति का कोई निराकरण किया जा सकता है। समाज को शंकर की सद्‌भावना और उससे भी ज्यादा उनकी सूझबूझ पर भरोसा है और यह समझकर चलना ही विश्वासप्रद है कि वह खुद बच्चों पर बड़ों के गैर जरूरी, गैर जिम्मेदाराना प्रभाव के खतरे को समझते हैं; उनकी प्रतियोगिता के दाखिलों को जो निर्णायक परखते हैं वे हर रचना में अपने समझने योग्य कुछ खोजने का मोह छोड़े—बच्चे की आँखों से परखें तो ठीक होगा। बल्कि अगले साल बच्चों का ही या बच्चों का भी निर्णायक मंडल बनाकर क्यों न देखा जाए? और नहीं तो कुछ तुलनात्मक मसाला ही मिलेगा।

[11.9.60]

❐

उस दिन दोपहर को एक अड्डे पर बस ठहरी देखकर दौड़ा हुआ गया तो देखा स्कूल की बस है। खैर उस भले कंडक्टर ने कहा, 'आ जाइए' और इस तरह बीच से माँग काढ़े, छोटी-छोटी दो चोटियाँ डाले, सफेद कमीज और लाल फ्रॉक पहने बहुत-सी बच्चियाँ और सजग, सामने देखनेवाले, हरे कोट और सुरमई पैंट पहने बहुत से बच्चों के मध्य अपने को पाने का अद्‌भुत अनुभव मुझे प्राप्त हुआ।

मैं एक बच्ची को गौर से देख रहा था जो अपनी भारी बकसिया को उठाकर सीट पर रख रही थी कि चीख मारकर बस एकाएक रुक गई। ठीक सामने सड़क से आती हुई एक मिलिटरी गाड़ी रास्ता छेके खड़ी थी—खड़ी तो वह अब हुई थी, पहले तो बिना देखे धँसती आ रही थी और उसी को बचाने के लिए ड्राइवर ने बस रोकी थी।

सहसा मुझे दो वर्ष पहले की वह दुर्घटना याद आई जिसमें श्यामाप्रसाद स्कूल की एक बस से लोदी रोड के चौराहे पर एक ईंट ढोनेवाला ट्रक आकर ऐसे ही लड़ा था और स्कूल बस की दीवारें कुचली हुई दियासलाई की डब्बी की तरह खुल गई थीं। बस्ते और बस्तों से छिटककर गिरा एक लट्टू, एक रँगाई की कूँची, एक 'शेरेबाघ के मुँह में' नामक किताब सड़क पर बिखरी हुई मैंने दुर्घटना के काफी बाद देखी थी। हताहतों का जिक्र यहाँ न करूँगा।

दिल्ली में स्कूल जानेवाले बच्चे बस में या पैदल बड़े-बड़े खतरों से बचते चलते हैं फिर भी हर साल अनुमानत: 50-60 बच्चे घायल होते हैं। कुछ असाध्य रूप से।

तभी बारहखंभा रोड पर मॉडर्न स्कूल के पास एक नया निशान लगाया गया है, जिसका मतलब है कि 'यह बच्चों के सड़क पार करने की है।' पर दिल्ली के केन्द्रीय सड़क अनुसन्धान संस्थान का यह सुझाव कितना अच्छा है कि हर उस बच्चे को जो सड़क पार कर रहा हो, मोटर या साइकिल सवार लालबत्ती समझे—रुक जाए। 'बच्चों को पहले जाने दो' यह सड़क पर गाड़ी चलानेवालों का पहला नैतिक सिद्धान्त होना चाहिए।

[11.12.60]

❑

जिस वक्त शिक्षकों के विराट अन्तर्राष्ट्रीय सम्मेलन की तैयारियाँ हो रही थीं, जो इस मास के आरम्भ में नई दिल्ली में सम्पन्न हुआ, यहाँ कुछ बौद्धिकों को छोड़कर बाकी को यह अनुमान भी न था कि वह सम्मेलन कितना महत्त्वपूर्ण होगा। उन्हें केवल इतना ही महत्त्वपूर्ण जान पड़ रहा था कि उसका उद्‌घाटन श्री नेहरू करेंगे। लेकिन जैसे-जैसे सम्मेलन की कार्रवाई चलती गई, यह बात उभरकर सामने आती गई कि चालीस लाख से ऊपर शिक्षकों का प्रतिनिधित्व करनेवाले लगभग सवा सौ राष्ट्रीय शिक्षक संस्थाओं के जो सात सौ प्रतिनिधि सत्तर देशों से यहाँ आए हुए हैं, केवल एक औपचारिक भेंट करने नहीं आए हैं। और यह भी कि उनकी शक्ति गैर सरकारी प्रतिनिधि होने के नाते दिल्ली में रोजमर्रा होनेवाले सम्मेलनों के शिष्टों से

अधिक है। ये प्रतिनिधि जो सोचते हैं और इस सम्मेलन में जो निष्कर्ष वे निकालेंगे, वह सत्तर सरकारों के अलावा संयुक्त राष्ट्र की विशिष्ट संस्थाओं को प्रभावित करेगा, क्योंकि वह सच्चा जनमत होगा, सिर्फ पूर्वनिश्चित निर्णयों का या राजनीतिक पूर्वग्रहों का सरकारी अनुमोदन नहीं। इस सम्मेलन का विषय था 'विद्यार्थियों में दायित्व का विकास'। कहना न होगा कि यह विषय आज के सन्दर्भ में विश्वदायित्व को शामिल किए बिना पूरा नहीं होता। छोटे दायित्वों से शुरू करके विषय का तर्क हमें विशाल जनसमूहों के प्रति व्यक्ति के दायित्व तक ले जाता है और वहाँ सबसे बड़ा प्रश्न यह उठ खड़ा होता है कि वह कौन-सा समाज होगा जिसमें कि व्यक्ति को अपने दायित्व उठाने के अवसर मिलेंगे—उससे आशा की जाएगी कि वह समाज के प्रति कोई भी दायित्व रखे, अपने प्रति एक विशेष दायित्व अवश्य ही रखेगा, और यह भी कि वह अन्तिम शक्ति जो व्यक्ति से सब कार्य कराती है कोई तानाशाही या वर्दीशाही न होकर सच्ची जनभावना और मानवीयता होगी।

सम्मेलन ने जो प्रस्ताव पास किए हैं, सरकारों के और संयुक्त राष्ट्र के पास भेज दिए गए हैं। आशा है कि उनमें से कुछ को छोड़कर बाकी इनके द्वारा माने और अमल में लाए जाएँगे। इन प्रस्तावों में से कम से कम एक अवश्य ऐसा है, जो भारत सरकार के लिए सबसे ज्यादा मौजूँ है और वह है प्राइमरी शिक्षकों के वेतन बढ़ाने का प्रस्ताव। हमारे यहाँ नए युग और नई दृष्टि की बातें बहुत बघारी जाती हैं लेकिन जो लोग यह जानते भी हैं कि नई दृष्टि शिक्षा पद्धति के माध्यम से ही दी जा सकती है, वे भी शिक्षक को एक शिल्प कुशल मिस्त्री से अधिक वेतन नहीं देना चाहते : कहते हैं कि वेतन अधिक देने से शिक्षकों का आदर्शवादी स्वभाव भ्रष्ट हो जाएगा या इसकी वजह शायद यह हो, हालाँकि यह वे कहेंगे नहीं, कि ज्यादा पैसे पानेवाला समाज के शक्तिशाली वर्ग में शामिल हो जाता है और हम यह तो चाहते हैं कि जनता को नई दृष्टि मिले, लेकिन यह नहीं चाहते कि नई दृष्टि देनेवाले लोग या पानेवाली जनता इतनी सशक्त हो जाए कि बिना हमारी मर्जी के उसका उपयोग करने लगे।

[27.8.61]

❒

स्त्रियों की शिक्षा उन विषयों में से है, जिस पर तीसरी योजना के बजट में कटौती का कुल्हाड़ा चला है। इस तरह के विषयों की संख्या सच पूछिए तो इतनी अधिक है कि साधारण आदमी के लिए यह समझना बड़ा मुश्किल है कि कौन-सी मद है जिस पर खर्च ज्यादा करने के लिए बाकी पर खर्च कम किया जा रहा है।

स्त्री शिक्षा की राष्ट्रीय परिषद की अध्यक्षा श्रीमती दुर्गाबाई देशमुख ने पिछले दिनों परिषद का जो अधिवेशन दिल्ली में किया था उसका खास उद्‌देश्य इस कटौती का विरोध करना था। श्रीमती देशमुख ने साफ-साफ कहा कि चारित्रिक उन्नति और समाजोत्थान की बड़ी-बड़ी बातें करना आसान है और मौके-कुमौके लोग करते भी हैं; पर जब उन आदर्शों को पाने के लिए काम करना होता है तो कहते हैं—यह काम इतना जरूरी नहीं; अभी ठहर जाइए। संविधान की इस प्रतिज्ञा को हम अभी तक पूरी नहीं कर पाए हैं कि नियत समय में देश का प्रत्येक बच्चा निःशुल्क शिक्षा पाने लगेगा। उधर स्कूल जानेवाले लड़कों से लड़कियों की संख्या 50 प्रतिशत से भी कम है।

श्रीमती दुर्गाबाई देशमुख देश के उन इने-गिने व्यक्तियों में से हैं जिन्हें सच्चे काम के लिए लगन है, सम्मेलनबाज और आँकड़ेबाजी से मतलब नहीं। उनके रास्ते में खानापूर्ति करनेवाली पद्धतियों का आड़े आना स्वाभाविक है। उन्होंने दस करोड़ चालीस लाख रुपया परिषद के लिए स्वीकृत होने पर जोरदार शब्दों में योजना आयोग के प्रतिनिधियों को चेता दिया है कि इससे काम नहीं चलेगा—और चलाना ही है तो जनता को धोखे में रखने की क्या जरूरत है। साफ-साफ कह दिया जाए कि इतने रुपए में जो लक्ष्य सिद्ध होते हैं वे ही हमारे लक्ष्य हैं। मगर डर है कि आखिरकार इस मामले में भी जनमत कुछ काम न कर पाएगा। श्रीमती देशमुख को नेहरू जी से ही मिलना पड़ेगा।

[4.6.61]

❐

उस दिन राजधानी के एकमात्र मूक बधिर विद्यालय में विकलांगों के शिक्षकों का एक अखिल भारतीय सम्मेलन हो रहा था। मैदान में भीड़ से थोड़ा हटकर एक व्यक्ति खड़े थे जिन्हें मैंने पहचाना; उनसे रोज ही दुआ-सलाम होती थी। मैंने सहज आश्चर्य से पूछा, 'यहाँ कैसे?'

उत्तर में उन्होंने आठ-दस साल के एक लड़के की तरफ इशारा किया, जो उनके पास खड़ा था। एक झलक मैंने उस स्वस्थ बच्चे को देखा और एक कहानी खुलती हुई चली गई। मुझे नहीं मालूम था कि मेरे सुपरिचित उन व्यक्ति के हँसमुख जीवन में कहीं एक बड़ी, बहुत बड़ी, बहुत प्रत्यक्ष विवशता छिपी हुई है। वह अपने पुत्र का लालन-पालन इस निर्मम जानकारी के साथ कर रहे हैं कि वह गूँगा है। एक लम्बे क्षण के लिए यह जरूरी हो गया कि जो मौन एकाएक हम दोनों के मध्य आ गया था, उसको पार करते हुए हम दोनों एक-दूसरे की तरफ बढ़ें और उस

स्थान तक आ जाएँ, जहाँ मेरा कौतूहल क्षार हो चुका हो और उनका संकोच द्रवित हो चुका हो।

हम लोग उस बिन्दु पर आए, और फिर उस लड़के ने भी हमें अपनी संगति में ले लिया। पिता पुत्र को संकेतों और मुखमुद्रा से बात करते भी मैंने बिना किसी कौतूहल के देखा और मैंने यह भौंडा सवाल भी नहीं पूछा कि क्या आपके और लड़के भी हैं ?

लड़का अपने बाप से कह रहा था कि आप चाहें तो जाएँ, मैं बाद में आ जाऊँगा। मैंने देखा कि उसके भी कई दोस्त थे और उसके शिक्षक ने उसके पिता को जाते देखकर उसे अपने संरक्षण में ले लिया। उसकी एक छोटी-सी पर सम्पूर्ण दुनिया वहाँ थी और वह उसका एक अंग था।

थोड़ी देर में सम्मेलन शुरू हुआ। उसके पहले लाउडस्पीकर पर जोर-जोर से पहले 'मेरा नाम राजू, घराना अनाम' बजा फिर 'एक सवाल मैं करूँ, एक सवाल तुम करो' और हवा चीख-पुकार से चिथड़े-चिथड़े हो गई। बड़ी देर तक सोचता रहा कि क्या उनको भी कुछ मालूम हुआ होगा कि क्या हुआ, जो जन्म से बधिर और इसलिए मूक हैं और जिनका वह उत्सव था या कि छिछले सामाजिक समारोह का वह प्रदर्शन केवल हम दुनियावालों को दिखाने और सुनाने के लिए किया जा रहा था जो वहाँ विकलांगों की हिमायत करने और उन पर तरस खाने आए थे ?

[4.6.61]

❒

पिछले दिनों राज्यों के शिक्षा संचालकों की एक बैठक दिल्ली में हुई थी जिसमें तीसरी योजना के शिक्षा आयोजनों को कार्यरूप देने पर बात की गई थी। बैठक के कार्यक्रम में बहुत चीजें थीं पर एक चीज उनमें ऐसी थी जो दिल को छू गई।

बड़े भोलेपन से एक जगह लिखा हुआ था, 'यह बड़े दुर्भाग्य की बात है कि छोटे बच्चों की पाठ्य-पुस्तकों की बात पर अभी तक समुचित ध्यान नहीं दिया जा सका है।'

अपनी गलती के लिए अपने को दोषी ठहरा लेना बच निकलने की सबसे आसान तरकीब भी हो सकती है और पश्चात्ताप से उत्पन्न स्वस्थ प्रायश्चित भी। पर यह सोचने की बात है कि बच्चों के कल्याण जैसे महत्त्वपूर्ण विषय में 10 साल तक आप सोते रहें—और निश्चयात्मक रूप से तमाम नुकसान बच्चों के दिमागों और संस्कारों को होता रहे—उसके बाद जब अपने सिर पर पड़े तब जागें

और दाँत निपोरकर कहें, 'देश का बड़ा दुर्भाग्य है कि फलाँ ओर अभी तक ध्यान नहीं दिया गया...'

असलियत यह है कि तीसरी योजना के अन्तर्गत 6-14 तक के बच्चों को निःशुल्क और अनिवार्य शिक्षा देने की जो परिकल्पना की गई है, उसमें किसी न किसी वक्त राज्य को बच्चों के लिए बिना दाम लिये किताबें, कॉपियाँ भी मुहैया करना पड़ सकता है। उधर हालत यह है कि मुनाफाखोर लोगों ने, जिन्हें बच्चों के संस्कारों के लिए क्या दर्द हो सकता है, खासकर प्राइमरी कक्षा की और आमतौर से बाकी पाठ्यपुस्तकें इतनी कमजोर और घटिया बनाई हैं कि साल में ही एक किताब की 4-6 प्रतियाँ मँगानी पड़ती हैं—2 महीने भी एक प्रति चल गई तो बहुत समझिए।

उधर बच्चा जब मैले कागज पर बदरंग छपी ऐसी किताब देखता है जो उसके छूते ही फट जाए तो उसे एक खास तरह की ग्लानि और अनास्था अपने में होती है। यह अनास्था की भावना कच्ची उम्र में लगातार मन में उभरी रहे तो हमेशा के लिए उस व्यक्ति को चुपचाप लँगड़ा कर जा सकती है—हमेशा के लिए उसे विश्रृंखल कर दे सकती है।

इस ओर अभी तक ध्यान न देकर जो नुकसान हुआ है वह मामूली नहीं है। उसकी क्षतिपूर्ति नहीं हो सकती पर आगे बड़ी भारी पैमाने पर वही गलती फिर होने से बचाई जा सकती है—और साथ ही अपनी ईमानदारी और सदाशयता का झंडा भी ऊँचा रखा जा सकता है। छोटी-छोटी ईंटों पर ध्यान देना हमारे आयोजकों की आदत कभी न रही, उन्होंने हमेशा भीमकाय स्तूपों की ओर ध्यान दिया है। जब तक कोई खंड अरअराकर नीचे नहीं आ रहता, तब तक ऐसे ही चेताते रहना क्या बुरा है।

[9.7.61]

❐

शारीरिक अक्षमताओं में से कौन सबसे दारुण है, यह कह सकना बहुत कठिन है। हो सकता है दृष्टिहीनता हो, लेकिन यह कैसे कहा जा सकता है कि जिसके दृष्टि है, परन्तु श्रवण शक्ति नहीं है, उसका जीवन दृष्टिहीन से कुछ भी अच्छा है। वास्तव में मानव शरीर जैसी सम्पूर्ण रचना का कोई भी अंश विकृत होना एक-सा ही दुखद है, कभी-कभी यह विडम्बना चाहे देखने में आए कि एक विकलांग अपने को दूसरे विकलांग से बेहतर समझता हो, अपने हाथ न होना दूसरे के पैर न होने से ज्यादा अच्छा मानता हो।

दिल्ली में लगभग दो हजार ऐसे व्यक्ति हैं, जिन्हें जन्म से ही श्रवण शक्ति नहीं है। ये लोग इसी अभाव के कारण कभी भी शब्द जैसी वस्तु का परिचय न होने से बोलना, भाषा का प्रयोग करना, नहीं सीख सके। किन्तु मनुष्य की जीने की इच्छा इतनी प्रबल है कि वाणी अभाव उसके आगे तुच्छ अभाव है। बधिर समाज ने इसी इच्छा के बल पर अपनी भाषा का आविष्कार कर लिया है। उन्हें आपस में बात करते देखना एक गम्भीर अनुभव है—खासकर उन लोगों के लिए जो किसी भी विकृति को उपहास का कारण मानते हैं, या जिनको अपने पर इतना वश नहीं है कि शारीरिक विकृति को देखकर हँसने की स्वाभाविक और असंस्कृत प्रवृत्ति को संस्कार दे सकें।

अन्तर्राष्ट्रीय बधिर दिवस के अवसर पर दिल्ली में जिस सभा में मैंने पहली बार मूक भाषा का प्रवाहयुक्त प्रयोग होते देखा, उसमें नब्बे प्रतिशत श्रोता बधिर थे।

हमारे आपके जैसे मुखर हितैषियों के भाषणों को बधिर श्रोताओं तक पहुँचाने के लिए दुभाषियों ने इशारों से धारावाहिक अनुवाद किया।

अखिल भारत बधिर संगठन की अध्यक्षा श्रीमती सावित्री निगम का कहना है कि अनुशासन और व्यवस्था में बधिर व्यक्ति जितने निपुण हैं, उतने दफ्तर के काम में बाकायदा शिक्षा पाए हुए पुराने कर्मचारी भी नहीं हो सकते। प्रमाण है संगठन के दफ्तर का प्रबन्ध, जिसमें जब चाहो तब कोई भी कागज मिनट भर में ढूँढ़कर पेश किया जा सकता है। अन्य जिन दफ्तरों की बात श्रीमती निगम कर रही थीं, उनमें से एक के प्रतिनिधि भी पास में बैठे थे। उन्होंने तुरन्त प्रतिवाद किया, 'हम लोग खाली कागजी काम नहीं करते हैं।' खैर जो भी हो, इन बड़े-बड़े दफ्तरों में भी बहुत से व्यक्ति ऐसे हैं जो एक प्रकार से बधिर हैं। उनकी श्रवण-शक्ति को कुछ नहीं हुआ है लेकिन उनके यहाँ सुनवाई देर में होती है।

[3.10.61]

❒

उस दिन एक अद्भुत समारोह देखा। राष्ट्रीय पुरस्कार पाने के लिए जो 85 शिक्षक राजधानी आए हुए थे उन सबकी एक सभा हो रही है। शिक्षा मंत्रालय के एक अधिकारी अध्यक्षता कर रहे हैं। एक शिक्षक महोदय आते हैं और एक लिखित भाषण पढ़ते हैं। विषय है 'राष्ट्रीय एकता के लिए चरित्र-निर्माण' या ऐसा ही कुछ और। फिर तीसरे...चौथे...पाँचवें...

श्रोता कौन हैं? बाकी शिक्षक।

सुनते-सुनते यह सवाल मन को बुरी तरह झकझोरने लगा कि यह आयोजन क्यों हो रहा है?

राजधानी में आयोजनप्रियता और भाषणलोलुपता इतनी बढ़ गई है कि किसी तरह के भी अन्तराल को भरने के लिए एक आयोजन अनायास ही हो जाता है। अन्यथा वर्षों के अनुभव से परिपक्व अध्यापकों से राष्ट्रीय एकता पर निबन्ध लिखवाकर उन्हें पढ़वाना क्यों जरूरी था? और फिर यह भी नहीं कि विद्यार्थी समाज या जनसाधारण ही सही, सुनने के लिए बुलाए गए हों। 50, 60 लिखित निबन्धों में से शिक्षा मंत्रालय ने 12 छाँटकर पढ़े जाने के लिए मंजूर किए थे। और ये बारहों, प्रधानमंत्री, शिक्षामंत्री, राज्यों के मुख्यमंत्रियों और सभी प्रसिद्ध सरकारी नेताओं के विचारों के सारांश के रिकार्ड थे।

फर्क इतना था कि जहाँ कुछ नेताओं ने शिक्षा के मसले पर पहले ठीक ध्यान न देने की गलती कबूल की है वहाँ इन भाषणों में इस तरह का कोई जिक्र न था। अगर एक चिकना-चुपड़ा, सालोतर 'जी हाँ' ही कहलवाना था तो भी इससे क्या फायदा हासिल होने की उम्मीद रखी गई थी कि एक शिक्षक बोलें तो बाकी शिक्षक सुनें। इन सवालों का कोई समुचित जवाब अभी तक मुझे नहीं मिला है कि भाषण सुनने के लिए विद्यार्थियों को या पढ़े-लिखे नागरिकों को क्यों नहीं बुलाया गया। इसका जवाब अगर है तो यही है कि उत्सव का अभिप्राय शिक्षकों के विचारों का प्रचार करना थोड़े ही था—उनके स्वागत में समारोह करना था—इसीलिए तो उसे संसद भवन के केन्द्रीय कक्ष में किया गया था जहाँ केवल विशेष उत्सव ही होते हैं—और बोलने का मौका तो कहीं भी देना किसी के आत्मगौरव की कितनी सुखकर विस्फीति करता है, यह स्पष्ट करने की जरूरत नहीं।

[26.11.61]

❐

बच्चों के विकास में रंग का इस्तेमाल दिन-ब-दिन एक खास जगह लेता जा रहा था। 1 से 6 वर्ष की आयु तक जब बच्चे का आरम्भिक संस्कार होता रहता है, उसे रंग और कागज देना उसकी अभिव्यक्ति को बढ़ावा देता है। लेकिन यह चीज मूलत: व्यक्तिगत है—उसे बहुत बड़े पैमाने पर आयोजित करने में बच्चों के लिए कुछ खतरे छिपे हुए हैं और शंकर की वार्षिक 'तत्काल रँगो प्रतियोगिता' के सामने ये खतरे इस समय उभरकर आ गए हैं।

इस साल करीब 5000 बच्चों ने एक साथ बैठकर मनचाहे चित्र बनाकर दिए—इनमें श्रेष्ठ पुरस्कृत होंगे। कुछ ही दिन बाद पिछले साल की अन्तर्राष्ट्रीय

प्रतियोगिता में प्राप्त 1 लाख चित्रों में से चुनी हुई चीजों की प्रदर्शनी भी शुरू हुई। इन दोनों स्थानों पर एक चीज स्पष्ट थी—वह यह कि बच्चों की चित्रकला का एक मुहावरा विकसित हो गया है और बच्चों की स्वतंत्र अभिव्यक्ति अब उतनी सहज नहीं रह गई है जितनी मानी जाती है। शंकर की प्रतियोगिता अन्तर्राष्ट्रीय सद्भाव बढ़ाती है सो तो ठीक है पर बच्चे की स्वतंत्रता पर उसका क्या असर होता है, इस पर सोचने का वक्त आ गया है।

जब बच्चे के मन पर बड़ों की चित्रकला का असर नहीं पड़ा होता है, तो वह पहले रेखाओं के वर्तुल और समानान्तर प्रकारों का आविष्कार करके सुख पाता है। एक चित्र में 5 वर्ष की आयु के शिशु ने यही किया। हम वयस्क लोग चाहें इन्हें जो नाम दे दें—मछली या हवाई जहाज।

[8.4.62]

❐

पुरानी दिल्ली के एक छोर पर जहाँ लाल चट्टानों की एक शृंखला दूर बड़े मैदानों में बिखरती हुई-सी चली जाती है, एक किलानुमा इमारत निर्जन में खड़ी है। इमारत के अन्दर एक दबा-ढका वातावरण है, हाँ कभी-कभी छोटे बच्चों के कहीं मौजूद होने का पता चलता है। इस मकान में वे औरतें रहती हैं जिनका कोई सहारा नहीं है और जो अपने पैरों खड़ी होना चाहती हैं। जिनके पति ने उन्हें त्याग दिया है, जो सुहाग छिन जाने से अबला हो गई हैं और जो अनाथालयों या विधवाश्रमों में हमेशा जीवन सुधारना चाहती हैं—इस घर में शरण पाती हैं। इसीलिए इसका नाम है—'अभय महिला आश्रम।'

ऐसी जगह में जाकर अपना कौतूहल शान्त करने के लिए छानबीन करना, गलत काम है। जिसके जीवन में दुख भरा हो उससे कुरेद-कुरेदकर पूछना एक प्रकार की हिंसा ही है। इसलिए मैं जब इस घर को देखने गया तो जान-बूझकर उन स्त्रियों से कोई पूछताछ नहीं की। जहाँ वे काम करती या रहती हैं, उन कमरों में भी ज्यादा देर नहीं रुका—कहीं उन्हें यह न लगे कि वे कोई अजूबा हैं। पर इस शहर में पीड़ितों की सेवा के लिए जो काम होता है, उसमें जनसाधारण अधिक योग दे सकें, इस दृष्टि से सेवा संस्थाओं के बारे में कुछ लिखना जरूरी है। वरना जो सच्ची सेवा करता है न तो उसे प्रचार की जरूरत है और न उसे प्रचार देकर उसका दिमाग बिगाड़ना चाहिए।

इस समय अभय महिला आश्रम में 14 से लेकर 35 की आयु तक की कोई 60 स्त्रियाँ हैं। इनमें से बहुत-सी ऐसी हैं जिनके दो या तीन बच्चे हैं—उन बच्चों

को अपनी माँ के पास ही रखा गया है। साल भर में हर बच्चे को 10 या 12 गज कपड़ा, माँ को चार जोड़े और हर महीने 20 रुपए का भोजन मिलता है। तीन साल से ज्यादा किसी को आश्रम में नहीं रखा जाता। इसी मियाद के अन्दर कोशिश की जाती है कि उन्हें कोई रोजगार सिखा दिया जाए। कपड़े सीना, स्वेटर बुनना, साबुन बनाना, दफ्ती के डिब्बे बनाना वगैरह : दस्तकारियों के अलावा पढ़ाई-लिखाई की भी व्यवस्था है—करीब 20 लड़कियाँ और स्त्रियाँ मिडिल का इम्तेहान इस साल देंगी और 12 हाईस्कूल का। बच्चों को भी पढ़ाया जाता है और जब किसी माँ को उपयुक्त काम मिल जाता है और वह अपने बच्चों को साथ नहीं ले जा सकती तो और महीने दो महीने तक उन्हें आश्रम की देखभाल में रखा जाता है।

यह सब सुनने में बहुत सहज मालूम होता है पर उखड़े हुए व्यक्ति को फिर से जीवनदान देने में अनेक समस्याएँ हैं जो केवल व्यवस्था से नहीं सुलझतीं। कितनी ही स्त्रियाँ यहाँ ऐसी हैं, जिनके जीवन में निराशा घर कर गई है, अपने पर विश्वास क्षीण हो चला है। इन्हें आश्रम के नियमित जीवन का पालन करने में मानसिक कष्ट होता है पर वही एक रास्ता है। जो जेल या सुधारगृहों से आई हैं उन्हें जेल के से बन्धन का अभाव खटकता है, जो पहले स्वच्छन्द थीं, उन्हें यहाँ का परिश्रम ही बन्धन मालूम होता है।

एक क्षण के लिए मैंने आँख बचाकर गौर से बच्चों को देखा। यह नहीं कि वे सब बहुत कमजोर और सूखे-पतले थे पर अनाथ होने की छाप उनके चेहरे पर मानो अमिट हो गई थी। अपनी शिक्षिका के साथ वे प्रसन्न थे। एक 5 साल की बच्ची पहाड़ा बोल रही थी, बाकी दोहरा रहे थे। थोड़ी देर बाद मैदान में खेलने की इजाजत भी उन्हें मिल गई। पर एक चीज की ललक, जो उन्हें शायद कभी न मिल सके, उनकी डरी हुई नजरों में से झाँकती रही। वह थी पिता की, पुरुष की सहानुभूति।

यह कमी पूरी करने का उपाय क्या हो सकता है, यह जानने के लिए मैंने पूछा कि इन बच्चों के मनोरंजन के लिए क्या प्रबन्ध है। मालूम हुआ कि कभी-कभी ब्रितानी या रूसी दूतावास वाले कुछ फिल्में दिखा जाते हैं। भारत सरकार के फिल्म विभाग या चिल्ड्रेंस फिल्म सोसाइटी नामक संस्था से, मंत्रियों की मदद से जिसका बड़ा ढोल पीटा जाता है, कोई सहायता नहीं मिलती। (सोसायटी वाले सप्रू हाउस में हर इतवार को अपनी फिल्में दिखाते हैं जहाँ पैसेवाले माँ-बाप अपने अंग्रेजीदा बच्चों को लेकर आते हैं।) राजधानी में बच्चों के थिएटर के नाम पर अनुदान वगैरह लेने में मुस्तैद लोगों की कमी नहीं है लेकिन ऐसा कोई नहीं निकला जो कहे कि महीने में एक बार हम इन बच्चों के लिए एक खेल कर दिया करेंगे। और तो और, शिशु कल्याण के झंडे के नीचे अपनी तमाम किताबी जानकारी का बखान करनेवाली वे खाती-पीती औरतें जिन्हें मारे फुरसत के काम ही नहीं मिलता यह खयाल न लाई

हैं कि हफ्ते में एक दिन इन बच्चों को कुछ कहानियाँ ही सुना आया करें। आश्रम को गैरसरकारी साधनों से आर्थिक मदद नहीं मिलती है। वह सरकारी संस्था और सरकारी संस्थाओं की मदद करते वक्त दाता लोग चौंकते हैं—'उन्हें तो सरकार से रुपया मिलना चाहिए।' उधर सरकार इस तरह की संस्थाओं की कितनी परवाह करती है इसका प्रमाण यह है कि राजधानी में बसे हुए इस आश्रम को अबकी जुलाई में तीन साल हो जाएँगे, पर न तो वहाँ बिजली है, न पानी है। दूर के एक नल से औरतें पानी भरकर लाती हैं। उनकी कोठरियों में सिर्फ दो ऊँचे रोशनदान हैं—गरमियों में बुरा हाल होता होगा। पर उसके प्रति सरकारी दृष्टिकोण शायद यह है कि जो औरत बेघर-बार, बेसहारा, भूखी मर रही थी, उसे यही बहुत है—आप उसे बिजली का पंखा देना चाहते हैं जो शरीफ घर की औरतों के लिए होता है?

खैर बिजली न सही, उसके लिए छोटे-मोटे व्यापारी पहले हकदार हैं क्योंकि उनके उद्योग से देश की शक्ति बढ़ती है, लेकिन पानी अगर मिलता होता तो आसपास की तमाम जमीन में साग-सब्जी पैदा की जा सकती और 20 रुपए महीने के रूखे-सूखे भोजन को पौष्टिक बनाया जा सकता।

खुद अपनी मदद करने का उपदेश और किसी को दिया जाए, इस आश्रम के रहनेवालों को उसकी जरूरत नहीं। अपनी हाथ की बनी चीजों की उन्होंने दिल्ली में काम भर की खपत कर ली है। चाँदनी चौक के बहुत से बजाज साड़ियों के बक्से यहीं से बनवाते हैं। पिछले जाड़ों में आश्रम की औरतों ने स्वेटर बुनकर अच्छी आमदनी की। ये स्वेटर उन्होंने अपने ही जैसे बेघर-बार, बेसहारा लड़कों के लिए बुने थे जो एक ऐसे ही आश्रम में रखे गए हैं। आशा है कि बीमारी आजारी में भी अपनी दवादारू ये खुद ही कर लिया करेंगी क्योंकि सरकार ने 50 रुपए का जो पारिश्रमिक मंजूर किया है उस पर कोई डॉक्टरनी काम करने को राजी मालूम नहीं होती। अगर कोई हो तो वह हद दर्जे की आदर्शवादी औरत कही जाएगी क्योंकि 50 रुपए तो दिल्ली में लेडी डॉक्टरों की एक वक्त की कमाई है।

[25.3.62]

❐

हर साल की तरह इस साल भी दिल्ली और दुनियाभर के बच्चों को शंकर की अन्तर्राष्ट्रीय चित्रकला प्रतियोगिता ने आकर्षित किया है और प्रतियोगिता के दिल्ली कार्यालय में देश-विदेश से बच्चों की कृतियाँ आनी शुरू हो गई हैं। ये कृतियाँ सब तरह के रंगों से अनेक आकार-प्रकार के कागजों पर हैं और पिछले वर्ष की तरह अद्‌भुत रूप से विविध हैं।

पिछले वर्ष के चुने हुए चित्रों की नुमाइश अभी कुछ ही दिन हुए दिल्ली में हुई थी। जिस दिन मैं इसे देखने गया उस दिन संयोग था कि अपने माता-पिता के साथ बहुत से बच्चे भी आए हुए थे। यह स्वीकार करना होगा कि मेरे जैसे वयस्क के लिए चित्रों पर ध्यान देना और शिशु दर्शकों की प्रतिक्रियाओं पर ध्यान न देना सम्भव नहीं था। बल्कि सच तो यह है कि उन प्रतिक्रियाओं से खुद को यह समझने में बड़ी आसानी हुई कि शिशु चित्रकला की वास्तविकता क्या है और यह भी कि प्रतियोगिता के संयोजक उसे किस ओर ले जा रहे हैं।

बच्चों के मानसिक विकास की ओर जितना ध्यान इस वक्त दिया जा रहा है, हम लोगों के होश में पहले कभी नहीं दिया गया...पर इसका दूसरा पहलू अधिक महत्त्वपूर्ण है : बच्चे अपने समकालीन वयस्कों से जितना अधिक प्रभावित होने की स्थिति में अब हैं, उतना शायद पहले कभी न थे। इस तरह शिशु विकास के सब कामों में वयस्कों का प्रमुख लक्ष्य यही होना चाहिए—है कि नहीं, यही तो प्रश्न है—कि वे शिशु को अपने स्वाभाविक विकास के लिए अधिक से अधिक मुक्त रखें। नुमाइश में यह साफ देखा जा सकता था कि 8 वर्ष से ऊपर के बच्चों की चीजें नकल चाहे न हों लेकिन उसी अन्दाज और मुहावरे में थीं, जिसमें बड़ों की गति है। कुछ-कुछ यों समझिए कि 8-9 बरस के मुन्ने को चुनदार धोती और पम्प जूता पहनाकर दुशाला दे दिया गया हो और ऊपर से मोटा-मोटा काजल आँज दिया गया हो जैसे कि पहनानेवाले ने कहा हो कि अब तुम बच्चों की तरह लगते हो। 5 वर्ष से कम के बच्चों की जो सौ से अधिक रचनाएँ देखीं उनमें इनके विरुद्ध एक छटपटाहट की झलक मिलती है : बच्चा अपने चारों तरफ की चीजों को उस दृष्टि से देखने के लिए स्वतंत्र है जो उसकी बिलकुल अपनी दृष्टि है, उसकी अपनी निर्लेप, निस्पृह आत्मा से निकली है, लेकिन जिस हवा में वह साँस लेता है वह सदियों की वयस्क सभ्यता से लदी हुई है, जिन वस्तुओं के सम्पर्क में वह आता है वे बड़ों ने ही उसके लिए निर्धारित की हैं, इसलिए वह उनमें से अपने मन की चीजों का चुनाव करने और फिर उन्हें वैसा ही दिखाने के लिए, जैसा वह देखता है पूरी तरह स्वतंत्र नहीं है—नहीं हो सकता है। वह रंग हाथ में लेता है तो वह उसके हाथ का ही एक हिस्सा हो जाना चाहिए, लेकिन रंग का इस्तेमाल एक साधन के रूप में करके दुनिया ने कला की कुछ शिल्पगत रूढ़ियाँ स्थिर कर दी हैं—वे छोटे से छोटे बच्चे की चेतना को प्रभावित किए बिना नहीं रह सकतीं। जिस चीज को मैंने छटपटाहट कहा है, वह इसी चेतना को काटकर अपने अप्रभावित रूप से बाहर आने की इच्छा मालूम होती है।

लेकिन यह कोई शिकायत न समझी जाए। यह तो है ही। सवाल तो यह है कि उस वक्त तक कि जब बच्चे को बाहर की दुनिया रास आ जाएगी, हम वयस्क लोग उसके लिए क्या करें? बल्कि ज्यादा जरूरी यह जानना होगा कि क्या न करें।

इसका जवाब बच्चों के लिए काम करनेवालों को नाटक, संगीत, शिक्षा, यहाँ तक कि खेल तक के क्षेत्रों में खोजना पड़ेगा। फिलहाल यह लगता है कि शंकर की प्रतियोगिता की निर्णयपद्धति में इस प्रश्न का कोई ठोस उत्तर नहीं मिला है। 5 वर्ष से कम के खंड में ऐसे ही चित्र ज्यादातर चुने गए हैं, जो बड़ों की नजर से देखे जाने पर 'अर्थ' देते हैं। इसी 'अर्थ' देने पर जोर देने की गलती बच्चों के कलात्मक विकास में करीब-करीब हर जगह की जाती है—नाटक भी बच्चों को वे खेलने दिए जाते हैं जिनमें दर्शकों में मंत्रियों और सचिवों सहित बैठे उनके माता-पिता को रस मिले और गाने भी वे ही गवाए जाते हैं जिनमें कोई सीख हो या कोई सन्देश हो—क्यों? 'अर्थ' क्यों हो? जब आपका बच्चा आपको देखकर किलकारी मारता है और तमाम सी लार चुआ देता है तो क्या वह खामखाह नहीं होता? आपकी सूरत में कोई खास बात हो तो नहीं कह सकते, पर उतनी खासियत तो हर माँ-बाप की सूरत में होती होगी।

इस पुस्तक में जो चित्र हैं वे नुमाइश से नहीं लिए गए हैं, दिल्ली के कुछ बच्चों के बनाए हैं और उनके शीर्षक खुद बच्चों ने जरूर दिए हैं पर बहुत पूछे जाने पर दिए हैं कि इसमें तुमने क्या बनाया है? वास्तव में इस उम्र के बच्चों के लिए अनुकृति का कोई महत्त्व नहीं है : वह तो हमारी सुविधा के लिए उन्होंने नाम दिए हैं।

धुआँ देते हुए इंजन से धुएँ की गहराई और उसका घनत्व ही चित्रकार के लिए महत्त्व का है। एक चित्र 'मेरी बहन' में मार्क्स को मेरे इस प्रश्न से आश्चर्य होता है कि बहन तो कहीं दीखती नहीं। 'वह तो अँधेरे में खड़ी है' उसने कहा था।

[10.9.61]

❐

राजधानी में बच्चे एक ऐसी शै हैं कि आप उनके बारे में सोचने से बच ही नहीं सकते। रोज कुछ न कुछ ऐसा होता है कि जिसके कारण बच्चों की तरफ आपका ध्यान बरबस खिंच जाता है और घटना के तात्कालिक महत्त्व से जरा और गहरे जाने पर आप मजबूर हो जाते हैं।

कुछ दिन हुए ऐसा ही कुछ मेरे एक मित्र के साथ भी हुआ। वे बेचारे अपने इकलौते पुत्र को नई दिल्ली के उस मशहूर पार्क में ले गए थे, जो बच्चों के लिए हाल में इंडियागेट के पास खुला हुआ है और जिसमें तमाम तरह के रंग-बिरंगे झूलों और फिसलनों के मजे गरीब-अमीर सब बच्चे उठा सकते हैं। लौटकर आए तो मित्र महोदय अपने लड़के से बहुत दुखी थे; 'बोदा है, इसमें 'पुश' नहीं' उनकी शिकायत थी। मालूम हुआ कि उनका लड़का वहाँ झूले पर बैठ ही न पाया।

उनका कहना था कि यह पार्क सही मानों में दिल्ली की जनता का प्रतिबिम्ब है, क्योंकि हर चीज के लिए वहाँ ऐसे लपकना पड़ता है जैसे दफ्तरवाले बाबू लोग बस के लिए लपकते हैं। अगर बड़ों के यहाँ 'क्यू' नहीं माना जाता तो बच्चों के यहाँ क्यों माना जाए और अगर बड़े अपनों-अपनों को सुविधाएँ बाँटते हैं तो बच्चे क्यों न बाँटें? पार्क में कुछ ऐसा ही नियम उन्होंने देखा। जब कोई बच्चा झूले पर से उतरना चाहता है तो अपने भाई को आवाज देता है जो दूर कहीं खेल रहा होता है कि आओ अब तुम अपनी बारी ले लो। उस वक्त पास में खड़े देर से इन्तजार करते हुए बच्चे अगर झपटकर झूला पकड़ लें तो उनमें से सबसे तगड़े को बारी मिल जा सकती है। पर इसकी नौबत नहीं आने पाती। अपने बच्चे को लिये जो माँ-बाप वहाँ खड़े होते हैं, वही आगे बढ़कर अपने उम्मीदवार को झूले पर बिठा देते हैं।

मुझे तो इसमें कोई खराबी नहीं दिखाई दी, पर मित्र महोदय की पक्की धारणा थी कि बच्चों के लिए पार्क बना देना काफी नहीं है, उन्हें समाज में व्यवस्था से रहना भी सिखाना जरूरी है और यह काम खेल के मैदान में ही सबसे अच्छी तरह हो सकता है। अगर उनमें 'पुश' पैदा करना हो तो उन्हें धक्कमधक्के और स्वावलम्बन के बीच का अन्तर समझाना पड़ेगा। संक्षेप में, वह चाहते हैं कि पार्क में ऐसे सहायक रखे जाएँ, जो बच्चों को खेल का सार्वजनिक सामान मिलकर बारी-बारी से बरतने का ढंग सिखा सकें और ऐसे माँ-बाप वहाँ न आने दिए जाएँ जो खुद अपने और दूसरों के बच्चों में भी 'जिसकी लाठी उसकी भैंस' वाली भावना पैदा करते हैं।

यह सुनकर मुझे उस साइनबोर्ड की याद आ गई जो बारहखंभा रोड पर माडर्न स्कूल के सामने लगा है और जिस पर लिखा है 'बच्चे बचाओ'। उसका अर्थ आप यह न लगा लें कि 'बच्चों को खर्च न करो', वह मोटरवालों को धीरे चलने की चेतावनी है।

[23.9.75]

❐

जिस वक्त अखबारों में पढ़ा कि कुछ कॉलेजों में पुलिस बुलाई गई ताकि उन लड़कों को तोड़फोड़ से रोके जो न खुद इम्तिहान देना चाहते हैं न दूसरों को देने देना चाहते हैं, फिर वही सवाल मेरे मन में उठा जिसकी चर्चा मैं पिछली डायरी में कर चुका हूँ।

पुलिस को तकलीफ न देकर उन नेताओं को क्यों नहीं बुलाया गया जिन्होंने कनॉट प्लेस में अपनी युवक सभा के तत्वावधान में बड़ा जोरदार जलसा करके कहा था, 'देश का नौजवान आज अपना कर्तव्य समझता है, वह एकसाथ है, मर मिटेगा, वगैरह-वगैरह।'

लेकिन जब मैंने इस सवाल को कुछ मित्रों के सामने रखा तो उन्होंने कहा, यह माँग गलत है। उन नेताओं का काम लड़कों को राह बताना है, यह तो मास्टरों का काम है कि उस राह पर उन्हें चलाएँ। तब मुझे याद आया कि उसी सभा के बाद मैंने उन नेताओं में से एक से पूछा था कि युवक दल संगठित करने के लिए वह मेरे मोहल्ले में कब आवेंगे? यह जान लेने पर कि मेरे मोहल्ले में उनकी पार्टी के कोई मेम्बर नहीं रहते उन्होंने निरुत्साह होकर कहा था, 'आएँगे, धीरे-धीरे ही सब जगह पहुँचेंगे।' यह खयाल कुछ बहुत सुलझा हुआ नहीं लगा कि आपकी पार्टी का और संकटकाल में युवक दल संगठित करने का कोई परस्पर सम्बन्ध है। गैरजिम्मेदार और खतरनाक विचारधाराओं को जरूर बाहर रखिए, लेकिन पहले अपनी पार्टी का मेम्बर बनाकर तब युवक दल का मेम्बर बनाइए, यह समझ में नहीं आया।

शायद इसी मनोवृत्ति का कारण है कि आज दिल्ली में युवकों की एक भी ऐसी संस्था नहीं है जिसके नेता इम्तिहान से कतरानेवाले विद्यार्थियों को तोड़-फोड़ करने से रोक सकते। विद्यार्थियों की रागात्मक और बौद्धिक जरूरतें नारों से नहीं पूरी हो सकतीं। सिर्फ नारे लगा सकनेवाली पार्टियाँ उनके वास्ते इसीलिए नीरस हो जाती हैं।

यहाँ के अध्यापक वर्ग में आज यह सवाल बार-बार पूछा जा रहा है कि भविष्य में किसी समय विद्यार्थियों को एकाएक संगठित करने की जरूरत पड़ने पर वे किस प्रकार इसमें सफल हो सकेंगे। संगठन के जो साधन, जैसे विद्यार्थी यूनियन आदि आज प्राप्त हैं, वे सब मानो आज की बड़ी जरूरत को देखते हुए अधूरे रह गए हैं। इस वक्त शायद, संकटकाल का नाम साथ में जोड़े बगैर एक नए किस्म का विद्यार्थी आन्दोलन करने की जरूरत है जिसका प्राथमिक ध्येय और कुछ हो, राजनीतिक न हो।

[30.12.62]

भारी-भरकम चेहरे

'संयुक्त राष्ट्र दिवस' के अवसर पर जो समारोह हर साल राजधानी में होते हैं उनमें सप्रू हाउस के मैदान में होनेवाली सम्मिलनी विशेष महत्त्व रखती है, राज्य के सर्वोच्च नेता उसमें अवश्य पधारते हैं। साथ ही नगर के अन्य प्रमुख लोगों को वहाँ आने का अवसर मिलता है।

इस वर्ष वहाँ एक अद्‌भुत दृश्य देखने में आया। वह दृश्य एक झलक भर था, बहुत देर वह थिर नहीं रहा, पर उतने में वह जो कहना था कह गया।

प्रधानमंत्री श्री जवाहरलाल नेहरू अपनी गाड़ी से उतरकर मुस्कराते हुए सबके बीच आए। पर उपस्थित लोग एकदम सावधान होकर चेहरा कसके खड़े हो गए। नेहरूजी ने बारी-बारी से कुछेक विदेशी राजनयिकों से हाथ मिलाया और फिर कुछ खैर सल्लाह कुछ गपशप हुई होगी जरूर, लेकिन जरा देर में देखते क्या हैं कि फिर सब लोग हाथ बाँधे खड़े हैं और नेहरूजी को देखे जा रहे हैं।

इस समुदाय में बहुत बड़ा अंश ऊँचे केन्द्रीय अधिकारियों का था। स्वभावत: वे नेहरूजी से सलाम के बाद और कह भी क्या सकते थे। बाकी लोगों में कुछ स्थानीय संस्थाओं के सदस्य और अध्येता थे—विद्यार्थियों की भी काफी संख्या थी और फिर कुछ पत्रकार और अन्त में कुछ खामखाह भी थे। ये सब किस तरह जाकर न जान न पहचान सलाम करने लगते?

तब वह दृश्य दिखा जिसका उल्लेख ऊपर किया गया है। कौतूहलवश चारों ओर घिर आई भीड़ को एक जगह से खोलने के इरादे से नेहरूजी बढ़े, आदमियों की वह दीवार फट गई और बीच से चिरती चली गई। नेहरूजी बिलकुल खुले में आ गए। लोग दो-दो गज पीछे हटकर उत्सुकता से देख रहे थे। नेहरूजी ने एक बार चारों ओर देखा—जैसे कोई ऐसा चेहरा खोज रहे हों जिससे कुछ बोल-बतला सकें—और एक क्षण के लिए उनके मुख पर गहरा अकेलापन बड़े-बड़े अक्षरों में लिख गया।

उस क्षण वह बिलकुल अकेले थे। वहाँ कोई व्यक्ति ऐसा न था जो उनके बराबर का होता, राजनीति में नहीं अपने निजी कार्यक्षेत्र में—चिकित्सा में, विज्ञान

में, साहित्य में या विद्याध्ययन में। पर दूसरे ही क्षण वह फिर भीड़ में घिर गए थे—उत्सुक, श्रद्धालु, सेवक और अधीन जनता की भीड़ में।

[13.11.60]

❐

चित्रकला और फोटोग्राफी में क्या अन्तर है? क्या अन्तर है भी? यदि नहीं तो किसी की शबीह क्यों बनाते हैं—फोटो क्यों नहीं खींचकर लगा लेते?

मुमकिन है कुछ इसी तरह के विचार प्रधानमंत्री नेहरू के मन में कहीं रहे हों क्योंकि उन्होंने ग्यारह तारीख को आजाद भवन में मौलाना आजाद की तसवीर का उद्‌घाटन करने से पहले कहा था, 'उद्‌घाटन तो मैं कर रहा हूँ पर मैंने तसवीर देखी नहीं है, इसलिए कह नहीं सकता कैसी निकले। मैंने कुछ शबीहें हाल में देखी हैं, जिनको देखकर बहुत निराशा हुई है।'

खैर, पर्दा हटाने के बाद उन्होंने राष्ट्रपति जी के साथ खड़े होकर, आगे आकर, पीछे हटकर और एक किनारे से तसवीर को ध्यानपूर्वक देखा। राष्ट्रपति जी ने कहा, 'इस पर रोशनी ठीक नहीं पड़ रही है।' नेहरूजी ने कहा—'हूँ' और फिर तसवीर से ज्यादा शायद उस दोस्त और सहकर्मी के खयाल में डूब गए जिसकी वह तसवीर थी।

इस शबीह में मौलाना आजाद की बैठी हुई प्रत्यक्ष देखती हुई छवि है। मुखमंडल पर तीक्ष्णता का भाव लाने का प्रयत्न किया गया है पर मुझे तो ऐसा लगा कि वह तीक्ष्णता इतनी आरोपित है कि लगता है किसी शारीरिक कष्ट से मुख पर वह भाव आया है आध्यात्मिक सजगता से नहीं। (यह शबीह श्री हेब्बर ने फोटो देखकर बनाई है। संसद के केन्द्रीय कक्षवाली शबीह भी इन्हीं की बनाई हुई है पर वह अधिक प्रभावोत्पादक मानी गई है)।

हेब्बर की इस कृति के अनावरण के दो दिन पहले अलीगढ़ विश्वविद्यालय के पुस्तकालय के लिए सतीश गुजराल द्वारा रचित मौलाना आजाद की एक और तसवीर दिल्ली में कुछ चुने हुए अतिथियों को दिखाई गई थी। सतीश गुजराल ने मेक्सिको से लौटने के बाद शबीहें उतारने पर काफी ध्यान दिया है और इन्दिरा गांधी, जवाहरलाल नेहरू, लाला लाजपतराय और अब मौलाना आजाद के उनके प्रतिचित्रों की बड़ी चर्चा रही है। मौलाना आजाद की जो तस्वीर उन्होंने अलीगढ़ के लिए बनाई है, उसके बार में मर्मज्ञों की रायें अनेक हैं : एक का विचार है कि इसमें उनके सिर पर टोपी न दिखाकर चित्रकार ने जो कुछ जतलाने का प्रयत्न किया है, वह स्पष्ट नहीं। दूसरे का कहना है कि इसमें भारीपन कुछ

जरूरत से ज्यादा है और दिवंगत मौलाना की पैनी और सधी लेकिन उदात्त व्यक्तित्व प्रभा की इसमें झलक भी नहीं मिलती। एक आलोचना यह भी की जाती है कि चेहरे पर तो कुछ चरित्रबोधक भाव लाया भी जा सका है पर हाथ, जो व्यक्ति के चरित्र को जोरदार ढंग से प्रकट किया करते हैं, इसमें बिलकुल जड़ और निरर्थक हैं। (हाथ के बारे में यह आलोचना गुजराल की सभी शबीहों पर लागू होती है : कोई भी पात्र हो, कैसा भी व्यक्तित्व हो, हाथ वह सबके एक से ठूँठनुमा बनाते हैं) पर इतनी विभिन्न रायों के रहते हुए भी एक बात सचमुच मानने योग्य है, वह कि मौलाना आजाद की प्रस्तुत शबीह फोटो बिलकुल नहीं है और यदि उनके सम्पूर्ण व्यक्तित्व को भासित नहीं करती तो कम से कम उसके एक पहलू पर रोशनी जरूर डालती है। यह काम फोटो नहीं कर सकती, कलाकार ही कर सकता है, पर खेद यह कि इसमें गुजराल को आंशिक सफलता ही मिली है। क्या मानवाकृति और क्या शबीह, उनकी सभी कृतियों में इधर एक शैलीगत एकरसता आती जा रही है। दुख के गौरव को आँकने पर उनके यहाँ कुछ जरूरत से ज्यादा जोर है : पर शायद खुद ही वह इस परिस्थिति से उबरना चाह रहे होंगे।

[27.11.60]

❐

पंजाबी सूबा आन्दोलन अकाली सिक्खों का आन्दोलन था और माना कि अमृतसर उसका धर्मक्षेत्र था, लेकिन पिछले वर्ष जून में दिल्ली में मोर्चा खुलने के साथ ही दिल्ली इस आन्दोलन की कर्मभूमि बन गई थी : पिछले दिनों जब सन्त फतेहसिंह स्वास्थ्य लाभ करके श्री नेहरू से मिलने आए और मास्टर तारासिंह ने एक छोटी-सी सार्वजनिक सभा में अपनी पिछली दिल्ली यात्रा की कुछ झाँकियाँ दीं तो एक और बात मालूम हुई। और वह यह कि सन्त फतेहसिंह के उपवास के टूटने के पीछे राजधानी में कौन सी घटना ने मुख्य रूप से काम किया था : निर्णय मास्टर तारासिंह ने किया था कि अब सन्तजी अपना उपवास तोड़ सकते हैं, पर वह निर्णय कैसे किया गया था, यह एक रोचक कहानी है।

प्रसंगवश, इस कहानी में एक पत्रकार ने एक महत्त्वपूर्ण भूमिका अदा की थी। यों दिल्ली के पत्रकारों को बड़े-बड़े राजनीतिक निर्णयों के काफी निकट रहने का अवसर मिलता रहता है, पर कभी-कभी ही अपनी उस विशेष स्थिति का पूरा उपयोग उन्हें मिलता है, जो निरपेक्ष लोकतंत्र में, राज्य के विधायक, कार्यपालक और न्यायपालक रूपों से अलग उन्हें प्राप्त है।

नजरबन्दी से छूटकर अमृतसर में दो-एक भाषण देकर जब मास्टर तारासिंह अपने सलाहकारों के साथ भावनगर में नेहरू जी से मिलने गए तो वह मुलाकात काफी संक्षिप्त रही। दूसरे दिन विशेष हवाई जहाज से वह दिल्ली लौट आए। सफदरजंग हवाई अड्डे पर उनसे मिलने कोई भीड़ न थी, क्योंकि भावनगर से चलने के पहले ही वह वक्तव्य दे चुके थे कि नेहरूजी से बातचीत का कोई नतीजा नहीं निकला। तीसरे पहर उन्होंने संवाददाताओं को बुलाया : तब केन्द्रीय सचिवालय के पास के रकाबगंज गुरुद्वारे के धूलभरे मैदान में चारपाइयों और मचमचाती कुर्सियों पर देश-विदेश के 20-25 संवाददाताओं ने कभी मास्टर तारासिंह के और कभी उनके कानूनी सलाहकार के मुँह से भावनगर की मुलाकात का वृत्तान्त सुना।

उस वृत्तान्त से कुछ स्पष्ट न होता था। मास्टर तारासिंह ने एक मजमून दिखाया जिसमें लिखा था, 'पंजाबी सूबे की माँग स्वीकार न करने का कारण सिक्खों के प्रति भेदभाव की नीति नहीं है इत्यादि...' और बताया कि मैं प्रधानमंत्री से यह या ऐसा ही वक्तव्य चाहता था; अगर वह यह वक्तव्य दे देते तो फतेहसिंह के उपवास की शर्तें पूरी हो जातीं। उधर भावनगर की बातचीत का जो जबानी ब्योरा उन्होंने दिया उससे स्पष्ट था कि श्री नेहरू यही बात दूसरे शब्दों में उनसे कह चुके हैं। यही नहीं, तीन-चार रोज पहले दिल्ली में रामलीला मैदान की सभा में भी वह यही बात कह चुके थे और वह दुनिया जानती थी।

फिर क्या था जो मास्टर तारासिंह को फतेहसिंह का उपवास खत्म कराने के लिए कदम उठाने से रोकता था? जाने क्यों यह प्रश्न उस संवाददाता सम्मेलन में सिर्फ एक पत्रकार को सूझा : ज्यादातर लोग दिल्ली अकाली दल की आन्तरिक राजनीति और कुछ लोग फतेहसिंह तारासिंह प्रतिद्वन्द्विता के मसलों पर ही उलझे-पुलझे सवाल पूछते रहे।

आखिरकार उस समय सबसे बड़ा मसला फतेहसिंह की जान बचाने का था, यह प्रकारान्तर से, उपवास द्वारा उनके प्राण त्याग देने से उत्पन्न होनेवाली भयंकर स्थिति का था और अगर मास्टर तारासिंह को यह न बताया जाता कि उपवास खत्म न करने का जो कारण वह बता रहे हैं, वह स्वयं उन्हीं के कथनानुसार नेहरूजी दूर कर चुके हैं; तो उस शक्तिशाली नेता का हठ निस्सन्देह कुछ गुल खिलाकर रहता। उन्हें यह बताया गया और अन्त में वह संवाददाता महोदय, मास्टर तारासिंह से यह कहलवा लेने में सफल हो गए कि अच्छा, यही बात कि हमें सिक्खों से कोई बैर नहीं है, नेहरूजी एक बात और कह दें तो मैं मान जाऊँ।

यह कदम भर ही सही, कुछ तो प्रगति थी और हठ और 'मर्यादा' की अतार्किक दीवार में एक नन्ही-सी झिरी डाल ही दी गई थी।

जैसे ही संवाददाता इन्द्रलाल कपूर अपने कार्यालय वापस पहुँचे उन्होंने देखा कुछ मिनट पहले भावनगर की सभा में श्री नेहरू ने अपना वही वक्तव्य दुहरा दिया है जो कल व्यक्तिगत रूप से मास्टरजी को उन्होंने दिया था। उनके भाषण का मजमून तार से सिलसिलेवार आ रहा था।

दूसरे ही क्षण कपूर साहब मास्टरजी के डेरे पर मौजूद थे। सारा मजमून पढ़कर मास्टरजी को सुनाया। दो क्षण मास्टरजी अवाक् सामने देखते रहे। फिर बोले, 'तो अब क्या करना है?'

स्पष्ट था कि उस स्थिति में मास्टरजी चाहते भी—और वह नहीं चाहते यह मान लेना प्रीतिकर है—तो मुकर नहीं सकते थे। एक हल्के से सुझाव की देर थी; वह संवाददाता की ओर से आया और मास्टरजी को विश्वास हो गया कि अपने पद और गौरव के अनुकूल वह ऐसा एक निर्णय कर सकते हैं जो उनकी शर्त भी पूरी करेगा, फतेहसिंह की प्रणरक्षा प्राणरक्षा दोनों करेगा, एवं जनता की और सबसे बढ़कर अपने खास हिमायतियों की नजरों में, जो इस वक्त तक अपने नेता के रवैये से काफी हैरान हो चुके थे, उन्हें फिर उतना ऊँचा उठा देगा, जितने अकाली आन्दोलन शुरू करके जेल जाने के समय वह थे।

मास्टर जी ने कहा : 'ठीक है, मैंने मान लिया, अभी फतेहसिंह को फोन करो कि उपवास तोड़ दें। कहो तो मैं अमृतसर चलूँ। गाड़ी मँगाओगे या हवाई जहाज से चलूँ?'

तुरन्त टेलीफोन टर्राए और तार खड़के और देश के आकाश में एक बड़ा बादल एकाएक बरस गया। इसके बाद फतेहसिंह की श्री नेहरू से हाल की भेंट और मास्टर तारासिंह का उस मुलाकात में शामिल न किया जाना इत्यादि एक दूसरी कहानी है, पर उसके अन्दर कितनी भी आशंकाएँ छिपी हों, वे उस आशंका से बड़ी नहीं हैं जो एक समय सन्तजी के 'शहीद' हो जाने में निहित थीं।

इस अंक के लिखते समय मालूम हुआ कि दिल्ली में अकाली मोर्चे के स्वयं 'डिक्टेटर' सरदार रछपालसिंह ने आखिरकार बाजे-गाजे के साथ पुलिस को आत्मसमर्पण कर दिया है। इसके पहले कई बार वह धमकी दे चुके थे कि मैं पुलिस के हाथों अपने को पकड़वा दूँगा। पर ये धमकियाँ, नखरों से ज्यादा कुछ न साबित हुई थीं। अब गुरुद्वारा सीसगंज के तहखाने से निकलकर वह खुली हवा में साँस ले रहे हैं और उनके मैदान में आने के साथ (जो कि वास्तव में मैदान छोड़ना है) अकाली आन्दोलन भी जरा दम ले रहा है।

[12.3.61]

❐

इन पंक्तियों के लिखे जाने तक का हाल यह है कि दिल्ली में हर चीज को पंडित गोविन्द बल्लभ पंत के स्वास्थ्य की चिन्ता ने ढक लिया है। नगर में इस मौसम में सामान्यत: होनेवाले कार्यक्रमों का जोर है। भारतीय सांस्कृतिक सम्बन्ध परिषद में श्री एटली आजाद स्मारक व्याख्यान दे रहे हैं, अन्तर्राष्ट्रीय चित्रकला प्रदर्शनी लगी हुई है और दो सर्कस भी, शचीन शंकर बम्बई से अपनी नाट्य मंडली लाए हैं—जो 'जय पराजय' और 'उत्सव' नामक नृत्यनाट्य दिखा रही है और रूसी उप-प्रधानमंत्री तेल और कर्ज की बातचीत कर रहे हैं। पर यह सब जनसाधारण के लिए उस छोटे से नोटिस बोर्ड के पीछे छिप गया है जो पंतजी के बंगले के बाहर लगा हुआ है और जिस पर दिन में चार-पाँच बार उनके स्वास्थ्य की ताजी खबर लिख दी जा रही है।

हर कोई उनकी जीवन रक्षा के लिए प्रार्थना कर रहा है। रोग से धराशायी उस कर्मठ योद्धा के मृत्यु से संघर्ष में कितने ही लोग प्रवीण चिकित्सकों से लेकर कुशल पूछनेवाले तक—हाथ बँटा रहे हैं। जो मैं लिखने जा रहा हूँ वह इसी संघर्ष का एक छोटा-सा क्षण है जो इस समय पंतजी के निवास में चारों ओर स्पन्दित हो रहा है।

22 तारीख की दोपहर को उनको संज्ञाशून्य हुए 36 घंटे हो चुके थे और डॉक्टरों की ताजी विज्ञप्ति के अनुसार उनकी दशा बहुत चिन्ताजनक थी। बाहर के बरोठे में से आना-जाना बन्द था और घर के सामनेवाले बड़े मैदान में अखबारवालों और अधिकारियों को चुपचाप बैठा हुआ देखा जा सकता था।

वह दिल्ली के वसंत का एक बहुत ही विशेष दिन था। गर्मी थी और वैसी हवा थी जो धूप को उड़ाए-सी लिये जाती है। मौलसिरी के बड़े से पेड़ के नीचे छाँह का एक छितरा हुआ घेरा था उसमें बैठे हुए लोग जैसे दूर पर लहराते एक हजार फूलों के रंगों से डरकर सिमटे हुए थे।

उन दोनों वातावरणों में, जो ऋतु और मनुष्य वहाँ विकीरित कर रहे थे, इतना विरोधाभास था कि केवल एक हल्के से पर्दे को हटाते ही वे दोनों एक हो जा सकते थे। एक क्षण के लिए प्रतीक्षा का तात्कालिक प्रयोजन मेरे मन से हट गया और वह कालातीत समय चारों ओर से घिर आया जिसमें न जीवन है, न मृत्यु है : सिर्फ बेहिसाब असंगतियों की एक धड़कती हुई सत्ता, जिसमें कासमास की हजारों खुली हुई आँखों जैसी पँखुरियाँ अन्दर से बाहर की ओर देख रही हैं और धूप ने रंगों को अपनी जगह से उठाकर मनमानी जगहों पर रख दिया है।

इस नई सृष्टि में कोई चीज बार-बार उठती-गिरती है। वह है एक व्यक्ति का जीवित रहने का संघर्ष। उसमें इतनी संज्ञा नहीं है कि वह जान सके कि वह यह संघर्ष कर रहा है। उसके मस्तिष्क का बायाँ पार्श्व रक्तग्रन्थि से अवरुद्ध है और

इसलिए शरीर का दायाँ पार्श्व संज्ञाशून्य है। वह सोचकर देख भी नहीं सकता कि उसे क्या करना चाहिए। पर उसके शरीर में जो भी उस समय गतिशील है, वह अपनी ओर से खुद यह संघर्ष कर रहा है।

इस व्यक्ति के और इस सृष्टि के सामने जो उसने मेरे लिए थोड़ी देर के वास्ते रच दी है वे सब राज्यपाल और मुख्यमंत्री चन्द्रभानु गुप्त और सम्पूर्णानन्द और संसद सदस्य और उत्तरप्रदेश विधानसभा के सदस्य, जिनमें कई यहाँ अपराधी से आते और बख्शे हुए से जाते हैं—कितने बेमानी हो गए हैं।

तब एकाएक डॉक्टरों को दोबारा आते हुए देखता हूँ। अभी एक घंटा हुआ उन्होंने मरीज को देखा था। तब फिर क्यों? उसके बाद कोई कुछ बताना नहीं चाहता। हाल वैसा ही है, यह कोई असन्तोषजनक उत्तर नहीं होना चाहिए पर उसको सुनकर ही अविश्वास जैसा असन्तोष क्यों हो रहा है?

अतीत में बरोठे के आसपास वाले कमरों में लोगों ने—खासकर पत्रकारों ने—अक्सर घंटों इन्तजार किया है कि कब कांग्रेस कार्यकारिणी की बैठक खत्म हो और कब पंतजी छड़ी टेकते हुए निकलें और उस अर्थभरी मुस्कान से सवालों का जवाब दें, जिसका मतलब होता है मैं तुम संवाददाताओं के सवालों को खूब समझता हूँ। वह तसवीर सामने आ जाती है और बरामदे में जाने क्यों रखे हुए एक बहुत बड़े पिंजड़े में एक सुग्गा बड़े जोर से चीख मारता है।

इसके बाद धीरे-धीरे हरे मैदान में फूल और आने-जानेवालों के शीतकालीन वस्त्र धुँधले और फिर धुआँ से और फिर अँधेरे हो जाते हैं। एक डॉक्टर बाहर आकर बताते हैं : 'रोगी अचेत हैं पर इतनी जबर्दस्त ताकत से लड़ते हुए मैंने आज तक किसी को नहीं देखा। यही मानना चाहिए कि वह जीत जाएँ।'

फिर बहुत जल्दी से बहुत-सा वक्त निकल जाता है। फिर वही रंगों भरा मैदान धीरे-धीरे दिखाई देने लगता है और तब लोगों के चेहरे शान्त और सुलझे हुए से नजर आते हैं।

पंतजी का एक पौत्र सवेरे-सवेरे बस्ता कन्धों पर डालकर फर्श पर जूते बजाता हुआ स्कूल जा रहा है। एक किशोरी घर में से निकलकर कुछ पूछती है, मगर लगता है कि वह मुस्करा रही है। तब खबर मिलती है कि आहत होने के बाद पहली बार अब शरीर ने पथ्य स्वीकार किया है।

वह शरीर अनेक आक्रमणों से जर्जर है। दो वर्ष हुए दिल के दौरे से हृदयपिंड का बायाँ कक्ष बेकार हो चुका है : तीस वर्ष हुए पुलिस की लाठी की मार से कोई स्नायुचक्र नष्ट हो जाने से हाथ और गर्दन पर शारीरिक नियंत्रण नहीं रहा है। पर उस मस्तिष्क ने, बुद्धिबल से एक अखंड उद्देश्य की ओर अपने को और अपने अनुयायी देश को, अनिद्र रहकर चालित किया है।

जैसा अभी मालूम हुआ है, शरीर ने पथ्य स्वीकार करना शुरू किया है। धीरे-धीरे जीवन के अदृश्य तत्त्व फिर अपने आदि संगठन की ओर लौटेंगे, कोई नहीं जानता कि कब और कब तक, लेकिन लौटेंगे जरूर...वहीं पर एक हल्का-सा पर्दा है, उसके इस ओर भी लौट सकते हैं, उस ओर भी लौट सकते हैं।

[12.3.61]

❒

सिक्किम के महाराजकुमार की समस्या भी बहुत कुछ वही है जो संसार में इस समय अन्य राजाओं की है यानी एक तो यह कि वह वंशानुगत शासक हैं और यह आज के जनसाधारण को उतना प्रभावित नहीं कर सकता जितना 50 साल पहले किया करता था—वंशानुगत अधिकार की व्यवस्था सब जगह चरमरा रही है, पर सिक्किम पिछड़ा हुआ क्षेत्र होने के कारण वहाँ अभी भहराकर गिरी नहीं है। महाराजकुमार खुद जागरूक आदमी हैं—30 वर्ष से भी कम उनकी आयु है—अभी हाल में जब वह दिल्ली आए हुए थे तो उनसे मिलने पर लगा कि वह आज की समस्याओं को और आज के चिन्तन को बड़ी खूबी से पकड़ सकते हैं।

यही शायद वह आन्तरिक विरोध है जिसके कारण स्वयं महाराजकुमार को एक नई समस्या से जूझना पड़ रहा है। उन्हें अपने शासकत्व की रक्षा करते हुए जनता की आकांक्षाओं को—जिनका प्रतिनिधित्व वहाँ की कुछ राजनीतिक पार्टियाँ करती हैं—पूर्ण करना है। अगर वह खुद किसी और छोटे-मोटे राजा की तरह होते तो उनको यह बौद्धिक समस्या तंग न करती लेकिन—जैसा मैंने उनसे मिलने पर महसूस किया—वह तमाम पढ़े-लिखे लोगों से ज्यादा खुले दिमाग के आदमी हैं और उनका अपनी 'प्रजा' को 'जनता' के रूप में देखने का प्रयत्न उनकी बौद्धिक ईमानदारी का सूचक है।

इस वक्त उनकी समस्या अपनी जनता को नेतृत्व देने की है यानी इस तरह नेतृत्व देने की राजनीतिक पार्टियों को पहल न मिले।

यहाँ यह बता देना जरूरी है कि सिक्किम में कोई ऐसी राजनीतिक पार्टी नहीं है जो बहुत तगड़ी हो। जो हैं, स्थानीय प्रकार की हैं—और यह भी उल्लेखनीय है कि कम्युनिस्ट पार्टी की वहाँ कोई शाखा नहीं है। हो सकता है, जैसे कि महाराजकुमार ने संकेत किया, कुछ लोग कम्युनिस्ट हों और किसी दूसरे वेश में काम कर रहे हों, पर इससे उनका जोर टूटता ही है। अगर वहाँ कम्युनिस्ट पार्टी होती तो निश्चय ही स्थानीय समस्याओं पर ध्यान देनेवाली अन्य पार्टियों के मुकाबिले वह विश्व समस्याओं पर खासकर रूस या चीन की (जैसा मौका हो) समस्याओं पर ज्यादा

ध्यान देती। उस हालत में भारत सिक्किम के लिए जो कर रहा है—वह मुश्किल उठाकर ही कर पाता।

खबर है कि सिक्किम में स्थानीय जनता को लेकर एक सेना जैसा संगठन करने का प्रस्ताव है। उसी सिलसिले में महाराजकुमार दिल्ली आए थे। इसी के साथ उन्होंने अपने प्रदेश में भी एक पंचवर्षीय योजना बनाई है—उस पर भी बात करनी थी। इस प्रकार आर्थिक विकास और सैन्य संगठन सीमान्त के संगठन के दोनों पक्षों पर उन्होंने एक जागरूक नेता की तरह ध्यान दिया है। उनके पिता महाराजा सिक्किम को अपने पुत्र की योग्यता पर पूरा विश्वास है और वह निश्चिंत होकर अपना सम्पूर्ण समय चित्रकला को दे सकते हैं, जो उन्होंने एकाएक वृद्धावस्था में आरम्भ कर दी है। इस साल के शुरू में उनकी प्रदर्शनी भी दिल्ली में हुई थी।

[1.5.61]

❐

इस शहर में राजे-महाराजों का आना अब कोई अजूबा नहीं रह गया है। दरअसल बिना किसी के प्रति अवज्ञा के कहा जा सकता है कि अब सिर्फ उन्हीं राजा-महाराजाओं को लोग देखना चाहते हैं जो दर्शनीय हों—अपने व्यक्तित्व से आकर्षित करते हों, अपने राजत्व से नहीं।

अशोक होटल के एक कमरे में सिक्किम से आया हुआ जो व्यक्ति उस दिन अपने मित्रों से बैठा बात कर रहा था एक ऐसा ही राजा है। अपने देश के कुछ नवयुवक राजाओं की तरह वह पश्चिम के देशों में घुड़दौड़ के लिए नहीं जा रहा है—जर्मनी और ब्रिटेन के सरकारी निमंत्रण पर उन देशों का भ्रमण करने जा रहा है। वहाँ उसे इन दोनों सरकारों के साथ अपने देश सिक्किम के बारे में उत्तरदायित्वपूर्ण बातचीत करने के लिए तैयार रहना है।

यह तो निश्चयपूर्वक कहा जा सकता है कि वह वार्तालाप उत्तरदायित्वपूर्ण होने के साथ ही साथ प्रीतिकर भी हो। 'प्रीतिकर' ही महाराजकुमार सिक्किम के स्वभाव के लिए उपयुक्त शब्द है।

वह हँसमुख हैं पर जोर से हँसते नहीं हैं, खुशी से बात करते हैं पर बातूनी नहीं हैं और संकोची हैं पर चेहरे पर और भाव और मन में कुछ और भाव नहीं रखते हैं। उनके चेहरे पर नवयुवकों की-सी आभा है और प्रौढ़ों का-सा गाम्भीर्य है—बोलते समय किसी स्नायविक विकार के कारण उन्हें थोड़ी-थोड़ी देर बाद जरा-सा अटकना पड़ता है—'बहुत छोटा था, तभी से ऐसा ही हूँ' पर इस विकार को उन्होंने अपने सहज व्यवहार का अंश बना लिया है, उसे अलग से अपने पर लदा

नहीं रहने दिया है। इसलिए उनकी बात सुनते समय कोई उसे तभी देख पाता है जब उनकी बात ध्यान से न सुन रहा हो।

लम्बे-लम्बे भाषण देना उनके स्वभाव में नहीं है, यह जानते हुए जब मैंने कहा कि पश्चिम जर्मनी और ब्रिटेन के दौरे में आपको यह मुश्किल हल करनी पड़ेगी तो अपने उसी प्यारे अन्दाज से जरा-सा अटककर उन्होंने जवाब दिया, 'मुझे उसकी फिक्र नहीं है—बल्कि दो-एक जगह तो मेरे भाषण पहले से निश्चित हो चुके हैं।'

'लेकिन जब इन दौरों के बाद आप अपनी वाग्दत्ता से मिलने अमरीका जाएँगे तब वहाँ टेलीविजन वाले तो आपको बुलवा-बुलवाकर थका देंगे', मैंने कहा।

उन्होंने कहा, 'हूँ, आपने भी अच्छी कही, और जो मैं उन्हें बुत्ता दे जाऊँ तो कैसी रहे ?' फिर निहायत भोलेपन से बोले, 'मैं कहूँगा मैं हर टेलीविजन कार्यक्रम का दस लाख डॉलर लेता हूँ—तब कोई पास भी न फटकेगा', और तब मैंने उन्हें पहली बार जोर से हँसते हुए सुना।

[1.6.62]

❒

जिस रवीन्द्र शतवार्षिकी समारोह के लिए डेढ़-दो साल से तैयारियाँ हो रही थीं वह आ गया है। देश-विदेश में रवीन्द्रनाथ के साहित्यिक और कलात्मक योगदान पर भाषण हुए हैं, हो रहे हैं या होनेवाले हैं; उनके नाटक खेले जा रहे हैं और उनके कृतित्व की प्रदर्शनियाँ हो रही हैं। देश में, रवीन्द्र रंगशालाएँ स्थापित करने की योजना है, पुस्तकें प्रकाशित हो रही हैं और व्याख्यानों में उनके गुणों की चर्चा की जा रही है। दिल्ली में साहित्य, ललित कला और संगीत नाटक इन तीनों अकादमियों के लिए संयुक्त आवास 'रवीन्द्र भवन' का निर्माण हो रहा है जिसका एक खंड—प्रदर्शनी खंड—7 मई को नेहरू जी के हाथों विधिवत उद्घाटित होगा। साहित्य अकादमी और संगीत नाटक अकादमी रवि ठाकुर की रचनाओं के अनुवाद और स्वरलिपि प्रकाशित कर रही हैं और इस वर्ष के आकाशवाणी साहित्य समारोह में 'रवीन्द्रनाथ का भारतीय साहित्य पर प्रभाव' ही विचार का विषय रहा है। सच तो यह है कि इन शतवार्षिकी समारोहों की पूरी सूची यहाँ देना असम्भव है—उनकी संख्या इतनी बड़ी और बिखरी हुई है—हाँ, समय-समय पर रसज्ञजनों की जो प्रतिक्रियाएँ होती रही हैं वे संयोगवश इतनी बिखरी नहीं हैं—एक दूसरे से बहुत दूर लोगों ने भी एक ही शंका प्रकट की है और उसका सारांश यह है कि हम लोग जिस दिशा में अति कर रहे हैं क्या वही टैगोर के प्रति आदर व्यक्त करने की सही दिशा है।

पर अति तो स्वाभाविक ही है। जब सरकार जैसी प्राय: सम्पूर्ण सत्ता-सम्पन्न संस्था किसी काम को हाथ में लेती है तो एक ओर बेकारी और लाचारी और दूसरी ओर खानापूरी से दूषित वातावरण में स्वाभाविक ही है कि लोग बिना चूँ-चपड़ किए हुए उस काम में जुट जाएँ।

आशा की बात मगर यह है कि अधिकांश ऐसे आयोजनों का अप्रत्यक्ष परिणाम हमेशा अच्छा हुआ है। उनमें भाग लेनेवाले लोग बाहर निकलते-निकलते यह भली-भाँति देख सके हैं कि उनके अन्दर झूठी भक्ति की जगह कुछ निर्भय प्रश्न जागृत हो गए हैं। 'रवीन्द्रनाथ का भारतीय साहित्य पर प्रभाव' विषयक गोष्ठी के अन्त में अध्यक्ष पद से श्री गोपाल रेड्डी ने कहा था, 'टैगोर का सही मूल्यांकन सौ साल बाद ही सम्भव होगा। हमारी पीढ़ी टैगोर के इतने निकट है कि उनका प्रभाव ठीक-ठीक जाँच पाने की क्षमता उसमें नहीं हो सकती।'

इसके पहले सभी भाषाओं के लेखकों और प्रतिनिधियों ने अलग-अलग तरह से कहा था कि नाटक, गद्य और कथा साहित्य पर रवीन्द्रनाथ ठाकुर का प्रभाव क्षीण है, नहीं के बराबर है। यदि कुछ प्रभाव कहीं दीखता है तो वह काव्य पर है और वह भी दक्षिण की भाषाओं पर तो करीब-करीब बिलकुल नहीं है।

जिन लोगों ने इस विचारगोष्ठी की कार्रवाई सुनी उनका खयाल है कि यदि किसी एक व्यक्ति की भी यह धारणा थी कि रवीन्द्रनाथ के प्रभाव का मूल्यांकन अभी सौ साल तक नहीं हो सकता, तो उनके 'प्रभाव' को विचार का विषय बनाना उनके साथ अन्याय ही तो था। यदि रवीन्द्रनाथ का प्रभाव सचमुच उनके बाद के भारतीय साहित्य पर है तो उसे हम 'निकट होने के कारण देख नहीं पा रहे हैं' और अगर नहीं है तो कुछ वक्ताओं को तो कुछ न कुछ प्रभाव खोजकर लाना ही पड़ेगा। इस प्रकार यह विषय चुनकर दोहरा अन्याय किया गया है—एक रवीन्द्रनाथ के प्रति और दूसरा भाषाओं के प्रति।

इस गोष्ठी में केवल एक निबन्ध जोरदार था—आचार्य हजारीप्रसाद द्विवेदी का और उसका यही विषय था कि रवीन्द्रनाथ ने भारतीय परम्पराओं से क्या ग्रहण किया और पुनरुज्जीवित करके हमें दिया है। पता नहीं किसने यह तय कर लिया था कि भारतीय साहित्यों पर रवीन्द्रनाथ का प्रभाव अवश्य होगा—कम से कम शतवार्षिकी के अन्तर्गत होना ही चाहिए—क्योंकि जब सारे देश को यह समारोह मनाने का आदेश मिला हुआ है तो भारत की विभिन्नता में एकता का इससे आसान प्रमाण क्या हो सकता है कि एक भाषा का प्रभाव सब भाषाओं पर दिखा दिया जाए।

यहाँ पर यह अनुमान करना रोचक होगा कि यदि आज हिन्दी के समसामयिक किसी लेखक से रवीन्द्रनाथ के साहित्य और उसका परस्पर सम्बन्ध पूछा जाए तो वह क्या उत्तर देगा। हिन्दी का समसामयिक लेखन रवीन्द्रनाथ के अर्द्ध रोमांटिक

रुझान को कहीं पीछे छोड़ आया है—उसी तरह जिस तरह कि वह प्रेमचन्द के अर्द्धयथार्थवाद को छोड़ आया है। इसलिए उत्तर केवल प्रश्नवाचक ही होगा।

इस प्रसंग में अभी उस दिन एक जगह उन गीतों की चर्चा हो रही थी जिन्हें रवीन्द्रनाथ के गीतों से स्वरसहित अनुवाद किया गया है। हमारे समय में रवीन्द्रनाथ अकेले व्यक्ति थे जिन्होंने स्वर में फूटकर काव्यसृजन किया। शब्द और स्वर का परस्परावलम्बित सम्बन्ध उनके गीतों में है। उसे वैसे का वैसा दूसरी भाषा की परिधि में ला बिठाना दुस्साहस का नहीं तो साहसिकता का काम जरूर कहा जाएगा। सुनते हैं इसी से विरक्त होकर अनुवादों को पास करनेवाली कमेटी से एक सज्जन ने इस्तीफा दे डाला।

रवीन्द्रनाथ के गीत आधुनिक भारतीय संगीत में हमेशा एक महत्त्वपूर्ण स्थान रखेंगे। उन्होंने शास्त्रीय रागों से ग्रहण किया। वह बंगाल के लोकगीतों से प्रेरित और बाउल गीतों से अनुप्राणित हुए। फिर अपनी भाषा की लय में उन्होंने जो गान अपने मन में गाया वह उनका काव्य बना। इस समस्त सृजनात्मक प्रक्रिया को समूचे का समूचा हिन्दी में उतारने का प्रयत्न कलात्मक दृष्टि से सम्भव हो भी नहीं सकता। परिणाम यही हुआ कि जो कुछ गीत रिकार्ड किए गए हैं और अक्सर सुनने में भी आते हैं कौतूहल अधिक जाग्रत करते हैं, रस कम। अधिकांश रसज्ञजनों की राय यह है कि हिन्दी की लय बंगला से बहुत भिन्न है और रवीन्द्रनाथ ने जो रास्ता दिखाया था उस पर चलकर नए गीत हिन्दी में लिखे जाते—यानी उनकी स्वरलिपि भी साथ-साथ लिखी जाती तो रवीन्द्रनाथ से एक स्थायी योगदान हिन्दी को और संगीत को मिलता।

[7.5.61]

❐

रवीन्द्र भवन के अतिरिक्त दिल्ली में शतवार्षिकी के सिलसिले में जिस अन्य स्थापत्य की योजना है वह है ग्यारह सौ जनों के बैठने योग्य एक विशाल रंगशाला। राजधानी में नाटक खेलनेवालों की जरूरतें पूरी करने के लिए गिने-चुने थिएटरघर ही हैं। पर यहाँ के रंगजगत के महत्त्वपूर्ण लोगों की धारणा है कि पहले काफी अच्छे थिएटरघर बन जाएँ तब दिल्ली के नाट्य जीवन का विकास और अच्छी तरह होगा। इससे भिन्न एक मत यह भी है कि पहले कुछ बहुत अच्छे नाटक लिखे जाएँ तब आगे कुछ सोचा जाए।

रवीन्द्रनाथ का दृष्टान्त ही शायद इन दोनों विपर्ययों का उत्तर है। उन्होंने जो गीतिनाट्य लिखे उन्हें जहाँ जैसी जगह पा सके उसमें खेला। यही रास्ता नई जरूरतों के मुताबिक हेरफेर कर आज के नाटककारों को भी अपनाना होगा। हाँ, आधुनिक

जीवन की एक देन, 'आयोजना' के फायदों को छोड़ देना भी बेमानी है। अगर आज हमें यह सुविधा या मजबूरी है कि पहले हम नाटक खेलने का स्थापत्य बना सकते हैं और हम आगे उस स्थापत्य की सीमाओं में बँधकर या उनसे उत्साहित होकर नए नाटक रच सकते हैं तो इस परिस्थिति का अक्लमंदी से इस्तेमाल करना ही एक रास्ता रह जाता है।

इसलिए जब दिल्ली में एक, और प्रत्येक राज्य की राजधानी में एक-एक रंगागार स्थापित करने की योजना बनी तो उसकी इस शर्त से कि ये थिएटरघर रवीन्द्र थिएटर शतवार्षिकी के वर्ष में ही बनाकर खड़े कर दिए जाएँ, नाट्यप्रेमी और हितचिन्तक चौंके। भारतीय नाट्यसंघ ने इस मसले पर गौर करने के लिए एक गोष्ठी की। गोष्ठी का विषय था रंग स्थापत्य। प्रकारान्तर से उसमें रंग स्थापत्य के सभी पहलुओं पर विचार हुआ। नाट्य निर्देशकों और वास्तुकारों को आमने-सामने बैठकर एक दूसरे की जरूरतें और मुश्किलें समझने का यह पहला मौका मिला था। यह जरूर कहना चाहिए कि दोनों ने विचार-विमर्श बहुत अच्छे, जागृत ढंग से किया और जब गोष्ठी समाप्त हुई तो कई वास्तुकार यह कहते पाए गए कि अपने-अपने राज्य में लौटकर वे सरकारों पर जोर डालेंगे कि रवीन्द्र थिएटरों के बनाने में जल्दबाजी से काम न लिया जाए।

यद्यपि रवीन्द्रनाथ का रंगमंच से कोई विशेष सम्बन्ध नहीं था—उतना ही था, जितना उनके जैसे सर्वांगसम्पूर्ण कलाकार का जीवन पोषक किसी भी विद्या से हो सकता है—तो भी उनके नाम पर बने थिएटरघर को हम लोग आगे चलकर अपनी पीढ़ी के आत्मरंजन के लिए प्रयुक्त कर सकेंगे—ऐसी आशा है।

राजधानी में इस समय यह प्रश्न उठना स्वाभाविक ही है—और प्रश्न भी किसी विद्रोह से नहीं जिज्ञासा से ही जगा है—कि क्या रवीन्द्रनाथ सचमुच इतने बड़े कुछ थे कि उनके लिए हम इतनी धूम मचाएँ। माना कि हर देश को अपने महापुरुष चाहिए। माना कि रवीन्द्रनाथ महापुरुष थे। माना कि बाकी दुनिया भी उनको जानती थी क्योंकि उनके अंग्रेजी अनुवाद नोबेल पुरस्कार से विभूषित हो चुके थे। माना कि इस समय भारत की प्रतिष्ठा इतनी है कि संसार के और देश उससे मित्रता चाहते हैं एवं इसलिए सप्रेम अपने-अपने यहाँ रवीन्द्र जयन्ती मना रहे हैं। यह भी कि अपने देश में भी नई पीढ़ी को अपने नायकों का रागात्मक परिचय होना चाहिए। किन्तु आज की दुनिया में स्वाधीन भारत के अन्दर बुद्धिजीवी वर्ग किसी तरह की किशोर धूमधाम पसन्द नहीं कर सकता। वह जिज्ञासु है और अपने देश का प्रेम उसके लिए अपने देश का ढोल पीटना नहीं है।

इसलिए यह भी उचित ही है कि जहाँ विदेश में हमारे एक महापुरुष के लिए सम्मानसूचक उत्सव हो रहे हैं, देश में, खासतौर से यहाँ राजधानी में कलाप्रेमियों

में एक विनम्र, निश्छल जिज्ञासा यह उठ रही है कि हम संयम और बौद्धिक धैर्य से विचलित तो नहीं हुए जा रहे हैं।

खैर, जब उत्सव की धूमधाम कुछ शान्त होगी तो बहुत-से अनुभव छाँटने और रखने को बचेंगे। एक की झलक तो अभी से दिखाई पड़ रही है और वह यह है कि सरकारें जनता का प्रतिनिधित्व उद्योग-धन्धों में, सेना संरक्षण में और वैदेशिक सम्बन्ध में जरूर कर सकती हैं, लेकिन सांस्कृतिक परम्पराओं को न तो सरकारें बना सकती हैं और न उन्हें अन्य जरूरी काम छोड़कर इसमें पड़ना चाहिए। इसके लिए तो हद से हद वे इतना करें कि आनेवाली पीढ़ियों को चाटुकारिता, भय और मिथ्या देशभक्ति से मुक्त रखें—तब उसमें भी देश के महापुरुष पैदा होंगे जो हर देश को अपने लिए चाहिए।

[7.5.61]

❑

डॉ. राजेन्द्र प्रसाद के चिकित्सालय से स्वस्थ होकर अपने घर लौट आने पर देश में और उनके निकट, राजधानी में लोगों को जो आनन्द हुआ है, उसको शब्दों में व्यक्त करना उसे किसी न किसी अर्थ में न्यून कर देना होगा। एक सर्वप्रिय नेता की रक्षा हुई यह तो उसका स्थूल अर्थ है, पर सच पूछिए तो इस सुखद घटना का प्रभाव इससे कहीं व्यापक रहा है। संसार में इस समय विनाश का संकट है, देश में फूट का, सामान्य प्राणी का अस्तित्व अनिश्चित है, जनसाधारण दैनंदिन अभावों से व्याकुल हैं। यह नहीं कि हमारे सभी नेताओं की इस समय हमें बड़ी जरूरत है, पर कुछ तो ऐसे हैं ही जिनका हाथ हमारे सिर पर इतना हौसला बढ़ाता है और एक अमूर्त निःशब्द शक्ति हमारे अन्दर रखता है। अनिश्चय और अनास्था के वातावरण में राष्ट्रपति का स्वाथ्यलाभ एक विजय है। मंगलसूचक तो वह है ही, मनुष्य की अदम्य जीवन लालसा का भी प्रतीक है और प्रमाणित करता है कि जनसमूहों को अपने एक सदस्य से भय नहीं, प्यार हो सकता है। डॉ. सेन के अस्पताल में पहली मंजिल के सहन में तीन रात और तीन दिन देश-भर की शुभकामनाएँ अपनी शक्ति का चुपचाप असर डालती रहीं—भीतर चार नम्बर कमरे में वह महान पुरुष धीरे-धीरे स्वास्थ्य लाभ करता रहा, जिसके लिए आज कहीं भी जाइए, एक अटूट आदर हर एक के मन में है—'वह तो देवता आदमी हैं...वही तो एक देवता आदमी हैं।'

डॉक्टर राजेन्द्र प्रसाद का असबाब उनकी रेलगाड़ी में रखा जा चुका था—आधे सहयात्री जाकर अपनी जगह भी ले चुके थे और स्वयं राष्ट्रपति के प्रस्थान में एक

घंटा रह गया था कि एकाएक उन्हें पहले घबराहट मालूम हुई फिर पसीना छूटने लगा और वह लेट गए। जरा देर हुई उनके निजी चिकित्सक कर्नल मैत्र उन्हें अपने नाती-पोतों के साथ खेलते देख गए थे, तब तक उन्हें जरा थकान तक न थी। थोड़ी देर बाद, जब उनका हैदराबाद जाना स्थगित कर दिया गया, दिल्ली में प्राय: श्रेष्ठतम चिकित्सकों ने उनकी सुश्रूषा का भार अपने ऊपर ले लिया। तब से लेकर अब तक उन चिकित्सकों ने और समय-समय पर उनकी सहायता करनेवाले अन्य विशेषज्ञों ने जिस लगन से राष्ट्रपति को स्वस्थ करने का व्रत पालन किया है, उसने निश्चय ही देश के चिकित्सकों का सिर ऊँचा किया है।

कहीं पर एक आवाज यह भी सुनाई पड़ी थी कि दिल्ली में इतने सरकारी अस्पताल होते हुए भी राष्ट्रपति को एक व्यावसायिक अस्पताल में क्यों ले जाया गया? पर शीघ्र ही यह स्वर शान्त हो गया, क्योंकि यह स्पष्ट हो गया कि गैरसरकारी अस्पताल में राष्ट्रपति को कोई कष्ट न था—वह वहाँ एक मरीज के रूप में थे जैसे और बीसियों थे, और यह देखकर मुझे अपने राष्ट्रपति के जनतंत्रीय रूप की एक नई झलक मिली—उनका हाल पूछने सहन तक आने में किसी पर रोक न थी—नीचे के बरोठे में राष्ट्रपति भवन की कुर्सियों, मेजों से जो एक छोटा-सा 'स्वागतालय' बना दिया गया था, वह आँखों को अच्छा ही लगता था—राजकीय रोबदाब की उसमें झलक न थी। बाकी मरीज अपने कमरों में शान्ति से थे और उनका इलाज बदस्तूर चल रहा था। किसी सरकारी अस्पताल में तो शायद यह भी होता कि कई कमरे खाली कराकर तब राष्ट्रपति के लिए जगह की जा पाती।

[27.8.61]

❐

यह पहला मौका होगा कि अपने जन्मदिन के मौके पर नेहरू जी भारत में न होंगे। उस दिन वह शायद मैक्सिको में होंगे। अपने इष्ट मित्रों और सहृदयजनों के बीच वह किस तरह अपना जन्मदिन मनाएँगे यह नहीं मालूम, लेकिन यह तय है कि वहाँ भी कहीं न कहीं से बहुत से बच्चे उनके इर्द-गिर्द जमा हो जाएँगे। श्री नेहरू को बच्चे बहुत अच्छे लगते हैं—तमाम आदमियों को अच्छे लगते हैं—लेकिन प्रधानमंत्री के जन्मदिन के साथ बच्चों का उत्सव अब कुछ इस तरह जुड़ गया है कि वह श्री नेहरू के जीवन चरित्र का एक अनिवार्य अंग हो गया है। बिना उसके नेहरूजी का तमाम गैरसरकारी काम, जैसे हँसना, बोलना, प्यार करना, खुश रहना चरितार्थ ही नहीं होता। हर बड़े आदमी की जिन्दगी में दुनिया के अन्देशे इतने होते हैं कि उसके चेहरे पर सच्ची मुस्कान लाने के लिए किसी बहुत गहरे इनसानी दर्द की

जरूरत पड़ती है। यह दर्द मानवता के भविष्य के लिए होता है और बच्चों से ज्यादा भविष्य का स्पष्ट प्रतीक और क्या हो सकता है? चुनाँचे आपने श्री नेहरू की बहुत सी फोटो तमाम जगह देखी होंगी जिनमें वह किसी बच्चे को प्यार कर रहे हैं या किसी से हार पहन रहे हैं या फिर बीच में बैठकर कहानी—हिन्दुस्तान की कहानी—सुना रहे हैं। यह आखिरी चित्र आपको याद होगा, आकाशवाणी के टेलीविजन कार्यक्रम में पिछले साल नई दिल्ली में देखा गया था।

लेकिन बच्चों से कुछ बड़ी उमर के बच्चों के साथ नेहरू जी को जिन लोगों ने देखा है, वह जानते हैं, कि उनकी असली तसवीर उन्हीं के बीच नुमायाँ होती है। अभी पिछले दिनों 36 विश्वविद्यालयों के करीब 800 लड़के-लड़कियों के सामने दिल्ली के तालकटोरा बाग में नेहरू जी जब बोलने खड़े हुए (वह सातवें युवक समारोह का श्रीगणेश कर रहे थे) तो मालूम हुआ कि जैसे नसीहत के रूखे वाक्यों को दिल की गहराई से फूटती हुई करुणा और हमदर्दी के रस में पाग दिया गया है। अखबारों में दूसरे दिन जो छपा वह कोरा समाचार था—थके-हारे लकीर के फकीर पत्रकार की पिटीपिटाई भाषा में कुछ इस प्रकार था—'श्री नेहरू ने विद्यार्थियों को देश में एकता स्थापित करने की सलाह दी', आदि-आदि। तालकटोरा बाग के उत्सव का साक्षात कुछ और ही माने रखता था। उसमें कोई बहुत बारीक चीज थी जो सिर्फ आँखें ही पकड़ सकती थीं, भाषा कह नहीं सकती थी, कम से कम अखबारों की भाषा तो नहीं ही और अंग्रेजी अखबारों की भाषा तो बिलकुल नहीं कह सकती थी। वह चीज थी—वह मीठी आत्मीयता जो श्री नेहरू की भाषा ने (वह हिन्दी में बोल रहे थे) तमाम सुननेवालों के साथ पैदा कर ली थी।

शिक्षामंत्री के श्रमसाध्य अंग्रेजी भाषण के बाद जिस समय नेहरू जी ने हिन्दी में बोलना शुरू किया, विद्यार्थियों को इतनी राहत मिली कि वे बेसाख्ता तालियाँ बजा उठे। फिर जब नेहरूजी ने कहा कि मैं एक पेंच में पड़ गया हूँ, वह यह कि लम्बा भाषण दूँगा तो आपका कार्यक्रम नहीं देख पाऊँगा और लम्बा भाषण नहीं दूँगा तो तमाम बातें जो कहनी हैं न कह पाऊँगा, क्योंकि बदइन्तजामी से ठीक पाँच बजे एक कैबिनेट मीटिंग रख दी गई है (उस वक्त साढ़े चार बजा था) तो लड़कों में एक खुशगवार तबीयत पैदा हो गई और उसके बाद फिर सिर्फ वे ही नेहरू के असर से बचे होंगे जिनके दिल कड़वे हो चुके हैं और जिनकी आँख का पानी मर चुका है।

श्री नेहरू जी कह रहे थे : 'दस-बीस आदमी दंगों में मर गए, इसका मुझे गम नहीं। मुझे किसी के मरने से आँसू नहीं आते, लेकिन आँसू आते हैं जिल्लत से, जो नौजवान, घटियापन, बर्बरता और नीचता पर उतर आते हैं, उनके कामों पर आँसू आते हैं। उनसे मेरा दिल दुखता है, दिल टूटता है।'

ये चार वाक्य साम्प्रदायिकता के जहर से हरेक को आगाह करने के लिए काफी थे। एकता सम्बन्धी डिब्बाबन्द पके-पकाए नारों का एक पहाड़ भी इतना वजनी न होता। पर इस तरह से आँखों में आँखें डालकर और दिल को दिल से मिलाकर बात कहने के लिए जिगरा चाहिए। अफसोस यही है कि नौजवानों के सामने यों खुल सकने की हैसियत श्री नेहरू के बाद आनेवाले लोगों में दिखाई नहीं देती।

जब भाषण समाप्त हो चला, तो नेहरू जी को छेड़ सूझी। बोले : 'अब मैं इस समारोह का, क्या कहते हैं हिन्दी में उसे 'उद्घाटन' (फिर पीछे घूमकर देखा : शिक्षामंत्री ने पुलकित होकर कहा, जी हाँ, जी हाँ) करता हूँ।' इस पर दस-पन्द्रह आदमियों को हँसी आई, क्योंकि आखिरकार उन्हें अपने अंग्रेजी ज्ञान का अप्रत्यक्ष ही सही, पर कुछ न कुछ समर्थन मिल गया था। इन्हीं में से एक सज्जन भाषण के शुरू में अपने पड़ोसी से पूछ रहे थे, 'क्यों साहब पेंच माने स्क्रू होता है न?'

उद्घाटन के बाद कार्यक्रम के आयोजकों ने दिल्ली विश्वविद्यालय की छात्रा नीता गुलाटी का भरतनाट्यम और उसके बाद अलीगढ़ विश्वविद्यालय के लड़कों का समवेत गान रखा था। पता नहीं यह किस सरल हृदय अधिकारी की दूरदर्शिता या चमत्कारप्रियता थी कि अलीगढ़ के लड़के, जिनको कि चारों ओर से फटकारा जा रहा है, राजा बेटे बनकर गाएँ, 'धरती अपनी देश हमारा, इसे हम स्वर्ग बनाएँगे, नया इनसान जगाएँगे।' समाज विरोधी भावनाओं की जड़ें गहरी हैं, बहुत गहरी हैं, स्टेज पर उनका नाटक करना नेताओं को शायद सन्तोष दिला सकता है कि हमने सब सुधार लिया; जिन्होंने गाना गाकर अपना दिल हलका कर लिया और जिन्होंने सुनकर समझ लिया कि अलीगढ़ उतना खराब नहीं है, जितना हम समझे थे, दोनों के लिए यह घटना न तो हृदय परिवर्तन थी, न सत्य का प्रचार और न कोई प्रतिज्ञा, थी सिर्फ एक घटिया तमाशा।

दूसरे दिन दिल्ली के एक प्रसिद्ध अंग्रेजी अखबार ने लिखा : 'श्री नेहरू की अपील के थोड़ी ही देर बाद अलीगढ़ के लड़कों ने यह गाना गया। श्री नेहरू ने बड़े ध्यान से सुना और जब वह उठकर चले तो खुश थे।' जैसे कि उधर भाषण सुना उधर असर हुआ और गानामय साज-संगीत तैयार हो गया, गा दिया गया, नेहरूजी को भारत की बिगड़ी बनती नजर आ गई। और क्या चाहिए? कुछ तो घटना ही सिनेमाई थी, कुछ हिन्दी न जाननेवाले, बल्कि शायद अपनी मातृभाषा भी न जाननेवाले अंग्रेजी रिपोर्टर ने उसे और सिनेमाई बना दिया।

[1.10.61]

❐

अन्तरिक्ष में विचरनेवाला पहला मनुष्य दिल्ली आया था। हम लोगों ने उसे निकट से देखा। वह इतना हँसमुख और मोहक था कि विश्वास नहीं होता था कि अन्तरिक्ष में उड़ने की विद्या का कभी मनुष्य के संहार के लिए दुरुपयोग किया जाएगा। नेशनल स्टेडियम में जिस वक्त यूरी गगारिन स्कूली छात्रों का मल्लखंभ प्रदर्शन देखकर तालियाँ बजा रहे थे, मैं सोच रहा था कि अन्तरिक्ष भ्रमण भी कभी इतना सहज और निर्दोष मानव कर्म बन जाएगा, जितना मल्लखंभ पर चढ़ना-उतरना है।

पर स्टेडियम के आँगन में जमा एक हजार बच्चे कुछ और सोच रहे थे। उन्होंने आखिरकार गगारिन को अपनी आँख से देख लिया था और उस अजूबे के इससे ज्यादा नजदीक घर बैठे कोई आ सकता था, जिसे शून्य कहा जाता है। मनुष्य जाति में एक यही तो विशेषता है कि जो काम एक आदमी कर सकता है, वह मनुष्य जाति की सामर्थ्य बन जाता है। इस तरह गगारिन को अपने मध्य देखना गगारिन के उस विस्मय में थोड़ा-सा हिस्सा बटाना था जो उसने धरती को अन्तरिक्ष में लटकी हुई देखकर पाया था और जो अब उसके व्यक्तित्व से एक दिल हो चुका था।

मैं आपको स्टेडियम के समारोह की बात बता रहा था। नगर निगम के अन्य स्वागत समारोहों से वह कितना भिन्न था—चटक धूप में स्कूली पोशाकों के लाल, नीले, पीले रंग, मधुर बैंड के साथ ढाई सौ छोटे-छोटे शरीरों का व्यायाम और कुल मिलाकर एक आजाद वातावरण—ये विशेषताएँ उपयुक्त ही थीं। पर जिसमें 25 हजार दर्शक अट सकते हों, उसमें दो-तिहाई स्थान एकदम खाली देखकर अफसोस होता था कि क्यों नहीं लोग अपने बच्चों को लाए। लेकिन लाते कैसे, प्रवेश निमंत्रण से था और दिल्ली के ठस विभाग वाले सरकारी प्रबन्धक यह बात कब समझ सकते हैं कि गगारिन को देखने जाने में रूस की इज्जत अफजाई का सवाल नहीं है, बच्चों के अनुभव में एक रोमांचकारी वृद्धि का है। निमंत्रण, हस्बमामूल ऊँचे सरकारी नौकरों और सौ-दो सौ व्यापारियों को गए होंगे। स्कूल के बच्चों को सिर्फ मनोरंजन का साधन प्रस्तुत करने के लिए याद किया गया था। अगर उनसे यह कहा गया होता कि आज तुम्हारी छुट्टी है। चलो, उस आदमी को देखने चलें जो शून्य में उड़ा था तो उनका भी एक दिन महत्त्वपूर्ण हो उठता। लेकिन भला हो राजनीति का, जो इस तरह की ईमानदारी का भी दम घोंट देती है। हो सकता है इसमें राजनीति का नहीं, लापरवाही का ही अधिक हाथ रहा हो। तब तो आपत्ति की गुंजाइश और भी ज्यादा है।

खैर, इतना कहकर इस प्रसंग को समाप्त करता हूँ कि समारोह में एक घटना ऐसी जरूर थी, जिसने आयोजकों की कल्पनाहीनता को मानो मुँह चिढ़ा दिया।

जिस वक्त गगारिन अपनी पत्नी के साथ जीप में खड़े होकर स्टेडियम के आँगन का चक्कर लगा रहे थे, आयोजकों ने कुछ बच्चों को तो किनारे-किनारे खड़ा कर रखा था और कुछ को बीच में कतारें बाँधकर कवायद के लिए तैयार कर रखा था। जिस वक्त गगारिन को सामने देखकर किनारे वाले बच्चों ने तालियाँ बजाईं, बीच वाले बच्चों का मुँह देखने काबिल था। बेचारे मन मारे 'डिसिप्लिन' के अन्दर कैद खड़े थे। यह भी कोई 'डिसिप्लिन' है कि जिसमें मन पर अत्याचार हो। दो मिनट, चार मिनट तो धीरज रहा पर फिर वह टूट गया। मुझे बहुत खुशी हुई। लड़के होऽऽ करके लाइन तोड़कर भागे और जितने नजदीक से गगारिन को देख सकते थे, देख आए।

उधर गगारिन चक्कर लगाकर वापस मंच पर पहुँचे, उधर सबने देखा कि लड़के वापस अपनी जगह दल साजे खड़े हैं।

यह था 'डिसिप्लिन'।

[24.12.61]

❐

'विदेश में
बर्फ, बर्फ बहुत थी
फिर भी वहाँ एकान्त नहीं था।
जितना यहाँ है।'

34 वर्षों में 4 उपन्यास, 3 कविता-संग्रह, 6 आलोचना निबन्ध और कहानी-संग्रह, एकांकी-संग्रह, अनुवाद इत्यादि की 30 से ऊपर पुस्तकें लिखकर, लगभग 4 हजार पृष्ठ के नाना विषयों पर लेख, टिप्पणी, संस्मरण, विचार और मन्तव्य प्रकाशित कर श्री प्रभाकर माचवे अब कह रहे हैं कि मैं थक गया।

यह हिन्दी संसार को धमकी नहीं है, (क्योंकि उसमें बड़े-बड़े अथक स्वयं-सेवक भरे पड़े हैं) किन्तु प्रभाकर माचवे की अपनी, उनके कलाकार की इच्छा है कि अब कुछ न करें। सच पूछिए तो यह थकान है—हाल के वर्षों में वह विदेश में भारतीय संस्कृति पर व्याख्यान देने के लिए दिन-रात अध्ययन और लेखन करते रहे हैं—यह एक तरह की ऊब है, जो चारों ओर देखकर आज हर भले आदमी को होती है। 'मैं कुछ नहीं कर रहा हूँ, कुछ नहीं लिख रहा हूँ' कहकर भी माचवे जी ने रंग उठाकर यह चित्र बना दिया है और उसके पीछे वह कविता भी लिख दी जो ऊपर छपी है। अगर इस स्तम्भ के पाठक मेरी बातों को विश्वसनीय मानते हैं तो विश्वास मानें कि कविता बिलकुल अविश्वसनीय है। दिल्ली में जिस फ्लैट में श्री

प्रभाकर माचवे रहते हैं, उसके नीचे से इतना यातायात गुजरता है कि निपट अकेला आदमी भी वहाँ बिठा दिया जाए तो एकान्त का अनुभव नहीं कर सकता। फिर माचवे जी से मिलनेवालों की कमी नहीं है। यदि हृदय के एकान्त की बात हो तो उसमें इरादों की कमी नहीं है। विदेश के अनुभवों पर एक बड़ी किताब लिखना है—'जहाज पर चढ़े, भौंपू बोला' इस किस्म के अनुभव नहीं—व्यक्तियों के विचारों के अनुभव उसमें होंगे। निराला की 50 कविताओं के अंग्रेजी अनुवाद कर डाले हैं—50 और करने हैं। अमरीकी जीवन की एक कहानी मेरे सामने ही लिखकर खत्म की थी। कुछ और लिखी ही जाएँगी। शायद एक उपन्यास भी लिख जाए, (ठेठ हिन्दी में कहें तो 'बन पड़े') हो सकता है कि उनकी आगामी पुस्तकें हिन्दी में न होकर अंग्रेजी में हों—और इससे शायद कुछ हिन्दी भक्त चौंकें भी। पर चौंकना ही है तो माचवे जी के हिन्दी लेखन में भी बहुत-सा चौंकानेवाला है पर उसको शायद हिन्दी संसार दाल बराबर समझता है।

[28.4.62]

❒

यदि आपने यशस्वी नाटककार, संसद के वरिष्ठतम सदस्य और प्रवर नेता सेठ गोविन्ददासजी को निकट से देखा हो तो शायद आपको भी आश्चर्य हुआ हो कि यह सीना तानकर घड़घड़ाते हुए कैसे चले जाते हैं, जबकि इनसे कम आयु के बहुत से राष्ट्रसेवक सीधे खड़े भी नहीं हो पाते।

मुझे तो हुआ। शायद सेठजी को भी यही आशा थी कि आश्चर्य होना चाहिए, इसलिए उन्होंने बड़े स्निग्ध भाव से बताया कि इस युवावस्था का रहस्य क्या है।

उस दिन सेठ गोविन्ददासजी के गोरक्षा व्रत का एक और पक्ष भी सामने आया। वह यह कि सेठजी केवल गाय का दूध पीते हैं—भैंस या बकरी का नहीं। यदि दिल्ली में प्रवास करते हुए कभी भैंस का दूध पीना ही पड़ा तो उसे यों नहीं पीते। चाय में डालकर पी लेते हैं।

अन्यथा चाय वह नहीं पीते। सवेरे कुछ मील टहलते हैं फिर 15 बादाम खाते हैं और एक आँवला—कच्चा या मुरब्बे का लेते हैं। फिर भोजन, जो कहना न होगा कि निरामिष होता है और उसके बाद दूसरे भोजन तक कुछ नहीं। इस पर उन्होंने जोर दिया—'कतई कुछ नहीं—शायद यही मेरे स्वास्थ्य का रहस्य है।' किन्तु हम लोगों को दो भोजन के बीच में खिलाने के लिए उन्होंने बड़े-बड़े रसगुल्ले मँगाए थे। बोले : 'दिल्ली में यह बंगाली मिठाई अच्छी मिलती है।' बड़े आग्रह से और खाने के लिए उन्होंने कहा। बड़ों की आज्ञा शिरोधार्य करना चाहिए, इसलिए हम

लोगों को सब खत्म करने पड़े। हालाँकि सेठजी कह रहे थे कि मन हुआ तो रात के भोजन के बाद दो रसगुल्ले मैं भी खा लूँगा।

पर इससे एक समाचार मिला (आप जानते हैं संवाददाता सभी जगह संवाद खोजते हैं) वह यह कि सेठजी भैंस का दूध दो तरह से सेवन कर सकते हैं या वह चाय में पड़ा हो या उसका रसगुल्ला बना दिया गया हो।

[22.4.62]

❐

शान से बूढ़े होना एक कला है। इस 15 अगस्त को प्रधानमंत्री जब लाल किले पर झंडा फहरावेंगे तो वह कुछ और बुढ़ा चुके होंगे। आलंकारिक भाषा में कहा जाए तो वह लाल किले से भी ज्यादा उमर के हैं क्योंकि इतिहास की न जाने कितनी धाराओं को वह अपने में आत्मसात किए हुए हैं। पिछले पन्द्रह बरस में दिल्ली के साथ उनका रिश्ता कुछ ऐसा जुड़ गया है कि जिन दिनों वह बाहर रहते हैं, लगता है कि शहर में कुछ हो ही नहीं रहा है और जितने दिनों दिल्ली में रहते हैं उन दिनों लोग उनका उठना-बैठना, सोना-जागना सब ताड़ा करते हैं। अपनी पिछली बीमारी के बाद खासतौर से वह रक्षणीय हो गए हैं—अच्छे होने पर अपने संवाददाता सम्मेलन में जब वह आए तो काफी कमजोर दिखते थे। बीमारी के बाद यह कोई अद्‌भुत बात न थी, पर जब नेहरूजी खाँसे तो संवाददाताओं ने उनकी खबर बनाई क्योंकि उनकी राय में यह पहला मौका था कि अपने संवाददाता सम्मेलन में नेहरूजी इतनी जोर से और इतनी देर तक खाँसे थे। तो भी सामने रहने का एक अच्छा नतीजा यह हुआ कि दिल्ली में नेहरूजी के बारे में अफवाहें उतनी नहीं फैलतीं जितनी उदाहरण के लिए देखें तो लखनऊ में पिछले दिनों फैली थीं, जहाँ दिल्ली से आनेवाले हर आदमी से पूछा जाता था : 'तुम तो जानते होगे, नेहरू जी को क्या बीमारी है?' इस प्रश्न के पीछे चिन्ता ही थी, दुश्चिन्ता नहीं थी।

अगस्त, 1947 में नेहरू जी ने जो कार्यभार सँभाला था, वह इन पन्द्रह वर्षों में कितना बढ़ गया है, यह बताने की जरूरत नहीं। उनके शारीरिक स्वास्थ्य या अस्वास्थ्य का कुछ न कुछ असर इधर उनके काम पर पड़ा है, इसमें शक नहीं। लेकिन इसमें ताज्जुब भी क्या है? अगर कार्य ने उनके स्वास्थ्य पर इतना असर डाला है तो क्या स्वास्थ्य उनके कार्य पर इतना असर भी नहीं डाल सकता?

जो हो, इस बार नेहरू जी जब लाल किले पर झंडा फहरावेंगे तो चाहे-अनचाहे एक सवाल लाखों आदमियों के दिल में ज़रूर आवेगा। वह यह है कि यह ऐतिहासिक चित्र क्या उतना ही पुरअसर तब भी रहेगा, जब इसमें नेहरू जी की जगह कोई और

साहब होंगे? जैसा कि पिछले दिनों राजधानी में हुआ था, यह सवाल उठकर, थोड़ी-सी उत्सुकता जगाकर फिर शान्त हो जाएगा—उस तसवीर का भ्रम टूटने का दुख जनसाधारण बर्दाश्त नहीं कर सकते।

पर नेहरू के बाद कौन होगा, इसका जवाब यह भी सही नहीं है कि नेहरू के बाद भारत। भारत तो अभी भी है और गालिबन नेहरू के पहले ही है बाद में नहीं; लेकिन सवाल यह था कि नेहरू के बाद प्रधानमंत्री कौन होगा। चीन और पाकिस्तान से अपनी रक्षा करने और पंचवर्षीय योजनाओं के लिए साधन जुटा सकने में हम जितने सफल होंगे उतना ही यह सवाल आसान होगा, क्योंकि मंत्रिमंडल में 'सिनियारिटी जूनियारिटी' के हिसाब से तरक्की भले होती हो मगर प्रधानमंत्री पद के लिए तो वही आदमी खड़ा हो सकेगा, जो जनता का प्यारा हो।

नेहरू जी ने इस तरह से अपनी जिन्दगी अब तक गुजारी है कि वह आगे के लिए एक शर्त बन गई है। इधर दिल्ली में राजनीतिक ताक-झाँक करनेवाले संवाददाताओं ने नोट किया है कि रक्षा और रुपया, दोनों मामलों से सम्बन्ध रखनेवाले मंत्री, जनता के कुछ अधिक सम्पर्क में आ भी चले हैं। दोनों के लिए अलग-अलग वर्गों में 'श्रद्धा' का विकास हो चला है। यह 'श्रद्धा' एक विशाल अशिक्षित जनसमुदाय के लिए हितकर भी है, नहीं तो मुट्ठीभर पढ़े-लिखे आदमी जब चाहें तब जनता को जिधर चाहें उधर हाँकने न लगें?

[26.8.62]

❒

जिस समय मैं यह लिख रहा हूँ, दिल्ली पर एक अजब तरह का मौसम छाया हुआ है। आती हुई गर्मियों की निशानी, उचटा हुआ मन, भविष्य की चिन्ता, बढ़े हुए करों का बोझ और खाली सड़कों पर हवा से एक ओर बटोरे हुए पीले पत्ते, ये सब राजेन्द्र बाबू के शोक में ताने-बाने की तरह बिने हुए से जान पड़ते हैं। जिस सूनेपन से आज राजधानी भरी हुई नजर आती है, वह राजेन्द्र बाबू के न रहने से उत्पन्न शून्य का ही प्रतीक मालूम होता है।

नेहरू जी को आज सवेरे गंगानगर जाना था, वह गए। डॉक्टर राधाकृष्णन पटना चले गए। संयोग से लालबहादुर जी नेपाल जाते हुए कल पटना रुके थे, उन्होंने नेपाल यात्रा एक दिन के लिए स्थगित कर दी है। शाम को रेवरेंड माइकेल स्काट और जयप्रकाश नारायण राजघाट की समाधि से पैदल पीकिंग को रवाना होंगे—शान्ति मार्च पर। इस योजना का भी जैसे राजेन्द्र बाबू के निधन से कोई सांकेतिक सम्बन्ध है—वह शान्तिपूर्वक आन्दोलन करने की उसी पुरानी परम्परा का शायद